조지아&
아르메니아
GEORGIA & ARMENIA

트래블북스

조지아 & 아르메니아

이 책은 최근 새롭게 각광받고 있는 코카서스 3국 중 한국인은 물론 유럽인들도 가장 선호하는 조지아와 아르메니아를 심도 있게 다루었습니다. 특히 아르메니아는 국내에 첫 번째로 소개되는 책인 만큼 초보 여행자들의 눈높이에 맞춰 더욱더 많은 사진과 정보를 제공하고 있습니다.

조지아는 초기 기독교 국가로 오랜 역사적 종교 건축물을 비롯해 아름다운 자연 경관을 감상하며 둘러볼 수 있는 트레킹 코스가 많아 다양한 계층의 여행자들이 방문하고 있다.

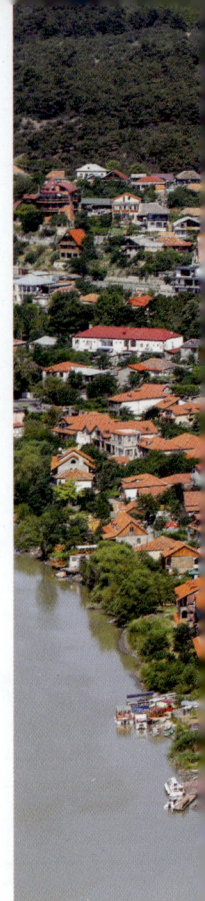

조지아의 수도인 트빌리시는 나리칼라 요새 전망대에서 바라보는 멋진 전경뿐만 아니라 골목골목 특이한 건축물들이 여행객의 눈길을 사로잡는다.

아르메니아는 기독교를 국교로 받아들인 첫 번째 국가로
잘 보존된 다양한 종교 건축물들을 비롯해 특이한 자연경관들이 많아
새로운 여행지로 떠오르고 있다.

아르메니아의 수도 예레반은 2,800년의 역사가 있는 도시이며 공화국 광장을 중심으로 역사적, 문화적 유산과 소비에트 시대 건축물 그리고 현대적인 건축물들이 어우러져 역동적인 모습을 보여주고 있다.

코카서스 3국

유럽과 아시아의 경계라 할 수 있는 우랄산맥 남서쪽 흑해와
카스피해 사이에 위치한 코카서스 3국은
지리상으로 아시아로 분류되지만, 역사적, 문화적, 종교적으로는
동유럽에 더 가깝다고 할 수 있다.

천혜의 자연경관과 인류 최초
와인의 생산지로 알려진 **조지아**

그리고 노아의 땅으로도 불리며 기독교를
처음으로 국교로 받아들인 **아르메니아**,

카 스 피 해
Caspian Sea

원유 생산국으로 '불의 나라'로 불리며
옛 실크로드 대상들이 쉬어 갔다는
카라반사라이가 남아 있는 **아제르바이잔**.

AZERBAIJAN

BAKU
바쿠

유라시아의 숨겨진 보석과도 같은 코카서스 3국으로의 여행에서
그들의 문화와 역사의 숨결을 느껴보자.

일러두기

정보 수집
이 책은 작가가 2017년부터 2024년 8월까지 수차례의 현지 취재를 바탕으로 최신 정보를 소개하고 있습니다. 다만 최근 급격히 변화하는 현지 사정으로 가격 및 시간표 등이 변동될 수 있음을 양해 바랍니다.

외국어 표기
각 스폿마다 표기된 명칭은 최대한 현지어 발음을 기준으로 표기하였으나 지명 특성상 영어 또는 일반적으로 통용되는 명칭은 그에 따라 표기하였습니다.

추천 루트
전체 여행 일정에 따른 한국 여행객들이 가장 선호할 만한 루트를 제공합니다. 일정을 쉽게 계획할 수 있도록 각 추천 일정 별 도시 이동 정보를 표시한 지도를 수록하였습니다.

트레킹 정보
타 국가와 달리 일정 중 트레킹이 차지하는 비중이 많은 곳입니다. 전문가가 아닌 일반 여행객들도 쉽게 조지아의 대자연을 만끽할 수 있는, 트레킹 코스 위주의 정보를 제공합니다.

레스토랑 및 숙소 예산
예산은 조지아 화폐인 라리 '₾'와 아르메니아 화폐인 드람 '֏'으로 표기하였습니다. 레스토랑에서는 메뉴에 따라, 숙소는 객실의 형태나 시기에 따라 다소 차이가 있을 수 있습니다.

숙소 정보
숙소 정보는 예산 및 여행 스타일에 따라 선택의 폭이 다양하고, 인터넷으로 예약 및 정보 검색이 용이한 관계로 일부 도시에서 몇몇 곳만 소개하였습니다.

지도 QR코드
각 지도에 맞는 QR코드를 삽입해 손쉽게 위치를 파악함은 물론 이동 간 거리를 확인할 수 있게 하였습니다. 여행 출발 전 구글 지도에 미리 관심 장소를 등록해 놓으시면 더욱더 편리합니다.

Info Icon

 음식점   쇼핑   호텔

- 주소
- 전화
- 운영 시간
- 휴무
- 요금
- 홈페이지

Info Icon

 공원   기차   버스   메트로   케이블카

 슈퍼마켓   푸니쿨라 산악열차   배   여행안내소   트레킹

 볼거리   식당   쇼핑   숙소   바

작가 소개

서 병 용

한국외국어대학교 노어과 졸업
(주)대우, 한화그룹 비서실 근무
배낭여행 전문 블루여행사, 세계로여행사 근무
오산대 겸임교수 2년 재직
前 동유럽전문여행사 (주)투어프랜즈 대표
도서출판 피그마리온 근무

배낭여행 1세대로 유럽을 비롯한
전 세계 60여 개국을 여행했으며
현재는 도서출판 <트래블북스> 대표로서
여행작가로도 활동 중이다.

"여행은 돌아와 익숙한 것에 길들여지는 것,
그리고 또 따른 여행을 꿈꾸게 한다."

저서
<이지 조지아> <이지 러시아> <이지 시베리아횡단열차>
<트래블 조지아> <중앙아시아 3국>
✉ dongeurope@naver.com
📷 인스타 : @seo_byungyong

책을 내면서

조지아를 알게 된 것은 2013년 5월 EBS <세계 테마기행> '유라시아의 숨겨진 보물, 조지아' 방송을 시청한 후였다. 방송을 보면서 조지아가 옛 소비에트 연방의 그루지야라는 사실을 알았고 30년 전 모스크바 체류 당시가 떠올랐다. 생필품이 귀하던 시절 많은 상인들이 그루지야에서 온 사람들이었던 기억이다. 돌이켜 보면 당시 방송에 소개되었던 코쉬키 마을 우쉬굴리, 동굴 도시 바르지아, 광천수로 유명한 보르조미도 아닌 트빌리시의 나리칼라 요새 전망대에서 바라본 트빌리시의 아름다운 모습이 다음 여행의 목적지로 만들었던 것 같다.

그 후 2017년 여름 조지아로의 첫 번째 여행은 일이 아닌 휴가로 아내와 동행했다. 짧은 기간이었지만 아내와 나는 조지아의 매력에 흠뻑 빠졌고 결국 아내의 권유로 2019년 국내에서는 처음 소개되는 <이지 조지아>를 출간하게 되었다. 하지만 코로나19로 인해 2022년이 되어서야 <트래블 조지아>로 개정판이 나왔으며, 이번에는 러시아와 우크라이나 전쟁 이후 급변하는 조지아의 최신 정보와 그동안 마땅한 정보가 없어 방문을 망설였던 인접 국가인 아르메니아를 같이 소개함으로써 이 지역으로 여행을 계획하시는 독자분들에게 더욱 알찬 정보를 제공하고자 노력하였다.

최근 러시아인과 그들의 대규모 자본 유입에 따른 물가 상승과 현지 화폐의 강세에 따라 예전과 같이 '저렴한 물가로 즐기는 유럽'이라는 말이 무색할 정도로 변해버려 여행객에게는 반갑지 않은 소식이다. 하지만 천혜의 자연경관과 오랜 전통을 유지하고 지켜온 그들만의 문화를 체험하는 것만으로도 아직은 매력적인 나라임이 틀림없다.

이 지면을 빌어 인터뷰에 흔쾌히 응해주신 분들과 오랜 기간 현지에 거주하시면서 조지아 여행자들의 오아시스 같은 역할을 해주신 박철호 대표님 그리고 카자흐스탄에 거주하면서도 물심양면으로 항상 응원해 주신 태웅로직스의 고수열 고문님께 깊은 감사를 드린다. 아울러 이 책이 나올 수 있도록 애써주신 디자이너 김현숙 님께 고마움을 전한다.

2025년 2월

CONTENTS

GEORGIA & ARMENIA ──── 조지아 & 아르메니아

- 025 일러두기
- 026 작가 소개
- 027 책을 내면서

30 조지아

● 조지아 미리보기
- 032 조지아 전도
- 034 조지아 기본 정보
- 036 조지아 역사
- 038 조지아 대표 키워드
- 040 작지만 다양한 매력, 조지아 Best 3
- 043 최고의 전망, 조지아 뷰 포인트
- 046 때 묻지 않은 대자연, 조지아 트레킹 코스
- 048 조지아인들의 정신적 고향, 동굴 수도원
- 050 오랜 역사 & 독자적 문화, 유네스코 문화유산
- 052 오랜 고난의 역사, 그리고 기념물
- 054 살아 숨쉬는 트빌리시 여행자 거리
- 056 올드타운의 숨은 매력, 빈티지 카페
- 058 낮과 밤 모두가 즐거운, 레스토랑 & 바
- 060 가성비 최고, 조지아 전통 음식
- 064 신의 선물, 조지아 와인
- 068 바투미 세오의 조지아 와인 이야기
- 070 조지아 여행 쇼핑 리스트

● 베스트 추천 코스
- 072 일정 짜기 Tip
- 073 조지아 핵심 7일
- 073 아르메니아 핵심 8일
- 074 조지아 기본 10일
- 075 조지아 일주 15일
- 076 조지아 트레킹 10일
- 076 조지아 렌터카 여행 핵심 9일
- 077 조지아+아르메니아 14일
- 078 코카서스3국 20일
- 080 Special Interview 1~6

● 트빌리시
- 094 트빌리시 IN & OUT
- 108 트빌리시 추천코스
- 110 올드타운
- 118 자유광장 주변
- 122 그 외의 지역

● 므츠헤타
- 130 므츠헤타 IN & OUT
- 131 므츠헤타 추천코스
- 132 므츠헤타 볼거리

● 시그나기
- 140 시그나기 IN & OUT
- 141 시그나기 추천코스
- 142 시그나기 둘러보기
- 146 보드베 수도원
- 148 Theme visit 다비드 가레자

● 스테판츠민다
- 152 스테판츠민다 IN & OUT
- 154 스테판츠민다 볼거리
- 158 Theme visit 카즈베기 가는 길, 군사도로
- 160 Theme visit 주타 & 트루소 트레킹

● 메스티아
- 166 메스티아 IN & OUT
- 170 메스티아 볼거리
- 176 조지아 No.1 트레킹 코스
- 182 Theme visit 유럽에서 가장 높은 마을, 우쉬굴리

● 텔라비
- 187 텔라비 IN & OUT
- 188 텔라비 볼거리

투세티
- 193 투세티 IN & OUT
- 194 투세티 일정짜기
- 196 오말로
- 198 다틀로 & 쉐나코
- 199 샤틸리

고리
- 201 고리 IN & OUT
- 202 고리 볼거리

쿠타이시
- 205 쿠타이시 IN & OUT
- 206 쿠타이시 볼거리

보르조미
- 209 보르조미 IN & OUT
- 210 보르조미 볼거리

아할치헤
- 213 아할치헤 IN & OUT
- 214 Theme visit
  동굴 도시, 바르지아

바투미
- 217 바투미 IN & OUT
- 219 바투미 볼거리

- 222 Special Interview 7
  바투미 세오

224 아르메니아

아르메니아 미리보기
- 226 아르메니아 전도
- 227 노아의 땅, 아르메니아 Best 3
- 230 아르메니아 기본 정보
- 232 조지아 역사, 잘 알려지지 않은 아르메니아 이야기 여덟 가지
- 234 오랜 역사 & 독자적 문화, 유네스코 문화유산
- 238 예레반 Restaurant & Bar
- 240 아르메니아 전통 음식
- 244 아르메니아 여행 쇼핑 리스트

- 246 Special Interview 1
  한국어 교사 Avagyan Lia
- 247 Special Interview 2
  피아니스트 김지은

예레반
- 250 예레반 IN & OUT
- 256 예레반 볼거리

예레반 근교
- 264 에치미아진 대성당
- 266 코르 비랍
- 268 가르니 신전
- 270 게하르트 수도원
- 272 세반 호수
- 274 Theme visit
  타테브 투어

여행준비
- 278 여행 스타일
- 280 자유여행의 준비 과정
- 283 항공권 구입하기
- 286 신분증과 증명서
- 288 숙소 예약하기
- 289 여행 경비
- 290 짐 꾸리기
- 292 카메라 선택과 사진 촬영
- 293 여행 준비물 체크 리스트
- 294 환전하기
- 296 조지아 화폐 이야기
- 294 아르메니아 화폐 이야기
- 300 스마트폰 준비하기
- 302 출국하기
- 308 입국 수속
- 310 조지아어 여행 회화
- 312 아르메니아어 여행 회화

GEORGIA

조지아 는 우리에게 구 소련 당시 연방공화국 중 하나였던 그루지야라는 이름이 더 익숙한 곳으로 아르메니아, 아제르바이잔과 함께 코카서스 3국으로 불린다. 유럽과 아시아의 경계라 할 수 있는 우랄산맥의 서쪽 남코카서스에 위치해 있어 지리상으로는 아시아로 분류되지만 역사적, 문화적, 종교적으로는 동유럽에 더 가깝다고 할 수 있다. 특히 서쪽으로는 휴양지로도 유명한 흑해와 접해 있으며 유럽에서 가장 높은 코카서스산맥의 빼어난 자연경관은 물론 가장 오래된 기독교 국가 중 하나로 종교적 문화유산도 많은 곳이다. 끊임없는 외세의 침략과 지배 속에서도 신에 대한 믿음을 잃지 않고 그들만의 전통과 문화를 지켜오고 있다. 와인의 원산지이며 세계에서 몇 안되는 자신의 언어와 문자를 가진 나라로 그 문자 모양이 포도 줄기 모양의 형태를 하고 있다는 것을 아는 이는 별로 없을 것이다.

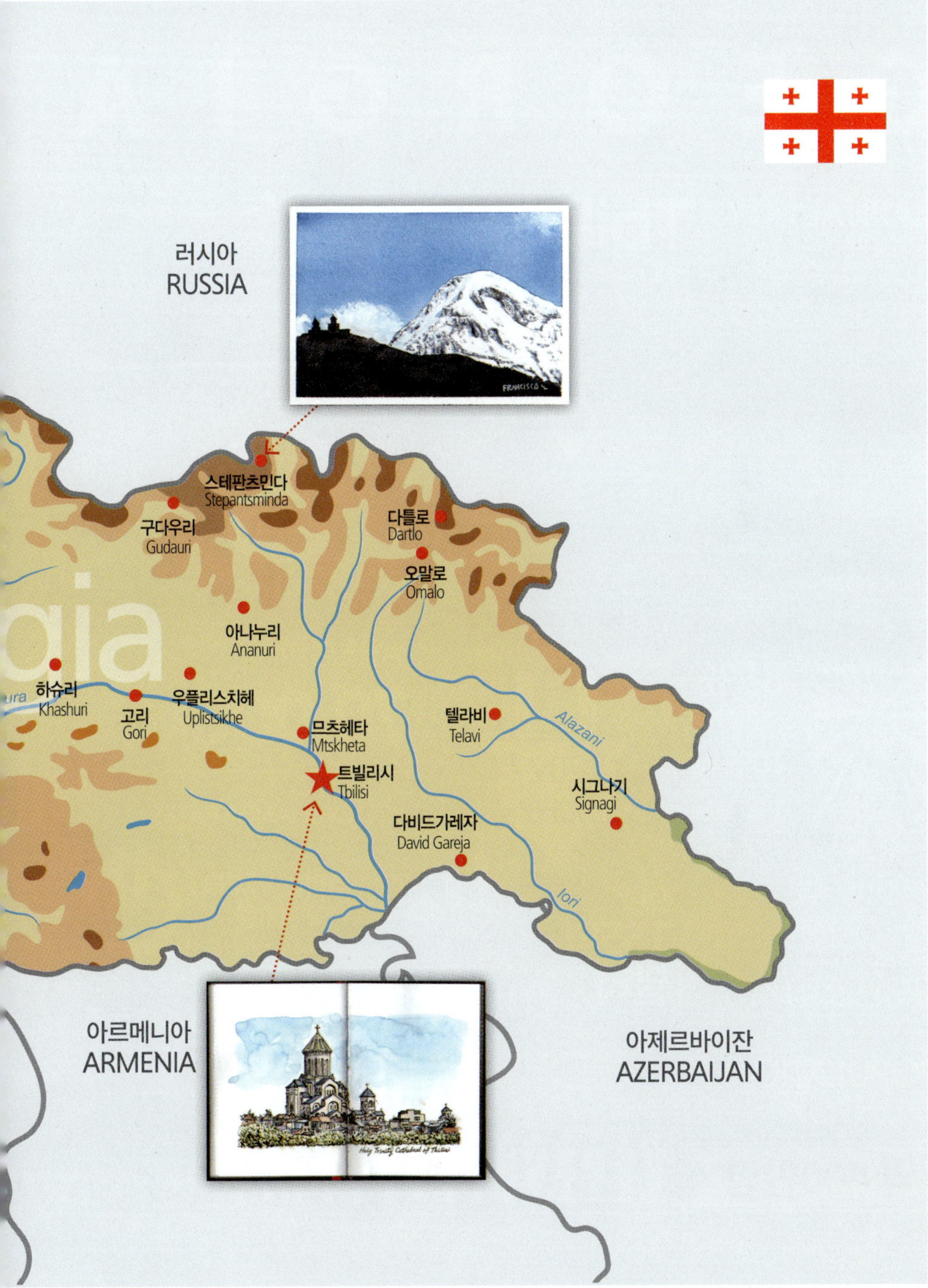

GEORGIA 조지아

러시아
RUSSIA

스테판츠민다
Stepantsminda

구다우리
Gudauri

다틀로
Dartlo

오말로
Omalo

아나누리
Ananuri

하슈리
Khashuri

우플리스치헤
Uplistsikhe

고리
Gori

므츠헤타
Mtskheta

텔라비
Telavi

트빌리시
Tbilisi

다비드가레자
David Gareja

시그나기
Signagi

아르메니아
ARMENIA

아제르바이잔
AZERBAIJAN

국명 조지아 / ❶사카르트벨로 (საქართველო, Sakartvelo)

GEORGIA

CAPITAL CITY
Tbilisi
수도 트빌리시

❶ 자국어 국명은 '카르트벨리의 땅'이라는 의미를 가진 사카르트벨로(საქართველო, Sakartvelo)이다. '카르트벨리'란 조지아에 거주하는 민족을 뜻하는 것으로 그들이 살고 있는 땅이라는 뜻이다. 그들을 만나 '사카르트벨로'라고 말을 건네면 무척이나 좋아한다.

TIME 시차
5h

RELIGIONS
종교
- **85%** 조지아 정교
- **10%** 무슬림
- **1%** 로마카톨릭
- **4%** 기타

VOLTAGE
전압
220V / 50Hz

AREA 면적(약)
70,000km²

EXCHANGE RATES
환율
라리(Lari, GEL) = 약 500원
(2025년 1월 기준)

LANGUAGES
언어
조지아어
러시아어

GDP
155억 달러

VISA
비자
360일 무비자

POPULATION
인구
약 400만명

0   250 million   500 million

SEASON TO TRAVEL
여행 적기

지중해성 기후
(사계절 모두 여행에 적합)

연평균 기온 13.3°C, 강수량 510㎜
건기는 12~1월이며 우기는 4~6월에 해당한다.
우기라 하더라도 월평균 강수량이 80㎜ 안팎이다.

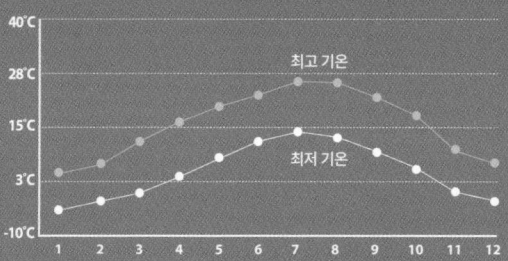

여행 옷차림
흑해 연안의 서부는 약간 습한 아열대성 기후를 보이며 동부는 온대기후에 가깝다. 하지만 북부 코카서스산맥 지역은 일교차가 커 하루에도 두 계절을 경험하게 된다.

봄(3~6월): 아침, 저녁으로 쌀쌀하다. 코트, 스웨터 등을 준비하자.
여름(7~8월): 활동하기 좋은 시기. 여름 옷을 기본으로 긴 옷도 준비하자.
가을(9~11월): 쌀쌀해지며 추워지기 시작한다. 특히 북부 지역 여행 시에는 겨울 복장도 준비해야 한다.
겨울(12~2월): 트빌리시를 중심으로 아래 지방은 한 겨울이라해도 영하로 내려가는 경우가 별로 없지만 그래도 한국의 겨울 차림으로 방문하는 것이 좋다.

언제 가면 좋을까
조지아 최적의 방문 시기는 5~6월 그리고 9~10월이라 할 수 있다. 7월과 8월 가장 더운 시기에는 기온이 40도까지도 올라간다. 이때는 가급적 트레킹은 피하는 것이 좋다. 하지만 오히려 북부 산악 지대나 흑해 연안 지역 여행에는 최적의 시기라고 할 수 있다.

트레킹에 가장 적당한 시기는 6월과 9월이다. 9월부터 10월 중순까지는 카헤티 지역에 포도 수확이 시작되는 계절로 가장 풍요로운 시기이다. 겨울에 해당하는 시기에 방문한다면 멋진 설원에서의 스키를 마음껏 즐길 수 있다.

PUBLIC HOLIDAY
공휴일 (2024)

1월 1일, 2일	신년 연휴
1월 7일	정교회 크리스마스
1월 19일	예수공현 축일
3월 3일	어머니의 날
3월 8일	세계여성의 날
4월 9일	민족화합의 날
4월 14일	수난절
4월 16일	부활절
5월 9일	승리의 날
5월 12일	성 안드리아 축일
5월 26일	독립기념일
8월 28일	성 마리아 기념일
10월 14일	므츠헤타 기념일
11월 23일	성 기오르기 기념일

CONTACT
전화 +995

주 조지아 대한민국 대사관 트빌리시 분관
Nugzar Sajaia Str.8, Vake, Tbilisi
(8 Ilia Chavchavadze, 1st Ln, Tbilisi)
터키 대사관이 있는 골목길을 따라 직진하면 3층 건물에 태극기가 걸려 있는 곳이다.

홈페이지
https://overseas.mofa.go.kr/ge-ko/index.do
근무시간 월~금 09:00~17:30 (점심시간 12:00~13:00)
연락처 +995 322 970 320
영사콜센터(24시간) +82-2-3210-0404
응급신고 112
E-mail georgia@mofa.go.kr

GEORGIA HISTORY

조지아 역사

고대 조지아	기원전 6세기 흑해 동부연안(지금의 서 조지아)의 콜키스 왕국이 고대 초기 조지아라고 여겨지며 기원전 4세기 국가의 민족 형성에 중요한 역할을 하였다. 이후 로마의 속주로 지배를 받다 4세기 초 기독교를 받아들였다.
6~10세기 외세 침략에 따른 지배의 역사	수 세기에 걸쳐 페르시아, 비잔티움, 셀주크 투르크의 지배를 받다가 바그라트 3세가 모든 공국을 통합했고, 10세기 경 통일 왕조인 조지아 왕국을 건설했다.
타마르 여왕 (재위 1184~1213)의 황금시대	터키의 세력으로부터 벗어남과 동시에 비잔티움 제국의 몰락으로 주변 국가 중 가장 강력한 기독교 왕국으로 군림한다. 이 시기는 타마르 여왕의 정치적, 군사적 업적들과 함께 문화 발달의 황금 시대로 불리운다.
13~15세기 몽골의 침략	몽골 침략 당시 평화 협정을 체결하며 안정을 찾는 것도 잠시, 영토의 통제력이 약화되며 계속되는 침략으로 조지아의 경제 및 도심은 황폐화 되었다.
15~17세기 오스만 제국과 페르시아의 지배	무슬림 세력의 주변국들로 둘러싸이게 되며 조지아는 분열되었고, 오스만 제국과 페르시아의 패권 다툼의 장이 되었다.
18세기 러시아와 합병	18세기 조지아의 가장 큰 왕국인 카르틀리 카헤티가 러시아 제국의 보호를 받게 되었으며 1801년 러시아에 편입되었다. 서쪽의 이메레티 왕국도 1810년 러시아에 합병되면서 1,000년의 역사를 자랑하던 바그라티온 왕조는 역사속으로 사라졌으며 20세기 초까지 러시아령이 되었다.
1918~1921 조지아 민주공화국	1917년 러시아 혁명 이후 러시아의 내전으로 혼란스러운 틈에 독립을 공표하여 짧은 기간이지만 그루지야 민주 공화국 체제를 유지하게 된다.

1921~1990 소비에트 연방에 귀속	1921년 러시아 붉은 군대의 침공으로 다시 소비에트 연방에 귀속된다. 이 당시 그루지야 공화국으로 불러지게 되어 우리에게도 조지아 보다는 그루지야로 더 잘 알려져 있다.
1991 소비에트 연방으로부터 독립	구소련이 해체되기 직전인 1991년 4월 독립하였으며 최초로 실시된 민주주의선거에서 즈비아드 감사후르디아가 대통령에 당선되지만 1년을 넘기지 못하고 구소련 외무부 장관을 지냈던 셰바르드나제가 정권을 장악한다. 2000년 재선에 성공했지만 2003년 장미 혁명으로 퇴진하게 된다. 이후 2004년 미하일 사카슈빌리가 대통령에 당선, 대규모 반정부 시위로 2007년 사임했으나 2008년 재선에 성공했다. 그 후 마르그벨라쉬빌리에 이어 2018년 12월 Salome Zurabishvill가 첫 여성 대통령으로 당선 되었다. 현재는 2024년 12월 29일 취임한 미헤일 카벨라슈빌리 대통령이다.

조지아 속 다른 나라?

압하지아 공화국
조지아 북서부 러시아 접경지에 위치한 조지아 내의 자치 공화국으로 1992년 독립을 선포했으나 조지아가 인정하지 않아 분쟁이 되고 있는 지역이다. 남오세티야와 함께 각별한 주의가 필요한 지역으로, 우리 외교부는 방문 자제를 당부하고 있다.

남오세티야
조지아 북부 러시아에 접해 있는 지역으로 조지아로부터 분리 독립을 선언했지만 인정되지 않고 국제사회로부터 정식 국가로도 인정받지 못하고 있다. 2008년 조지아가 분리독립을 요구하는 남오세티야를 침공하자 러시아군은 자국민을 보호한다는 명목으로 남오세티야로 진군, 조지아군과 충돌하였으며 결국 남오세티야 남쪽 국경을 넘어 조지아 거점 도시인 고리를 점령하며 5일만에 항복을 얻게 된다. 2008년 베이징 올림픽 개막식 당일 발발한 이 사건은 당시 푸틴 러시아 총리가 전쟁이 시작됨을 알리는 장면이 TV에 잡히기도 했다.

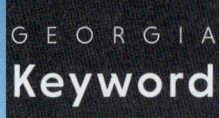

GEORGIA
Keyword

조지아 대표 키워드

조지아는 동유럽의 스위스로 불릴 만큼 아름다운 자연경관과 조지아 정교로 대표된다. 와인의 최초 생산지로 그리고 유네스코 세계유산에 등재된 어퍼 스바네티 지역의 코쉬키, 그리스 신화에 등장하는 아르고 원정대의 이아손 이야기와 프로메테우스의 전설의 무대이기도 하다.

1. 천혜의 자연경관
조지아 북서쪽 스바네티 지역을 시작으로 중부의 카즈벡산을 지나 카스피해까지 이어지는 코카산맥 아래 위치한 이곳은 천혜의 자연경관을 자랑한다.

2. 조지아 정교
외세 침략이 끊이지 않은 고난의 역사 속에서도 초기 기독교를 받아들인 국가인 만큼 조지아 정교는 지금까지도 그들에게는 뗄 수 없는 생활의 일부이자 삶의 원동력이다.

3. 와인의 원산지
8,000년의 역사를 갖고 있는 최초의 와인 생산지로 조지아인들은 와인 담그는 일을 신이 자신들에게 부여한 신성한 의무로 여겨왔다고 한다. 독특한 와인 제조법인 Qvevri(크베브리) 양조 방식은 유네스코 문화유산으로 지정되어 있다.

4 트레킹
천혜의 자연경관 속에 숨겨져 있는 수많은 트레킹 코스 중 전문 트레커가 아닌 일반 여행객들도 어렵지 않게 다녀올 수 있는 곳들이 많아 이제는 조지아 여행의 필수 코스가 되고 있다.

5 러시아의 흔적
제정 러시아 당시 군사적 목적으로 건설된 군사도로(Military Highway)를 비롯해 러시아 귀족과 문화예술인들의 휴양지였던 보르조미, 트빌리시 등에서 그 흔적을 찾아볼 수 있다.

6 코쉬키
돌로 쌓아 올린 탑형 주택으로 1,000년 전 외세 침입으로부터 방어의 목적으로 지어진 것으로 북서부 스바네티 지역에서 많이 볼 수 있다. 어퍼 스바네티 우쉬굴리의 한 코쉬키 마을은 유네스코 문화유산으로 지정되어 있다.

7 그리스 신화
그리스 신화에 나오는, 콜키스왕국(조지아 서부 지역)으로 황금양털을 찾아 떠난 아르고 원정대 이아손 이야기, 그리고 인간에게 불을 전해 준 프로메테우스가 쇠사슬에 묶여 있었다는 카즈벡산이 있다.

GEORGIA
BEST 3

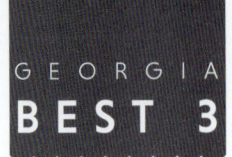

작지만 다양한 매력, 조지아 Best 3

작은 나라이지만 다양한 매력이 있는 곳 조지아. 흑해의 진주 바투미를 비롯 천혜의 기후 조건으로 특별한 와인을 생산해 내는 카헤티 지역, 조지아 여행의 상징이라 할 수 있는 스테판츠민다의 게르게티 성당, 코쉬키 마을로 유명한 메스티아, 우쉬굴리, 그리고 낮보다 밤이 더 아름다운 올드 트빌리시의 야경은 놓쳐서는 안 될 곳이다.

BEST 1

Stepantsminda

스테판츠민다

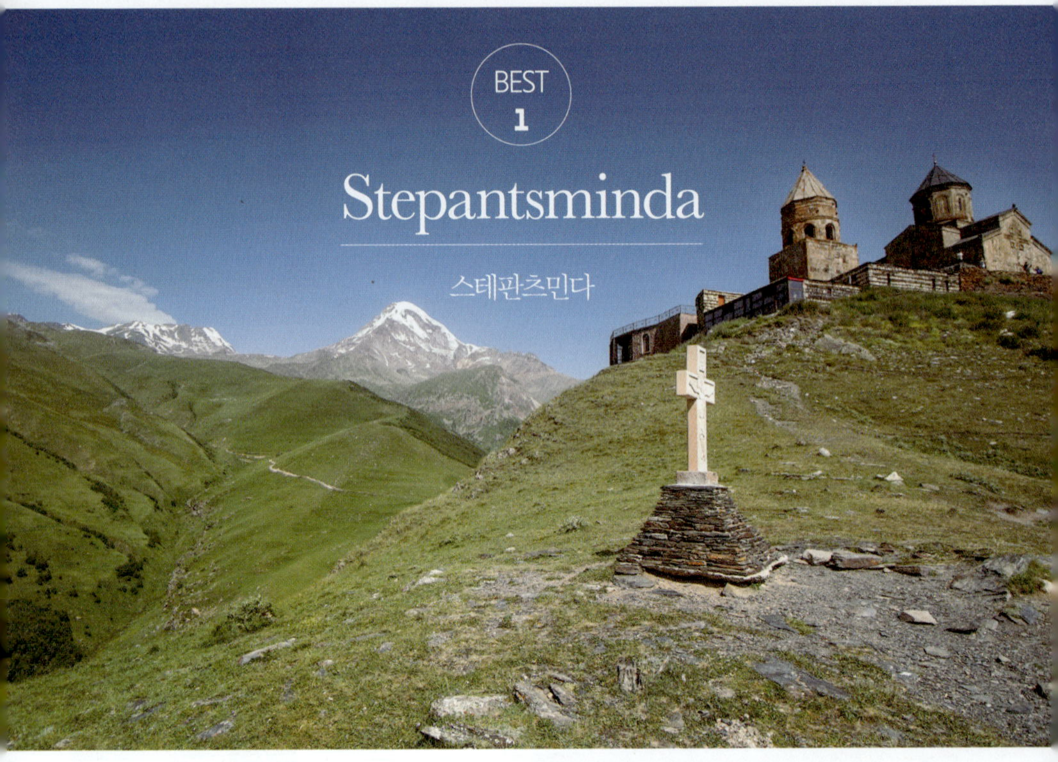

카즈베기라는 곳으로 더 많이 알려진 이곳은 가는 길인 Military Highway의 멋진 경관뿐만 아니라 5,047m의 카즈벡산을 비롯해 주변의 주타, 트루소 밸리 등 트레킹 코스가 많아 조지아를 방문하는 대부분의 여행객이 찾는 곳이다.

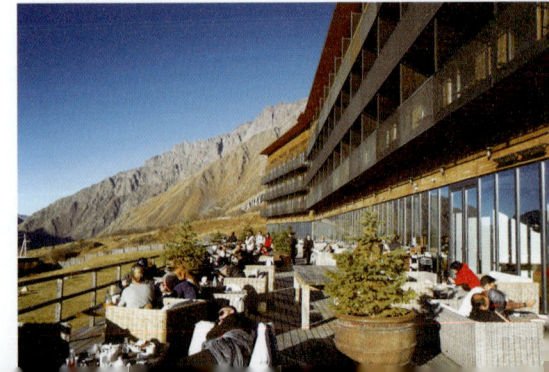

BEST
2

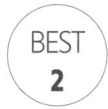

Mestia & Ushguli

메스티아 & 우쉬굴리

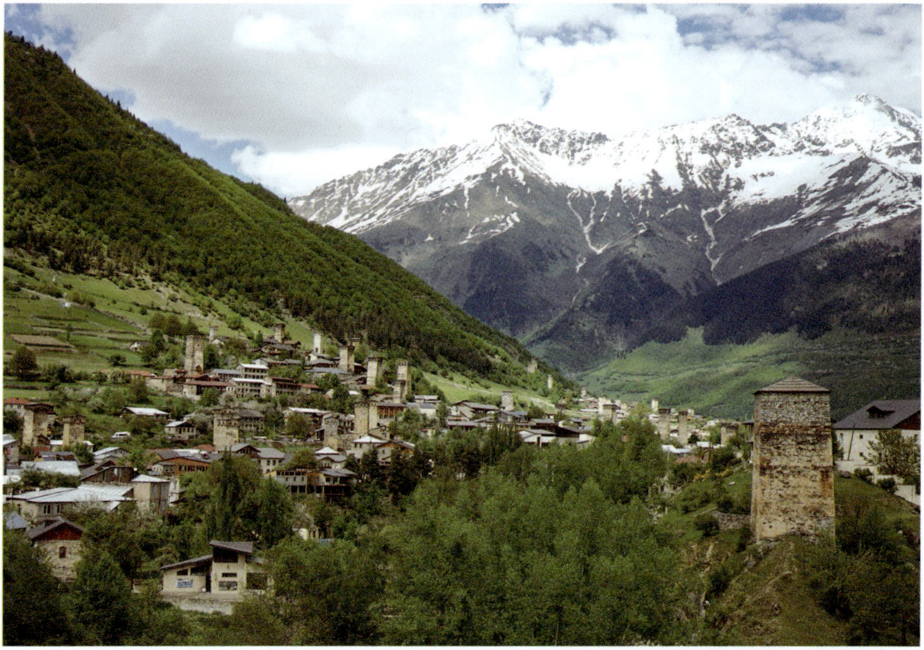

메스티아는 조지아 북서부 어퍼 스바네티 지역에 위치한 산악 마을로 1,000년 전부터 지어진 것으로 알려진 탑형 주택 '코쉬키'로 유명하다. 우쉬굴리는 유럽에서 가장 높은 곳에 위치한 마을. 메스티아의 코룰디 호수와 함께 조지아 여행의 넘버원으로 꼽는 여행객들이 많다.

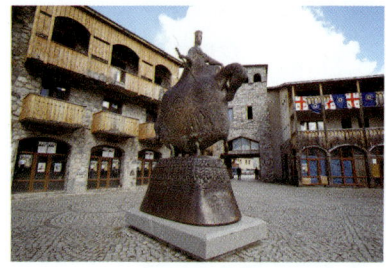

Tbilisi

트빌리시

조지아의 수도인 트빌리시는 과거 다른 도시로 이동하기 위해 하루 머무르는 곳으로 여겨졌으나 이제는 옛것과 현재가 공존하는, 역사와 문화가 있는 작고 아름다운 도시로 새롭게 각광받고 있다. 특히 밤이 더 아름다운 올드 트빌리시의 야경을 놓치지 말자.

GEORGIA
View Point

조지아 뷰 포인트,
특별한 장소에서 즐기는 최고의 전망

어느 도시든 높은 곳에 올라 내려다 보는 전망은 아름답다. 하지만 조지아에서는 딱히 전망으로 알려지지 않은 곳조차 훌륭한 뷰 포인트로 인기가 있다. 케이블카를 타고 올라간 요새에서, 때로는 성벽 위에서 그리고 절벽 위 수도원이 있는 곳 등 특별한 장소에서 최고의 전망을 즐길 수 있다.

1

1. 즈바리 수도원 Jvari Monastery
유네스코 문화유산으로 지정된 므츠헤타 마을의 풍광을 가장 잘 조망할 수 있는 곳. 므츠바리강과 아라크비강이 합류하는 곳의 바위산 꼭대기에 위치한 수도원이다.

2. 나리칼라 요새 Narikala Fortress
트빌리시 올드타운에 있는 요새로 케이블카를 타고 올라가 전망대에서 바라보는 트빌리시 시내의 전망과 아래에서 바라보는 야경이 특히 아름다운 곳이다.

2

3. 보르조미 케이블카 Borjomi Cable Car
보르조미 명소 중 하나인 센트럴 파크를 가로질러 오르는 케이블카를 타면 수려한 주변 풍경과 어우러진 보르조미 시내를 한눈에 조망할 수 있다.

4. 시그나기 성벽 Signagi City Wall
해발 800미터 절벽 위에 세워진 작은 마을 시그나기에는 18세기 외세의 침략으로부터 보호하고자 만들어진 요새의 성벽이 잘 보존되어있다. 여기에 올라 바라보는 마을 중심과 저멀리 코카서스산맥 아래 펼쳐진 알라자니 평원의 모습은 이곳을 찾게 만든다.

5. 메스티아 박물관 Mestia Museum
스바네티 지역의 유물과 역사를 한눈에 볼 수있는 박물관으로 2013년 현대적인 모습으로 재건축되었다. 박물관 옥상에서 바라보는 메스티아의 모습은 엽서로 만들어도 손색이 없을 만큼 멋진 모습을 보여주었으나 현재는 올라가는 외부 계단이 폐쇄되었다. 박물관 내 로비 창문으로 볼 수 있는 모습 또한 놓치지 말자.

GEORGIA
Trekking Course

때 묻지 않은 조지아의 대자연, 트레킹 코스

4,000미터 이상의 고봉들이 즐비한 코카서스산맥 아래 조지아에는 아직까지 우리에게 잘 알려지지 않은 트레킹 코스가 무수히 많다. 때묻지 않은 조지아의 대자연을 전문가가 아닌 일반 여행객도 쉽게 즐길 수 있는 대표적인 코스들을 소개한다.

주타 Juta

트레킹이 시작되는 초반은 경사가 심한 오르막길이지만, 그 이후로는 무난한 코스이다. 끝이 없는 코스로 자신의 체력과 시간에 맞춰 돌아와야 한다. 보통 자그마한 호수까지 다녀오는 것이 일반적이며 왕복 4시간 정도 소요된다. 중간에 '5th season'이라는 호텔 및 휴식 장소가 있으며 최근에는 이곳에서 숙박을 하는 여행객들도 늘고 있다.

코룰디 호수 Koruldi Lakes

해발 2,700m에 있는 코룰디 호수에서 바라보는 풍광이 압권이다. 메스티아 마을부터 왕복 8~9시간 정도의 코스로 가장 난도 있는 곳 중 하나이다. 십자가 전망대까지는 차량으로, 그 이후로 트레킹을 한다면 체력 소모도 덜 되며 시간도 절약할 수 있다. 힘든 만큼 가장 기억에 남는 일정이 될 것이다.

투세티 Tusheti

투세티는 조지아 북동부 코카서스산맥에 위치한 유서 깊은 산악 지역으로 조지아에서 생태학적으로 가장 손상되지 않은 지역이며 최근에는 트레킹 장소로도 각광을 받고 있다. 1년 중 4개월(6월 초~10월 초)밖에는 갈 수가 없으니 이 지역 여행을 계획한다면 시기를 잘 선택해야만 한다.

쉬카라 Shkhara

우쉬굴리에서 출발하는 코스로 조지아 최고봉인 쉬카라(5,193m)의 만년설을 바라보며 빙하까지 다녀올 수 있다. 대부분 평지로 되어 있어 누구나 쉽게 즐길 수 있다. 왕복 6시간 코스이지만 빙하까지 가지 않더라도 괜찮은 곳이다. 특히 초보자도 Horse Riding을 즐길 수 있다.

트루소 밸리 Truso Valley

주타와 함께 카즈베기에서 다녀올 수 있는 코스로 대부분이 평지로 되어 있으며 만년설을 보며 걷는 다른 곳과는 달리 다채로운 주변 경관을 볼 수 있다. 남오세티야 국경 지대가 끝이지만 어디서 시작하느냐에 따라 돌아오는 지점도 달라질 수 있다.

GEORGIA
Cave Monastery

조지아인들의 정신적 고향, 동굴 수도원

수많은 외세 침략의 역사 속에서 때로는 요새의 목적으로, 때로는 도시 기능을 갖춘 동굴 도시로서의 역할을 수행해 온 동굴 수도원.
현재는 조지아인들의 성스러운 정신적 고향으로 여겨지는 동굴 수도원을 찾아 그들의 삶을 돌이켜 보자.

우플리스치헤 Uplistsikhe

트빌리시와 가깝고 가장 접근성이 좋아 많은 관광객들이 찾는 곳이다. 700여 개로 추정되는 작은 동굴 형태의 지역에 현재는 150여 개 정도가 남아 있다. 2000년대 들어 국가차원의 문화 유산 보호 프로젝트가 진행되어 관광명소가 되고 있다.

바르지아 Vardzia
12세기 요새의 목적으로 만들어진 이 동굴 도시는 타마다 여왕 당시 수도원 기능을 했다. 그 규모로 보나 보존 상태로 보나 가장 훌륭한 곳이다. 차량이 없다면 가는 길이 수월치 않아 트빌리시에서 투어로 다녀오는 것을 추천한다.

다비드 가레자 David Gareja
6세기경 13명의 선교사 중 한 명이었던 다비드 가레자는 이 지역에 동굴을 만들어 생활 했다고 한다. 아제르바이잔 국경과 인접한 곳으로, 가는 길에 펼쳐지는 주변 경관 또한 조지아의 다른 곳에서는 볼 수 없는 이색적인 곳이다.

GEORGIA UNESCO

UNESCO CULTURAL HERITAGE
오랜 역사 & 독자적 문화, 유네스코 문화유산

오랜 역사를 가졌지만 잦은 외세 침략과 지배에 고유한 문화유산이 그리 많은 편은 아니다. 하지만 신앙심 깊은 나라답게 뛰어난 종교 건축물들, 그리고 최초의 와인 생산지로서 특별한 와인 제조법을 비롯해 독자적인 언어와 문자를 가진 나라로 지금까지도 계승 발전 시켜오고 있다.

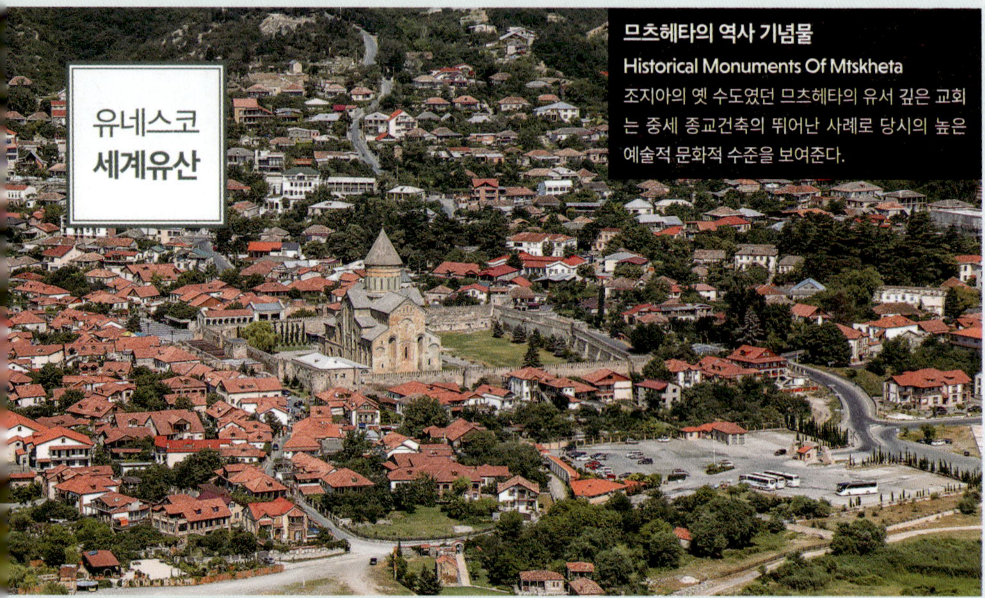

유네스코 세계유산

므츠헤타의 역사 기념물
Historical Monuments Of Mtskheta
조지아의 옛 수도였던 므츠헤타의 유서 깊은 교회는 중세 종교건축의 뛰어난 사례로 당시의 높은 예술적 문화적 수준을 보여준다.

어퍼 스바네티 Upper Svaneti
조지아 북서부의 어퍼 스바네티 지역은 오래도록 고립되었던 곳. 중세 마을의 모습과 코쉬키(탑형 주택)가 주변 산악 경관과 조화롭게 잘 보존되어 있다.

유네스코 인류무형문화유산

조지아 전통 크베브리 와인 양조법
Ancient Georgian Traditional Qvevri Wine-Making Method

조지아에서는 그 지역에서 재배되는 포도만을 이용해 전통적인 크베브리 와인을 만든다. 크베브리는 와인을 저장하고 숙성하기 위해 사용되는 항아리이다. 크베브리 와인 전통은 지역 사회의 삶의 방식을 결정하는 한편, 종교 문화 및 음악을 통해 조지아인의 문화적 정체성을 표현하는 중요한 유산으로 인정받았다.

조지아인의 폴리포니 가창 Georgian Polyphonic Singing

민요는 조지아 문화의 가장 중요한 부분 중 하나. 특히 조지아어로 부르는 폴리포니는 오랫동안 외세로부터 언어와 문화를 억압당해 왔던 조지아의 비종교적 음악 전통을 대표한다. 폴리포니는 포도나무 숭배와도 관련이 있으며 모든 생활 영역에서 널리 불렸다. 비잔틴 정교회의 경우 전례 성가에도 조지아 폴리포니 음악 전통을 통합하여 적용할 정도로 폴리포니는 조지아인을 대변하는 중요한 표현이다.

조지아의 '세 가지 문자 체계'라는 살아있는 문화 Living Culture Of Three Writing Systems Of The Georgian Alphabet

'세 가지 문자 체계'인 므르그블로바니(Mrgvlovani) 체, 누스후리(Nuskhuri) 체, 므헤드룰리(Mkhedruli) 체가 오늘날까지도 모두 사용되고 있다. 이처럼 세 가지 문자 체계가 공존할 수 있었던 것은 이들 문자가 조지아의 다양성과 정체성을 반영하면서 동시에 서로 구분되는 사회 문화적 기능을 담당했기 때문이다. 조지아의 교육 시스템은 므헤드룰리 체를 기초로 하고 있고, 므르그블로바니 체와 누스후리 체는 조지아 정교회에 의해 비공식적으로, 그리고 지배적으로 쓰이고 교육되었다.

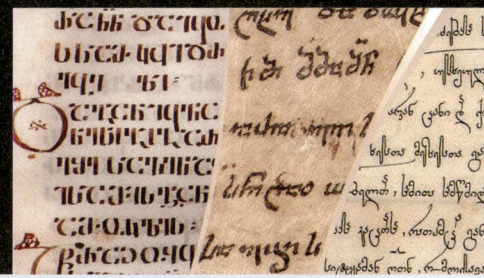

GEORGIA
A Historical Monuments

오랜 고난의 역사, 그리고 기념물

조지아의 역사적 기념물은 대부분 종교와 관련이 있다. 4세기에 기독교를 받아들인 조지아는 국민의 80%가 조지아 정교회 신자이다. 종교는 지금까지도 오랜 고난의 역사 속에서 그들을 지켜온 정신적 고향과도 같은 것이며 삶의 일부이다.

게르게티 트리니티 교회 Gergeti Trinity Church
조지아를 대표하는 모습으로도 자주 등장하는 교회로 코카서스산맥 고봉 중 최고의 절경을 자랑하는 카즈벡을 배경으로 해발 2,200m에 홀로 우뚝 서 있다. 이곳을 보기 위해 조지아 여행을 가는 여행자들이 많다.

성 삼위일체 성당
Holy Trinity Cathedral
트빌리시의 랜드마크 중 하나이며 사메바 성당으로 불리는 조지아 정교회를 대표하는 가장 큰 성당이다.

다비드 가레자 David Gareja

6세기경 13명의 선교사 중 한 명이었던 다비드 가레자는 이 지역에 동굴을 만들어 생활했다고 한다. 아제르바이잔 국경과 인접한 곳으로, 가는 길에 펼쳐지는 주변 경관 또한 조지아의 다른 곳에서는 볼 수 없는 이색적인 곳이다.

스베티츠호벨리 성당 Svetitskhoveli Cathedral

조지아의 옛 수도 므츠헤타에 있는 성당으로 유네스코 문화유산인 므츠헤타 역사 기념물 중 하나이다. 예수님의 성의가 묻혀 있다고 하여 많은 관광객이 찾는 곳이다.

보드베 수도원 Bodbe Monastery

조지아 정교회의 수녀원. 4세기 기독교를 전파한 성녀 니노의 유해가 묻혀있는 곳으로 조지아 주요 성지 중 하나이다.

시오니 성당 Sioni Cathedral

트빌리시 올드타운에 위치한 성당으로 작은 규모이지만 가장 아름다운 성당 중 하나이다. 제단 왼쪽에 있는 성 니노의 포도나무십자가와 내부 벽면에 선명하게 남아 있는 프레스코화가 인상적인 곳이다.

GEORGIA
A Traveler Streets

살아 숨쉬는
트빌리시 여행자 거리

트빌리시에는 보행자 전용 거리를 비롯해 여행자 거리로 불리는 곳들이 많아 언제나 전세계 여행자들로 북적인다. 레스토랑과 와인 바, 카페를 비롯해 다양한 숙소와 기념품 숍, 클럽 등 여행자들이 늦은 밤까지 즐길 수 있는 편의시설들로 가득하다.

 아그마쉐네벨리
Davit Aghmashenebeli Ave.

여행객들로 넘쳐 나는 올드타운의 번잡함과는 달리 현지인들이 즐겨 찾는 곳이다. 최근 입소문을 타고 여행객들의 발길 또한 잦아지고 있다.

 꼬떼 아프하지
Kote Afkhazi St.

자유 광장에서 고르가살리 광장까지 이어지는 거리로 약 1Km의 일방통행 도로이다. 도로 양쪽으로는 여행사를 비롯 음식점과 기념품점 와인 숍 등 여행자들을 위한 편의시설이 잘 갖춰져 있으며 한 블럭만 들어가도 골목 골목 옛 건물들로 가득한 올드타운의 모습을 볼 수 있다.

 이와네 샤브텔리
Ione Shavteli st.

시계탑이 있는 곳부터 Erekle II st.까지 이어지는 거리로 짧지만 몇몇 이름난 카페와 와인 바, 게스트하우스들이 있어 거리로 들어서면 카메라를 들게 만든다.

에레끌레 2세
Erekle II st.

양쪽으로 빈틈없이 노천 레스토랑과 와인 바가 있는 거리이다. 조지아 전통음식을 즐기려는 외국 여행객들로 항상 시끌벅적 한 곳이다.

벼룩시장
Dry Bridge Market

여느 도시의 벼룩시장과 달리 상시 열리는 벼룩시장이다. 트빌리시를 방문하는 여행객이라면 한번쯤 들르게 되는 곳이며 의외로 가성비 좋은 기념품을 만날 수 있다.

르키니스 & 밤비스 리기
Rkinis & Bambis Rigi

고르가살리 광장에서 시오니 대성당이 있는 시오니 거리로 이어지는 골목. 클럽과 바, 레스토랑, 카페들이 가득해 늦은 밤 더 활기찬 곳이다.

GEORGIA
Vintage Café

올드타운의 숨은 매력, 빈티지 카페

트빌리시 올드타운을 걷다 보면 골목 골목 사이 낡고 오래된 건물에 의외로 빈티지한 카페들이 많다. 그곳에 들어가 시간 여행을 떠나 보는 것도 조지아 여행에서 놓치지 말아야 할 매력이다.

Cafe Linville
카페 린빌레

올드타운의 대표적인 여행자 거리 Kote Afkhazi St 대로변 모퉁이에 위치한 곳. 입구의 매력적인 벽화가 눈길을 사로잡는 곳이다.

Salobie Bia
살로비에 비아

현지인들이 추천하는 맛집으로 한국인 여행자들에게도 입소문이 난 곳이다. 고급 레스토랑처럼 화려하지는 않지만 다양한 소품과 주인장의 감각이 돋보이는 인테리어가 편안함을 더해 준다.

Leila
레일라

입구가 담쟁이넝쿨과 화분으로 뒤덮여 있어 야외 테이블이 없었다면 이곳이 카페인지 몰랐을 것이다. Vegetarian Food 전문점으로 오리엔탈풍의 실내 인테리어가 눈길을 사로잡는 곳이다.

Pur Pur
푸르 푸르

구석 구석 빈티지한 소품들로 가득한 이곳에 들어서면 시간을 거슬러 과거로의 여행을 온 듯한 분위기를 느끼게 한다. 약간 외진 곳에, 그리고 역사적 건축물로 둘러싸여 있어 입구 찾기가 쉽지 않지만 그럼에도 추천하는 곳.

144 Stairs Cafe
144 스테어스 카페

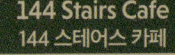

144 계단을 올라가야 만날 수 있는 카페. 나리칼라 요새 전망대 바로 밑에 위치해 있어 낮과 밤 시간에 상관 없이 전망을 즐길 수 있는 곳이다.

GEORGIA
Restaurant & Bar

낮과 밤 모두가 즐거운, 레스토랑 & 바

트빌리시에서는 조지아 전통 음식뿐만 아니라 특별한 분위기에서 세계 각국의 음식을 즐길 수 있는 레스토랑도 다양하다. 여기에 늦은 저녁 특별한 와인을 맛볼 수 있는 와인 전문점을 비롯해 작은 규모의 바들도 즐비하다.

Gardenia Shevardnadze
가르데니아 세바르드나제

최근 현지인들에게 가장 핫한 장소. 시내에서는 조금 떨어져 있어 아직까지 여행객들에게는 많이 알려지지 않은 곳이다. 입장료 값을 톡톡히 하는, 잘 꾸며놓은 정원을 바라보며 Little cafe에서 즐기는 한끼 식사는 트빌리시 여행의 또다른 즐거움을 선사해 줄 것이다.

📍 Nikoloz Khudadovi   🌐 gardenia.ge   🕐 10:00 ~ 18:00 (월요일 휴무)

Barbarestan
바르바레스탄

19세기 요리사 Barbare Jorjadze의 요리책에 근거한, 특유의 조지아 전통 레시피로 가장 사랑받는 고급 레스토랑이다. 내부는 빈티지하면서도 쾌적하며, 고급스러운 음식뿐만 아니라 최상의 서비스를 즐길 수 있는 곳이다.

📍 D. Aghmashenebeli Ave.132   🕐 10:30 ~ 23:30

Lolita
롤리타

작은 정원이 있는 레스토랑으로 오픈 키친과 함께 세련된 서비스를 받으며 분위기 있는 식사를 할 수 있는 곳이다. 서비스는 좀 느리지만 공간이 아름다운 곳으로 지하철역 루스타벨리 인근 Rooms Hotel Tbilisi 맞은편에 있다.

📍 Tamar Chovelidze St. 7   🕐 11:00 ~ 01:00

9 მთა
나인 마운틴

간판이 조지아어로만 쓰여 있어 궁금증을 자아내게 하는 곳. 화려하지 않지만 통유리창으로 되어 있어 산뜻함을 주는 맥주 전문점이다. 호텔과 고급 레스토랑이 즐비한 거리에서 가장 가성비 좋은 곳. მთა는 Mountain이라는 뜻.

📍 Galaktion Tabidze St. 10   🕒 12:00 ~ 02:00

Kvarts coffee

커피를 주문하면 컵에 얼굴 그림을 그려주는 카페로 이미 한국인 여행자에게도 많이 알려진 곳이다. 별도의 추가 비용을 받지는 않지만, 항상 많은 손님으로 오랜 시간 대기를 각오해야 한다. 트빌리시에서 조금 특별한 경험을 할 수 있는 곳이지만 느긋하게 커피를 마실 수 있는 곳은 아니다.

📍 26 Shota Rustaveli Ave.   🕒 09:00 ~ 22:00

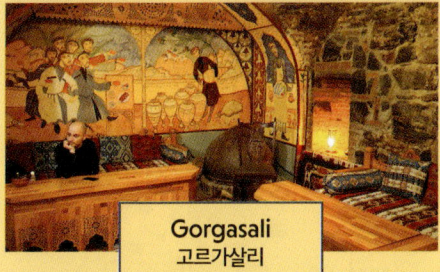

Gorgasali
고르가살리

조지아 전통 레스토랑인 이 곳은 유황온천 지역인 Abanotubani 내에 위치해있으며 조지아 전통 춤과 음악을 감상 할 수 있는 시내에서는 유일한 곳이다

📍 3 Vakhtang Gorgasali St.

8000 Vintages

조지아 와인만을 취급하는 Wine Bar로 외국인뿐만 아니라 현지인에게도 가장 인기 있는 곳. 와인 입문자와 애호가들 모두에게 만족할 만한 분위기와 가성비 좋은 곳. 8000vintage.ge를 통해 예약 하고 가는 것이 좋다.

📍 27 Revaz Tabukashvili St   🕒 11:00 ~ 01:00

GEORGIA Food

조지아의 모든 음식은 하나의 시와 같다, 조지아 전통 음식

19세기 러시아의 대문호 푸시킨은 '조지아의 모든 음식은 하나의 시와 같다'라고 했을 정도로 예로부터 조지아 음식은 많은 미식가들로부터 사랑을 받았다. 제정러시아 시대부터 구소련 시절을 거쳐 지금에 이르기까지, 러시아인들은 조지아 음식을 즐겨 먹는다. 전체적으로 음식이 조금 짜다는 것만 제외하면 우리 입맛에도 잘 맞아 가성비 최고의 음식이 아닐 수 없다.

Khachapuri 하차푸리

힌칼리와 함께 조지아의 가장 대표적인 음식으로 알려져 있는 하차푸리. 치즈를 채운 빵으로 집에서도 즐겨 먹는 대표 음식이다. 그 모양과 재료, 반죽 정도 그리고 지역에 따라 여러 종류가 있다.

Adjaruli khachapuri 아자룰리 하차푸리

아자리아식 하차푸리로 한국 여행객들이 가장 즐겨 찾는 하차푸리이다. 돛단배 모양의 생김새뿐만 아니라 치즈와 버터, 계란 노른자를 섞어 주는 직원의 세심한 서비스를 함께 즐길 수 있다. 포크와 나이프 없이 양쪽 끝 부분부터 손으로 뜯어 계란과 섞인 치즈를 찍어 먹는다.

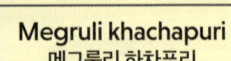

Megruli khachapuri 메그룰리 하차푸리

사메그렐로식 하차푸리로 이메룰리와 비슷하지만 술구니라는 치즈를 넣어 만들며, 또 빵 위에 치즈를 얹어 만든 것이 특징이다. 짠맛에 주의!

Adjaruli khachapuri 이메룰리 하차푸리

이메레티식 하차푸리로 둥그런 피자 모양의 가장 기본적인 것이다.

Mtsvadi
므츠바디

러시아에서 샤슬릭이라 불리는 꼬치구이를 조지아에서는 므츠바디라고 부른다. 포도 재배와 와인으로 유명한 이곳에서는 포도나무 장작으로 구워 내는 게 특징인데 그 향이 고기에 베어 맛이 더 감칠납다.

Khinkali
힌칼리

하차푸리와 함께 조지아 대표 음식으로 우리의 만두와 비슷하다. 만두피가 두껍고 육즙이 많은 것이 특징. 먼저 윗부분을 잡고, 뒤집어 한 입 물어 육즙을 먹은 후 나머지를 먹는다. 손잡이 부분은 먹지 않는다. 들어간 재료(소고기, 돼지고기, 시금치, 새우 등)에 따라 맛과 가격이 다르다.

Kubdari
굽다리

하차푸리와 달리 치즈 대신 고기(주로 양고기 또는 돼지고기를 사용)를 넣고 화덕에 구워낸 빵이다. 메스티아가 있는 스바네티 지역에서 많이 볼 수 있다.

Shkmeruli
시크메룰리

마늘이 듬뿍 들어간 튀긴 닭을 전통 토기에 담아 오븐에서 조리한 닭 요리. 곁들여진 크림 소스가 그 맛을 더한다. 식사는 물론 맥주나 와인 안주로도 잘 어울린다.

061

Shoti
쇼티

어머니의 빵이라고도 불리는 조지아인들의 주식으로 토네라고 하는 조지아식 전통 화덕에 구워낸 빵이다. 길쭉하게 생긴 모양새는 오븐에 구워낸 바게트와 비슷하나 그 맛은 훨씬 고소하고 맛있다.

Kharcho
하르쵸

잘게 썬 소고기와 쌀 그리고 체리 매실 퓌레로 만든 매콤한 맛의 조지아 전통 수프로 약간은 걸쭉한 육개장 맛이다.

Ojakhuri
오자후리

'Family'라는 뜻을 가진 오자후리는 가정에서 가장 손쉽게 만들 수 있는 음식으로 투박하게 썰어 넣은 돼지고기 또는 소고기를 감자, 양파와 함께 끓이거나 오븐에 구워낸 요리이다. 메뉴 선택이 고민일 때는 오자후리를 주문해 보자.

Lobio
로비오

조지아식 콩 수프 요리로 종류에 따라 다양한 콩과 견과류, 고기, 마늘, 양파를 사용한다. 차가운 것과 뜨거운 것이 있는데 토기 그릇에 담겨 나오는 뜨거운 요리가 더 입맛에 맞다. 곁들여 나오는 빵과 함께 먹으면 한 끼 식사로도 충분하다.

Dolma
돌마

'채워넣다'라는 뜻을 가진 돌마는 터키 및 중동 요리에 가깝지만 조지아와 아르 메니아(Tolma)에서도 흔히 볼 수 있다. 불린 쌀과 다진 고기, 견과류, 양파, 마늘 등을 넣고 볶아 낸 후, 양배추에 돌돌 말아 쪄낸 요리이다. 특히 조지아에서는 양배 추 대신 포도잎으로 쪄낸 것으로 샤워크림 소스에 찍어 먹는 맛이 이국적이다.

Sulguni
술구니

조지아의 Samegrelo 지역 농촌 가정에서 만들어 먹던 치즈로 지금은 대량 생산되면서 조지아의 대표적인 치즈가 되었다. 신맛과 짠맛이 조화를 이루며 탄력성이 있는 것이 특징이다. 술구니가 들어간 구운 버섯 요리인 '소꼬술구니' 강추!

Tkemali
트케말리

주 원료인 매실 외에 마늘, 칠리페퍼 등 다양한 재료가 들어간다. 신맛과 매운맛이 어우러진 이 소스는 튀김이나 생선, 고기 요리, 감자 요리 등 다양한 요리에 사용되는 대표적인 소스이다.

Matsoni
마쪼니

장수국으로도 잘 알려져 있는 조지아의 요구르트로 현지에서는 요구르트라 부르지 않고 마쪼니라고 부른다.

Churchkhela
추르츠헬라

조지아의 대표적인 간식으로 호두 등의 견과류를 넣고 포도즙과 설탕이 들어간 밀가루 반죽에 담가 말린 것이다. 모양만 봐서는 딱히 손이 가지 않지만 견과류의 고소함과 쫄깃하면서 달콤한 맛이 조화를 이룬다. 추르츠헬라의 전통적 제조 기술은 조지아의 무형문화유산이기도 하다.

GEORGIA
Wine

신의 선물, 조지아 와인

신이 내린 생명의 물방울이라는 와인은 그동안 기원전 5000년경에 처음 만들어진 것으로 알려졌다. 하지만 지난 2017년 고고학자들은 조지아의 수도 트빌리시 인근 마을에서 기원전 6000년경에 만들어진 것으로 추정되는 토기를 발견 분석한 결과 와인을 발효시키는데 사용했던 것이라고 발표했다. 이로써 조지아는 8,000년 전 세계 최초로 와인을 생산한 지역으로 알려지기 시작했다. 조지아인들은 예로부터 와인 담그는 일을 신이 자신들에게 부여한 신성한 의무로 여겨왔다고 한다. 현재도 거의 모든 가정과 음식점에서는 자신만의 개성있는 하우스 와인을 맛볼 수 있다. 와인의 나라답게 이들의 주량은 엄청나다. 장수 국가 중 하나로 거론되는 데에는 지리적 위치에 따른 자연환경뿐만 아니라 와인도 한몫을 하지 않았을까 생각된다.

조지아 와인의 특징

조지아 와인 제조법의 가장 큰 특징은 다른 나라와 달리 조지아 전통 방식인 크베브리(Qvevri) 양조 방식이다. 크베브리는 항아리와 닮은 원추형 점토 용기를 말하며 갓 수확한 포도를 으깨지 않고 크베브리에 담아 6개월 가량 보관하는 전통 방식으로 발효와 숙성이 동시에 이루어지며 이때 발생하는 독특한 현상으로 탄닌도 풍부하고 건강에도 좋은 조지아 전통의 와인 맛을 낸다고 한다. 이 제조 방법은 유네스코 세계문화유산으로 지정되어 있다.

조지아 와인의 대표적 품종

르카치텔리 Rkatsiteli
조지아 와인의 최대 생산지인 동부 카헤티 지역에서 생산되는 화이트 와인의 가장 대표적인 품종으로 전체 재배 면적의 40% 이상을 차지한다.

사페라비 Saperavi
조지아를 대표하는 레드 와인 품종으로 전체 재배 면적의 약 20%를 차지한다.

므츠바니 Mtsvane
테이블용 와인에 적합한 화이트 와인 품종.

초리코우리 Tsolikouri
조지아 서부 지역을 대표하는 화이트 와인 품종.

Wine

Mukuzani 무쿠자니

카헤티 지방의 무크자니 지역에서 생산되는 사페라비 품종의 대표적 드라이 레드 와인. 적자주색의 진한 빛을 보이며 풀바디의 최상의 맛으로 Dugladze 무쿠자니가 유명하다.

Kinzmarauli 킨즈마라울리

사페라비 품종으로 생산되는 대표적인 레드 와인으로 천연의 세미 스위트 와인이다. 다소 진한 붉은 빛과 부드럽고 풍부한 스위트 맛을 선사한다. 디저트 와인으로 유명하다.

조지아 와인의 종류

Manavi 마나비

Straw 색상의 빛깔로 부드러우며 약간의 과일향의 맛을 지닌 드라이 화이트 와인.

Saperavi 사페라비

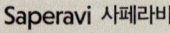

카헤티 지역에서 재배되는 사페라비 품종으로 만들어진 드라이 레드 와인. 포도 추출물이 많이 들어가 탄닌이 강하고 진한 체리와 블랙베리 향이 풍기며 드라이하지만 단 과즙과 식물성의 씁쓸한 맛이 느껴진다. 특히 육류 및 스테이크와 잘 어울리는 와인이다.

Tvishi 트비시

초리코우리 품종으로 생산되는 세미 스위트 화이트 와인으로 다양한 과일 향과 맑은 스위트 맛을 선사한다.

Tsinandali 치난달리

카헤티 지역에서 생산되는 르카치텔리 품종으로 만든 대표적인 드라이 화이트 와인.

Alazani Valley 알라자니 밸리

카헤티 지방의 알라자니 밸리에서 소량 생산되는 르카치텔리 품종의 세미 스위트 화이트 와인. 다양한 치즈와 잘 어울리는 디저트 와인이다.

Pirosmani 피로스마니

맑은 Straw 색으로 상쾌한 아로마와 부드럽고 풍부한 바디감에 사과 풍미가 조화로운 드라이 화이트 와인.

타마다 Tamada

조지아에서는 술자리에서 건배를 주도하는 사람을 '타마다'라 한다. 타마다는 조지아에서 매우 신성시하는데, 타마다에 의해 얼마나 마실지도 결정된다고 한다. 주로 덕담을 하지만 노래를 부르거나 시를 읊는 등 식탁을 리드하며 손님들을 즐겁게 한다. 일정한 격식에 맞춰 진행되기 때문에 타마다의 건배사는 꽤나 길어 인내심이 필요하다. 어찌보면 우리의 술자리 문화와 비슷한 면이 있어 정겹게 느껴진다. 술자리에 초대 받는다면 우리의 '건배'에 해당하는 'Gaumarjos(가우마조스)'라는 말을 기억해 두자.

깐지 Khantsi

조지아의 전통적인 특별한 술잔으로 염소 또는 양의 뿔로 만들어지며 간혹 황소의 뿔로도 만든다. 현재는 일상 생활에서 자주 사용되지는 않지만 귀한 손님을 맞이할 때면 전통적인 환대의 의미로 타마다는 손님에게 와인을 이 깐지에 담아주곤 한다. 끝이 뾰족해서 다 마시기 전에는 내려 놓을 수 없는 모양. 원샷을 할 수 밖에 없다.

Batumi Seo's
Wine Story

바투미 세오의 조지아 와인 이야기

조지아는 정말 와인의 나라입니다. 이렇게 와인이 싸도 되나요? 싸기만 한 게 아니라 가격 대비 최고인 와인들도 넘쳐나네요. 와인이 마약 빼고는 세계에서 가장 부가가치가 높은 농산물 이라고 하던데 조지아의 와인 가격을 보면 꼭 그런 것 같지도 않습니다. 와인 애호가인 제가 조지아에서 살면서 느끼고 경험했던 지극히 주관적인 이야기입니다. 독자분들의 조지아 와인에 대한 편견과 오해가 없으시기를...

디켄팅(브리딩)을 모른다

병 와인을 오픈한 후 맛을 올리기 위해서는, 특히 레드 드라이 와인의 경우는 공기를 만나야 하는데 식당에서 와인을 딴 후 코르크를 자꾸 뚜껑을 막아줘요. 그 웨이터가 무슨 잘못이겠어요. 나름 엄청 정중하며 '나 잘하고 있지?'라는 듯한 제스처로 와인 한잔 따라주고 와서 뚜껑 닫고, 또 열어서 따라놓고 놔두고 있으면 탄산음료 탄산 날아갈까 봐 냉큼 와서 닫아주네요. ㅠㅠ 그 자리에서 다시 열면 웨이터가 민망할 것 같아 바로 열지도 못하겠고ㅎㅎ 일부러 공기를 빨리 많이 접하게 하려고 디켄팅도 하는데, 그거까진 아니더라도 막을 거 까지야

맛이 변한 와인을 구분 못한다

조지아 식당에서 와인을 시키거나 와인 숍에서 와인을 사서 먹어보면 맛이 변한 와인이 간혹 있답니다. 프랑스나 이태리, 그리고 한국만 해도 웬만한 레스토랑에 가면 주문한 와인을 처음 따서 맛을 보고 맛이 변했으면(부쇼네, 산화, 열화 등의 이유로) 새 병으로 바꿔주잖아요. 조지아 식당은 그런거 없어요.
"나는 괜찮은데 먹기 싫은 거니? 다른 종류의 와인을 새로 시킬래?"해서 새로 시키면 돈은 다받아요. ㅠㅠ

마리아주를 모른다

와인과 음식의 마리아주(궁합)에 대해서도 잘 모르거나 신경 안 쓰는 것 같아요. 남자들은 취기가 올라오면 술 많이 못 먹는다고 레드와인 보다는 무슨 음식이든 화이트 와인만 마셔요. ㅎㅎ 저희가 애주가라면 애주가일 수 있어 남편 역시 고기엔 레드, 생선류엔 화이트 이 정도를 맞춰 마시는데, 스테이크에 레드 와인을 마시는 남편 보고 저희 친한 친구가 "여자야? 왜 레드 와인을 마셔." 육류에도 어울리는 화이트 와인이 있긴 해요. 하지만 여기 친구 들은 그래서 그러는 게 아니에요. 그런 것에 개의치 않거든요. 남자는 무조건 화이트 와인이지.

● 상점에서 와인 구입

조지아 슈퍼마켓들 보면 쇼윈도에 와인을 진열해서 햇빛을 다 맞혀요. 그런 와인 사면 열화 산화로 다 상했거나 이미 식초로 변했는지 맛도 시큼. 슈퍼나 와인 가게에서 구매 시 그늘에 보관된 와인을 사세요. 혹은 매장 안 창고에 같은 와인이 있냐고 물어본 뒤 그걸 꺼내 구입하시면 진열상품보단 성공률이 높아요. 매장 실내의 온도나 관리 상태를 유심히 보시고 낮에 직사광선에 노출되었을 지도 판단해 보세요. 여름에 에어컨 안 트는 가게로 보이면 상했을 확률이 높겠죠.

● 식당에서 와인 주문

병 와인을 시킨다면 괜찮을지 안 괜찮을지는 복불복이에요. 병 와인 말고 1리터나 0.5 리터 용기에 담아주는 하우스 와인(혹은 드래프트 와인) 시켜보신 적 있나요? 메뉴판 에 없지만 꽤 많은 식당에서 팔아요. 병 와인 주문에 가격 압박/맛 보장의 두려움을 느 낀다면 시켜 보세요. 의외로 먹을만합니다. 단, 오늘 맛있다고 그다음에도 같은 맛일 거라고 판단하시면 안돼요. 하우스 와인도 보관상태에 따라 맛이 변한 경우가 꽤 있어 요. 그러니 꼭 0.5리터나 한 잔만 시켜서 맛이 변했는지 확인 후, 괜찮으면 양껏 시키세 요. 메뉴판에는 1리터 가격이 쓰여있지만 1/2리터도 시키면 갖다 주니 걱정말고 주문 하세요. 보통 한국인의 상식으로는 1리터 가격이 12라리이면 0.5리 터 시키면 7 혹은 8라리 할 것 같잖아요. 대부분의 식당에서 그냥 반값만 받아요.

대표적인 조지아 와인 종류

레드 드라이 와인을 좋아하신다면 '사 페라비' 나 '무크자니'를 드세요. 둘 다 같은 포도 품종인데, 저는 개인적으로 무크자니를 더 선호하네요. 소고기, 돼 지고기와 함께 드시면 레드 드라이의 떫은 타닌 맛과 고기의 기름기가 어우 러져 맛이 배가 되죠.

세미 스위트는 '킨즈마라울리'가 좋습니다. '우사켈 라우리도' 세미 스위트인데 이 포도품종은 재배가 많이 안돼서 꽤 비쌉니다. 첫해 남편 생일날 처음 이 자 마지막으로 마셔봤어요. 그냥 계산해도 꽤 비싼 가격이었네요. 그 외에 '크반츠카라' 등도 있는데, 개 인적으로 가격대가 살짝 있는 '킨즈마리울리' 오리 지널급을 추천합니다. 스위트 와인을 선호하지 않는 데, 한번 마셔봤다가 급 눈이 번쩍했었네요.

화이트 드라이로 산미가 적고 깔끔한 걸 좋아하신 다면 '므쯔바네', '키시' 혹은 '촐리까우리(미디엄 바 디나 라이트 바디입니다)', 산미가 있는 걸 좋아 하 시면 '르까츠텔리'를 드세요. '치난달리'는 적당한 산미가 나는 것 같아요. 화이트 드라이는 생선의 비린 맛과 마리아주가 잘 되죠.

제 입맛, 제 기준의 평가입니다. 앞서 말씀드렸듯이 저희 도 매번 가서 먹는 집이어도 조금씩 맛이 다르게 서빙이 되고요, 고급 레스토랑은 디켄팅도 해주고 테스팅 후에 따라 줍니다.^^ 자금 여유가 있으시다면 '끄베브리 (조지 아 전통의 끝이 꼬깔 모양인 큰 항아리)' 와인을 시도해보 세요. 끄베브리는 조지아 전통 와인 제조 방식인데, 다른 나라 와인에서는 전혀 맛볼 수 없는 독특하고 내추럴한 맛을 느낄 수 있습니다.

GEORGIA SHOPPING

조지아 여행 쇼핑 리스트

03 Barambo chocolate 바람보 초콜릿
조지아를 대표하는 'Barambo'라는 회사에서 생산되는 초콜릿으로 현재 러시아, 중국, 이라크, 이란, 싱가포르 등으로도 수출되고 있다. 밀크, 헤이즐넛, 다크 등 다양한 맛이 있고, 슈퍼마켓에서 쉽게 구입할 수 있어 선물용으로 인기가 많다.

01 Svaneti salt 스바네티 소금
조지아의 북서쪽 스바네티 지역 가정에서 주로 사용되는 허브 소금이다. 각종 향신료와 섞여 커리향에 가깝고 라면 스프 같기도 하다. 이곳에서는 모든 음식의 조미료로 사용되고 있다고 한다. 스바네티 지역인 메스티아, 우쉬굴리에 가면 쉽게 접할 수 있다. 다른 도시의 경우 재래시장에 가면 구할 수 있다.

04 Sulguni cheese 술구니 치즈
조지아의 Samegrelo 지역 농촌 가정에서 만들어 먹던 치즈로 지금은 대량 생산되면서 조지아의 대표적인 치즈가 되었다. 신맛과 짠맛이 조화를 이루며 탄력성이 있는 것이 특징이다.

02 Kansi 깐지
동물의 뿔로 만든 조지아 전통 와인 잔으로 아래가 뾰족해서 다 마시기 전에는 내려 놓을 수 없다고 한다. 받침대가 있는 것은 장식용으로도 좋다.

05 Gurieli tea 구리엘리 차

200년 이상의 차 생산 역사를 갖고 있는 조지아는 천혜의 지리적 위치와 기후 조건을 갖추고 있어 조지아 차의 독특한 특성을 가진 Gurieli가 탄생하게 되었다. 2008년에 생산되기 시작해 현재는 조지아 최고의 브랜드로 각광 받고 있다. 전통 블랙티를 비롯 얼그레이, 자스민 그리고 과일맛 티도 판매 되고 있다. 고급 호텔의 객실에는 어김없이 구리엘리 차가 비치되어 있다.

07 Churchkhela 추르츠헬라

조지아의 대표적인 간식으로 호두 등의 견과류를 포도즙과 설탕이 들어간 밀가루 반죽에 담가 말린 것이다. 견과류의 고소함과 단맛의 쫄깃함이 조화를 이룬다.

06 Chacha 차차

조지아에서만 볼 수 있는 이 술은 와인의 나라답게 와인을 만들고 남은 포도 찌거기를 증류해 만든 전통주이다. 알코올 도수가 보통 40~52도 정도로 매우 독해 한 잔 정도면 충분하다. 전통적으로는 술을 따른 술잔에 불을 붙였다가 뚜껑을 덮어 끈 후 마신다고 한다.

08 ziaja 지아자

유럽에서도 인기가 많은 ziaja는 폴란드가 원산지로 자연에서 방목해서 키운 산양유로 만든 제품으로 유명하다. 나이트크림, 데이크림, 아이크림 등이 인기가 많으며 조지아에서도 저렴하게 구입할 수 있다. 'PSP'라는 간판이 있는 화장품샵과 대형 슈퍼마켓에서 구입할 수 있다.

그외 각종 기념품

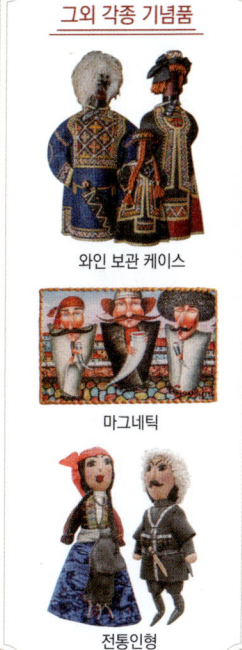

와인 보관 케이스

마그네틱

전통인형

BEST ROUTE

조지아, 아르메니아 여행을 계획하면서 한번쯤은 코카서스 3국으로 불리는 인접 국가인 아제르바이잔 방문 여부를 놓고 고민 했을 것이다. 20일 이상의 장기 여행 계획이 아니라면 조지아, 아르메니아 2개국 여행을 추천한다. 조지아 일정만으로도 일주일 이상의 시간이 요구되지만 인접국가인 아르메니아로의 일정도 짧게나마 추가하는 것을 고려해 보자. 트빌리시, 예레반 모두 아직까지 정규 노선 직항편이 없어 경유지(이스탄불, 알마티, 두바이, 바르샤바 등)에서의 스탑오버 일정도 고려해 볼 만 하다.

일정 짜기 Tip

조지아에서는 메스티아와 바투미를 제외한 대부분의 관광지들은 트빌리시에서 출발하는 1일 투어로 다녀올수 있다. 짧은 일정이라면 트빌리시에 숙박을 하면서 이러한 프로그램을 이용하는 것도 나쁘지 않다. 일반적인 트레킹의 경우에는 4~8시간으로도 충분하지만 트레킹이 여행의 목적이라면 코스에 따라 짧게는 1박2일, 길게는 3박4일 이상이 소요되니 사전에 충분한 준비가 필요하다. 코카서스 3국을 모두 여행 일정에 포함시킨다면 항공은 반드시 '아제르바이잔 바쿠 IN / 아르메니아 예레반 OUT'을 추천한다(현재 아르메니아와 아제르바이잔은 육로 이동이 불가해 조지아의 트빌리시를 거쳐야 한다. 항공을 '트빌리시 IN/OUT'으로 한다면 이동으로 버리는 시간이 많아 비효율적이다).

아르메니아만을 목적으로 방문하는 여행객은 아직 드문 편이다. 대부분의 여행객은 조지아에서 잠시 다녀오는 일정으로 잡는다. 예레반을 중심으로 주요 관광지들이 인근에 있어서기도 하지만 지금까지 아르메니아에 대한 정보가 부족한 탓이 아니었나 생각된다.

※ 조지아와 아르메니아는 현재 우리나라와 비자면제협정이 체결되어 있어 비자가 필요없다. 하지만 아제르바이잔의 경우 공항 입국 시에는 공항에서 도착 비자를 받을 수 있으나 육로로 이동 할 경우 사전에 e-visa를 받아야 하는 불편함은 물론 여권상에 아르메니아를 다녀 온 기록이 있을 경우 입국심사대에서 불필요한 질문들을 받을 수 있어 가급적이면 첫 도착지를 바쿠로 하는 것이 좋다.

조지아 핵심 7일

1일	인천 → 트빌리시
2일	트빌리시+(므츠헤타)
3일	트빌리시+(시그나기)
4일	트빌리시 → 카즈베기
5일	카즈베기 → 트빌리시
6일	트빌리시
7일	인천

⭐ **Travel Point** 트빌리시와 근교의 역사적 도시 그리고 코카서스산맥의 카즈벡산이 있는 카즈베기까지 군사도로를 따라 이어지는 자연 경관을 감상할 수 있는 핵심 코스.

아르메니아 핵심 8일

1일	인천-예레반
2일	예레반
3일	예레반 (게하르트, 가르니)
4일	예레반 (코르비랍, 에치미아진)
5일	예레반-타테브(현지 1일 투어)
6일	예레반 (세반 호수)
7일	예레반
8일	인천

⭐ **Travel Point** '핑크 시티'로 불리는 아르메니아의 수도 예레반과 세반 호수를 포함 근교 주요 관광지를 둘러보는 핵심 일정. 타테브 외의 근교를 투어로 다녀온다면 7일 일정으로도 가능.

조지아 기본 10일

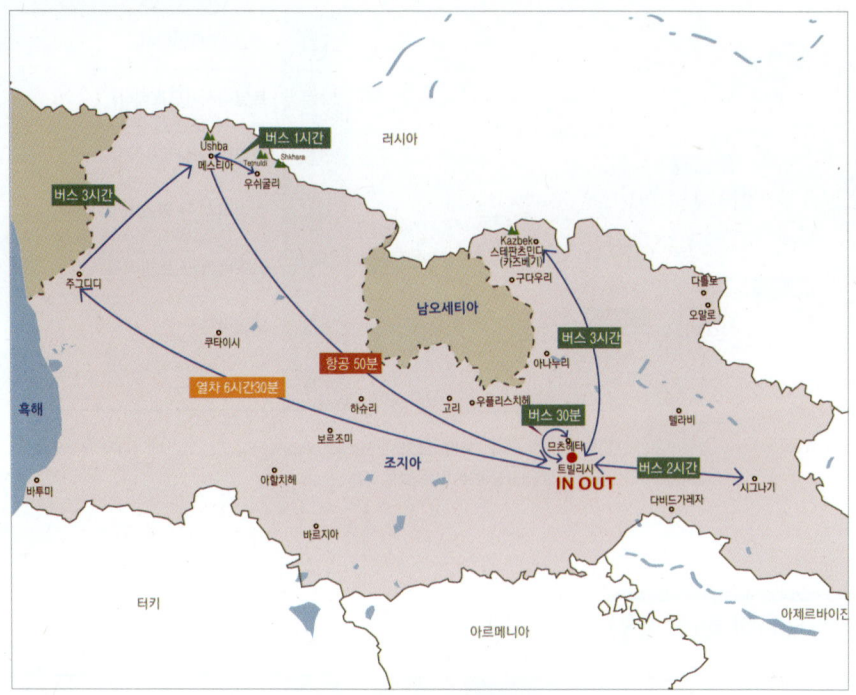

1일	인천 → 트빌리시		6일	트빌리시 → 주그디디 → 메스티아
2일	트빌리시+(므츠헤타)		7일	메스티아+(우쉬굴리)
3일	트빌리시+(시그나기)		8일	메스티아 → 트빌리시 (항공)
4일	트빌리시 → 카즈베기		9일	트빌리시
5일	카즈베기 → 트빌리시		10일	인천

★ **Travel Point** 핵심 7일 일정에 유네스코 문화유산인 스바네티 지역의 메스티아 그리고 5,193미터의 쉬카라 빙하와 유럽에서 가장 높은 마을 우쉬굴리를 돌아 볼 수 있는 일정.

조지아 일주 15일

1일	인천 → 트빌리시
2일	트빌리시+(므츠헤타)
3일	트빌리시 → 시그나기
4일	시그나기 → 트빌리시 → 카즈베기
5일	카즈베기
6일	카즈베기 → 트빌리시
7일	트빌리시 → 보르조미 → 바르지아 → 트빌리시(1일 투어 이용)
8일	트빌리시 → 바투미
9일	바투미 → 메스티아
10일	메스티아
11일	메스티아 → 쿠타이시
12일	쿠타이시 → 고리
13일	고리 → 트빌리시
14일	트빌리시
15일	인천

☆ **Travel Point** 기본 일정에 흑해 연안의 휴양 도시 바투미를 비롯 옛 수도였던 쿠타이시, 그리고 최대 동굴 수도원 바르지아 등을 야간 이동 없이 가능한 일정. 렌터카 여행으로도 가능한 일정.

조지아 트레킹 10일

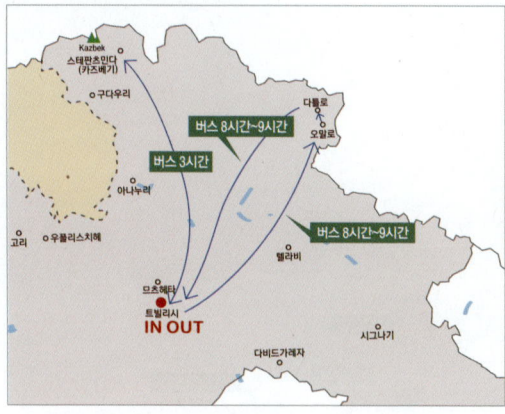

1일	인천 → 트빌리시
2일	트빌리시 → 카즈베기
3일	카즈베기(주타 or 트루소)
4일	카즈베기 → 트빌리시
5일	트빌리시 → 텔라비(알바니) → 오말로
6일	오말로 → 다틀로
7일	다틀로
8일	다틀로 → 트빌리시
9일	트빌리시
10일	인천

⊛ **Travel Point** 트빌리시를 중심으로, 그리고 트레킹을 주 목적으로 가는 여행자를 위한 일정이다.

조지아 렌터카 여행 핵심 9일

1일	인천 → 트빌리시
2일	(렌터카)트빌리시 → 보드베 → 시그나기 → 트빌리시
3일	트빌리시 → 므츠헤타 → 군사도로 → 카즈베기
4일	카즈베기 → 트빌리시(렌터카 반납)
5일	트빌리시 → 메스티아 (바닐라스카이 항공)
6일	메스티아(우쉬굴리 또는 코룰디 호수)
7일	메스티아 → 트빌리시 (바닐라스카이 항공)
8일	트빌리시
9일	인천

⊛ **Travel Point** 렌터카와 국내선 항공을 이용, 가장 짧은 일정으로 조지아의 하이라이트라 할 수 있는 카즈베기와 메스티아를 다녀올 수 있는 일정.

조지아 + 아르메니아 14일

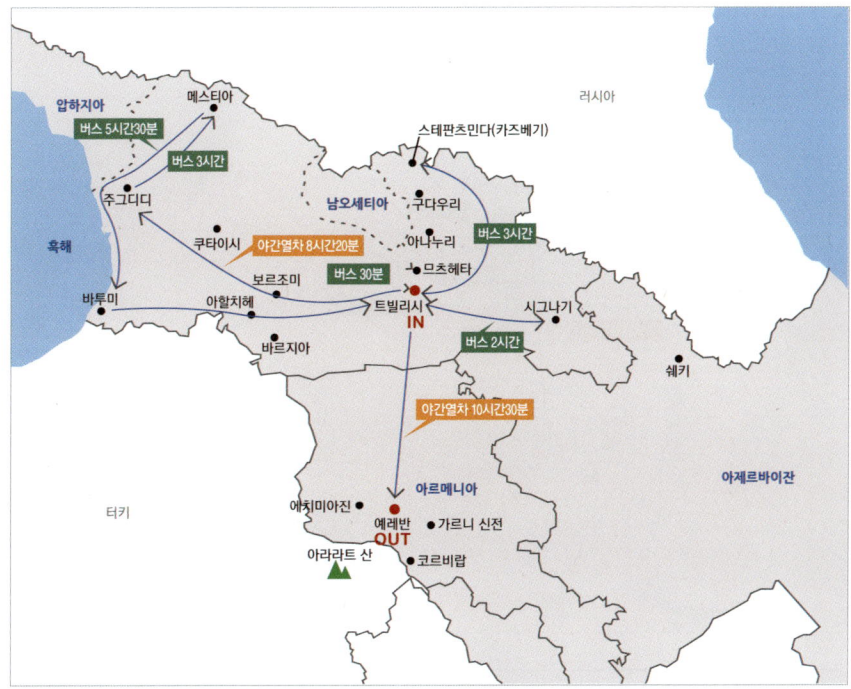

1일	인천 → 트빌리시
2일	트빌리시+(므츠헤타)
3일	트빌리시 → 시그나기
4일	트빌리시 → 카즈베기
5일	카즈베기 → 트빌리시
6일	트빌리시
7일	트비릴시 → 트빌리시
8일	메스티아+(우쉬굴리)
9일	메스티아 → 바투미

10일	바투미 → 트빌리시(야간열차)
11일	예레반(게하르트, 가르니)
12일	예레반(코르비랍, 에치미아진)
13일	예레반
14일	인천

☆ **Travel Point** 코카서스 3국 중 조지아만으로는 아쉬움이 남는 여행자를 위한 일정으로 조지아 기본 일정과 최초의 기독교 국가인 아르메니아의 예레반을 중심으로 한 일정.

코카서스3국 20일

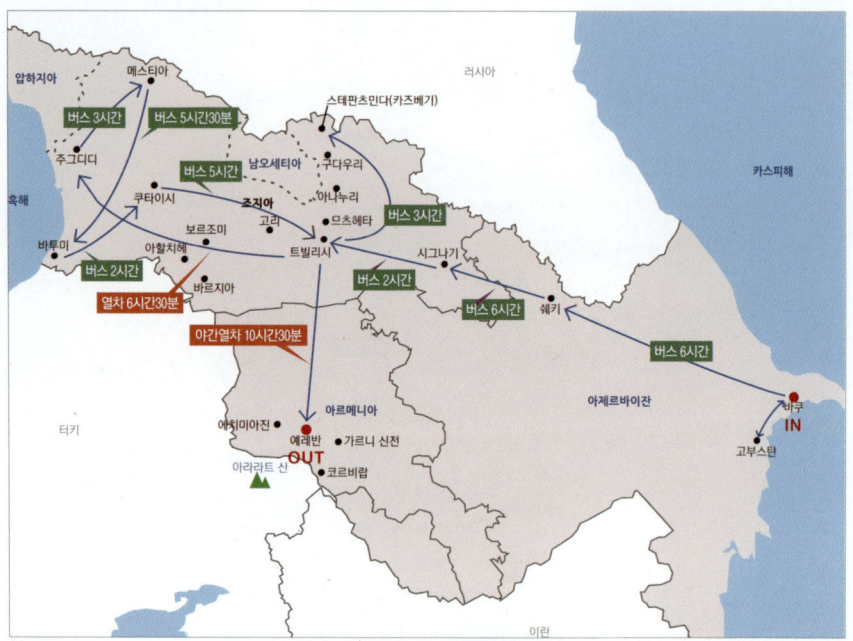

1일	인천 → 바쿠		11일	메스티아+(우쉬굴리)
2일	바쿠		12일	메스티아 → 바투미
3일	바쿠 → 쉐키		13일	바투미
4일	쉐키 → (국경) → 시그나기		14일	바투미 ▶ 쿠타이시
5일	시그나기 → 트빌리시		15일	쿠타이시 ▶ 트빌리시 (야간열차)
6일	트빌리시		16일	예레반+(코르비랍, 에치미아진)
7일	트빌리시 → 카즈베기		17일	예레반+(세반 호수)
8일	카즈베기		18일	예레반+(게하르트, 가르니)
9일	카즈베기 → 트빌리시		19일	예레반
10일	트빌리시 → 주그디디 → 메스티아		20일	인천

★ **Travel Point** 국내 대부분의 여행사에서 제공하고 있는 코카서스 3국 패키지 프로그램과 비슷하나 스바네티 지역의 메스티아가 추가된 일정이며 이동이 많아 출발 전 상당한 준비가 필요하다.

INFO GEORGIA
Caucasus Premium Tour Partner

오감 만족 코카서스 3국
현지 전문 여행사

INFO GEORGIA LTD
대표 DAVID PARK (박철호) 주소 Iakob Nikordze Street 3, entrance hall 1, Floor 5, Tbilisi, GE
연락처 (+995) 591 66 77 00 카톡 davidpk129 이메일 davidpk129@naver.com

SPECIAL interview 1

박철호 | 인포조지아 대표, 유튜브 : 조지아생생정보

변변한 가이드북 조차 없었던 조지아. 여행을 준비하는 사람들에게 오아시스와도 같은 역할을 했던'조지아 정보마당'운영자 박철호님(필명 : 데이비드 박)과의 생생한 현지 인터뷰 내용을 소개한다.
('조지아 정보마당'은 운영자님의 개인적인 사정에 의해 잠정 폐쇄 되었습니다.)

조지아에 언제 오게 되었나요?
2007년부터 조지아를 방문하였고 2008년 7월부터 조지아에 거주하고 있습니다. 당시 조지아 수도 트빌리시에 부동산 개발 관련 투자를 하였습니다.

이곳에 오기 전에는 어떤 일을 했나요?
1988년부터 현대자동차에서 근무했고, 1991년부터 부동산 관련 일을 했었으며 건설회사 임원으로 그리고 개발 회사를 운영하기도 했었습니다.

한국 방송사의 각종 다큐멘터리와 예능 프로그램의 현지 코디네이션을 많이 한 것으로 아는데 어떤 것이 있었으며, 당시 기억에 남는 에피소드가 있다면요?
가장 기억에 남는 것은 2014년 KBS <걸어서 세계속으로> 촬영 당시 가축 시장을 촬영 할 때 무슬림 아제르바이잔 사람과 인터뷰를 했던 일입니다. 일반적으로 무슬림들은 돼지고기를 안 먹는 걸로 알고 있어서, 왜 돼지고기를 안 먹지 질문했을 때 전혀 상상하지 못한 답변을 받았습니다."그 맛있는 걸 왜 안먹냐, 몰래 숨어서 먹는다" 물론 일부이겠죠?
또 하나는 2015년 <비타민> 촬영 당시 제목이 '장수국가 조지아를 가다' 였습니다. 인구 대비 100세 이상 인구가 가장 많은 나라가 바로 조지아입니다. 물론 도심지보다는 코카서스 산악지대에 많이 살고 있습니다. 107세 할머니 촬영 당시 할머니가 얼마나 정정하신지 우리에게 사과도 따주시고 음식도 직접 챙겨 주셨습니다. 그 인터뷰 중에 "할머니 어떻게 이렇게 건강하게 오래 사세요?" 라고 물었더니 "응. 나 아직까지 결혼 안 하고 혼자 살았어, 남편이 없어서 오래 살았나봐~." 라고 하시더라구요. 그 외에도 2013년 EBS <세계 테마 기행>, 2013·2014·2018 <걸어서 세계 속으로>, <다큐 공감>, <비타민>, <체인지업 라이프>, <요리 인류>, <술로 라이프> 등 많은 방송에 현지 코디로 참여했습니다.

나만의 최고 여행지 BEST3를 소개해 주세요!
카즈베기- 코카서스의 영혼 같은 지역입니다.
트빌리시- 1,500년 된 도시이면서도 1878년부터 건축된 건물들이 현재까지 존재하는 작지만 아름다운 도시입니다.
샤틸리- 코카서스 속 깊숙이 숨겨진 중세 마을.

조지아를 찾는 여행객이 빠르게 증가하면서 자유여행으로 오시는 분들도 많아졌는데 앞으로 새로운 계획이 있나요?

조지아는 여행지로 이동하는 수단이 제한적으로 마슈르트카라는 미니버스 외에는 없으며 이 차량은 여행객 이동을 위한 수단이 아니고 현지인들이 지방을 다니는 수단으로 차량도 노후되었으며 냉난방도 안 되어 있고 탑승 인원도 많으며 사진 포인트나 여행지에 세워 주지 않습니다. 그래서 트빌리시

주변에 주요 여행지에 셔틀버스를 운영할 계획을 가지고 있습니다. 코로나 상황이 아니었으면 2020년 봄부터 유명 여행지 셔틀을 운행하려 했으나 코로나로 중단되었고 2022년 이후 여행이 재개되면 자유여행객들을 위한 일일 투어와 셔틀버스 운영을 계획하고 있습니다.

끝으로 조지아 여행을 준비하고 계신 분들에게 당부의 한말씀 부탁드립니다.

마르쉬루트카 이용 시 이해와 협조 안내

조지아에는 시외버스 노선이 거의 없습니다. 최근 한국인 자유여행객이 늘면서 도시 간 이동을 마르쉬루트카로 이용하는 일이 많아지고 있습니다. 마르쉬루트카 비용이 싼 이유가 있습니다. 마르쉬루트카는 여행객들이 이용하는 차량이 아니고 조지아, 아르메니아, 아제르바이잔 현지인들, 특히 서민들이 시외를 오갈 때 이용하는 교통수단 입니다.

현지인들은 차를 놓치게 되면 생계에 문제가 생깁니다. 특히 막차 시간이 되면 여행객을 안 태우거나 특히 짐이 많은 경우 역시 그 짐으로 사람이 못탈 수 있으므로 승차 거부를 당할 수 있습니다. 마르쉬루트카를 태워주지 않는다거나 짐 비용을 내라고 한다고 실갱이 하지 말아 주세요. 그래서 가급적 막차 시간 이용을 자제해 주시기 바랍니다. 코카서스 3개국 모두 한국에 대한 이미지가 좋습니다. 여행 오셔서 무례하게 현지인들을 대하면 당사자는 떠나면 그만이지만 다른 한인 여행객들과 현지 거주하는 한인들에게 엄청난 피해를 주게 됩니다. 급기야 현지인들 사이에서 한국인을 싫어하는 사람들이 점점 생기고 있습니다. 현지에 거주 중인 한인들도 현지인을 배려해야 하겠지만, 여행 오시는 분들도 부디 현지인을 배려하는 마음과 행동을 보여 주시기 당부 드립니다.

코카서스 사람들은 수준 낮은 민족이 아닙니다. 자존심을 중시 여기는 민족이며 우리보다 더 빠른 문명과 발전을 이뤘으며 오랜 전통과 역사를 가진 민족입니다. 자존심에 상처를 받으면 결코 용서하지 않는 그들만의 문화가 있습니다. 한국인들에게 이용 당하고 무례한 행동으로 자존심을 상하게 된다면 지금까지 정 많은 사람들이 모두 전사로 변할 수 있습니다.

고대 페르시아에 '왕이 미치면 코카서스로 전쟁을 하러 간다'는 속담이 있습니다. 여행 오셔서 매너와 에티켓 등을 잘 지켜 주시기 당부 드립니다.

렌트카 운전 시 주의 사항

최근에 여행객들이 많이 늘면서 차량을 렌트하여 직접 운전 하시는 분들도 늘고 있습니다. 깜빡이 위반, 주차위반, 중앙선 침범, 우선 멈춤 등 대부분의 범칙금이 200라리(약 9만 원) 가량으로 대폭 올랐습니다. 더욱이 대대적 단속 기간이라 주변에서 수시로 단속하고 있으니 교통법규를 꼭 지키시기 바랍니다. 그리고 스스로 방어운전을 하셔야 합니다.

조지아의 운전사들 대부분이 무법 운전 수준입니다. 중앙선은 생명선이 아닌 옆 차선 쯤으로 생각합니다. 너무나 창의적이어서 2차선을 5차선으로 만들어 버리는 경우도 있습니다. 가는 길 차선이 밀리면 바로 중앙선을 넘어 차선으로 만들어 버려서 중앙선 너머에서 오는 차량들 조차 못 가게 만들어 버립니다. 최근 범칙금 인상과 단속으로 좀 더 나아지리라고 생각되지만 운전 습관이라는게 금방 바뀌는 것이 아니기에 시간이 좀 걸릴 듯 합니다. 조지아 대부분의 차량이 무보험 차량이라고 합니다. 차량 렌트 시 꼭 보험 증서를 확인 하시기 바랍니다.

조지아 부동산 구입

최근 들어 트빌리시와 바투미 등 주요 도시에 대한 부동산 문의가 많습니다. 조지아는 신규 분양 아파트의 경우 한국처럼 마감이 되어 있지 않고 골조 정도만 마감하는 방식이 많습니다. 눈에 보이는 가격이 싸다고 분양을 받게 되면 아파트 내부 공사 비용을 추가해야 되며 시공사가 공사 중 부도가 나면 보상을 받을 방법이 없다. 조지아는 시공 보증, 하자 보증 등에 대한 소비자를 위한 제도가 전혀 없어서 분양 후 모든 책임은 분양받은 사람이 책임져야 하는 구조로 되어 있습니다. 쉽게 부동산을 구입할 생각을 하기보다는 최소한 6개월에서 1년은 살아보고 부동산 구입을 결정하기를 부탁드립니다. 실 거주 개념이면 몰라도 투자 목적의 구입은 추천하지 않습니다. 한국처럼 단지가 구성된 아파트가 거의 없이 개별 단독 단지 아파트가 많고 인구가 적어 투자 매력이 크지 않다. 조지아는 국민 소득도 낮고 개인 소득도 낮아 비즈니스도 쉽지 않습니다. 이민이나 해외 사업을 생각하는 사람들은 철저한 시장 조사가 필요하며 막연한 기대나 희망을 가지면 후회하게 됩니다. 조지아는 여행하기에는 좋은 국가이나 아직은 사업을 하기에는 쉽지 않은 국가입니다.

조지아 여행 시 주의 사항

2017년과 2018년은 조지아의 해라고 할만큼 한국 방송에 조지아가 많이 소개되었습니다. 그 덕분에 코카서스 여행에 대한 관심도 높아지고 있고 여행객들도 늘고 있습니다. 겨울 조지아는 봄, 여름, 가을과 다른 모습을 볼 수 있습니다. 특히 설경은 정말 아름답습니다. 설경이 아름다운만큼 여행 시 주의사항이 있습니다.

❶ 일기예보 체크하기

조지아는 대 코카서스와 함께 한 나라입니다. 대 코카서스는 해발 4,000미터가 넘는 봉우리가 25개, 5,000미터 이상이 7개나 있습니다. 트빌리시나 쿠타이시 등 시내에서 비가 오면 카즈베기와 스바네티 지역은 눈이 온다고 생각하셔야 합니다. 한국에서 오는 눈을 생각하시면 안 됩니다. 1시간에도 30센티미터 이상 금방 쌓이게 됩니다. 늘 일기예보 앱을 다운받아 체크하세요. 시내에 흐리거나 비가 오면 바로 산악은 눈입니다. 10월 초부터 5월 초까지 눈이 온다고 생각하면 됩니다.

❷ 트레킹 시 유의 사항

조지아는 정말 좋은 트레킹 코스가 많습니다. 트레킹의 경우는 꼭 본인 수준에 맞는 정도만 하시기 바랍니다. 준비 없는 무리한 일정은 사고로 이어집니다. 3개국 모두 트레킹 인구가 거의 없습니다. 외국인들만 주로 트레킹을 합니다. 혹 혼자 이동하는 경우 조난 시 도움 받을길이 막막하니 가급적 동행을 구해보도록 하세요.

❸ 여행 일정

한국에 카즈베기와 룸스 호텔이 많이 소개되어 카즈베기로 직접 가시는 분들이 많이 있습니다. 항공일정을 감안하여 최소 출발 2일 전에는 카즈베기에서 나오도록 일정을 잡으셔야 합니다. 폭설로 길이 막히거나 눈사태로 길이 닫힐 수 있습니다. 카즈베기에서 트빌리시로 출발 시에는 특히 렌터카 여행 시 가급적 해가 뜬 다음 출발해야 합니다. 응달 부분의 노면이 얼어 있을 수 있습니다. 또한 카즈베기 가는 길에 피한 터널 이동 시 조명이 전혀 없기 때문에 충분히 속력을 줄인 후 진입해야 합니다. 러시아로 가는 화물차와 나오는 화물차들로 길을 1시간 이상 통제하곤 합니다. 나오는 시간을 충분히 여유 있게 잡아야 합니다. 우쉬굴리 등 오지는 들어가고 나오는 차량이 안 보일 경우 또는 현지인이 못간다고 할 때는 들어 가지 말아야 합니다. 겨울 자유 여행 시 가급적 직접 운전을 하지 않으시는 것이 좋습니다. 조지아는 아직까지 치안이 좋은 편이며 순수하고 정이 많은 인간미 넘치는 곳입니다. 그리고 저렴한 물가와 천혜의 자연경관으로 앞으로는 더욱 더 많은 여행객이 방문하리라 생각됩니다. 늘 안전에 유의 하시면서 즐거운 여행 되시기 바랍니다.

SPECIAL interview ②

방문수 | 프리랜서 에디터

여자 혼자 떠난 조지아 여행.
우연한 계기로 알게 된 조지아를 여자 혼자 당당히 떠난 방문수 님의
여행기. 조지아 치안부터 여행 경비, 물가, 트레킹
경험담 등 그녀의 이야기를 통해
꿈꿔왔던 조지아 여행에 한 걸음 더
다가가 보기를 바란다.

> **여행 시기** 2018년 7월
> **여행 기간** 21일
> **방문 도시** 트빌리시, 므츠헤타, 시그나기, 카즈베기, 고리,메스티아, 우쉬굴리, 쿠타이시, 보르조미
> **트레킹** 카즈베기 게르게티, 주타, 트루소밸리, 쉬카라 빙하, 코룰디 호수
> **항공** 에어아스타나 항공
> (카자흐스탄 알마티 경유)

조지아를 여행지로 선택하게 된 계기가 무엇인가요?
10년의 직장 생활을 끝내면, 배낭을 메고 장기 배낭여행자가 되고 싶었어요. 그 첫 출발 여행지로 어디를 갈까 고민할 즘 TV에서 한 번도 본 적 없는, 돌탑처럼 생긴 건물이 많은 푸른 땅이 가득한 나라를 보고 호기심이 발동 '와~ 멋있다 가보고 싶다' 에서 '못 갈 게 뭐야' 로 시작 되었어요. 그 돌탑이 중세시대부터 내려온 건축물 '코쉬키' 라는 것도 항공권을 예약하고 알게 된 사실이에요.

여성분 혼자 다녀왔는데 치안은 어떤가요?
조지아 여행은 걱정만큼 힘들지도 그렇다고 수월하지도 않은 딱 그 정도 선으로 저를 받아 줬어요. 조지아는 '혼자 온 여행자에게도 비교적 안전한 나라' 였습니다. 특히 수도 트빌리시는 주요 관광지에 경찰이 있어서 우선 마음이 놓였어요. 하지만 지하철에서 치한을 만나 얼굴을 붉힌 적이 있으니 혼자 여행을 계획 중인 여성분이라면 치한을 조심해야 합니다. 이런 몇 가지만 주의 하신다면 조지아는 혼자 온 초보 여행자에게도 활짝 열려 있습니다.

여행 경비와 현지 물가도 궁금합니다.
주머니가 가벼운 여행자에게도 조지아는 더없이 좋은 곳입니다. 21일 여행 중 절반은 게스트하우스에, 나머지 절반은 1인 숙소에서 묵었고, 혼자 다니다 보니 제대로 된 식사는 아니었지만 한 끼 정도는 식당에서, 그 외는 간단하게 먹으며 지냈는데 항공권 포함 150만 원 정도 사용했습니다. 다만 쉐어 택시 기사와의 흥정에 에너지를 소비해야 하는 불편함을 감수해야 한답니다.

트레킹도 필수 코스라는데 어땠나요?
7월 말 조지아는 푸르른 들판이 배경이 된 산과 그림같이 아스라이 펼쳐진 설산을 보며 트레킹 할 수 있었습니다. 길게 펼쳐진 들판이 지루해질 때면 나비와 들꽃이 눈 요깃거리가 되어줬고, 중세시대 풍의 건축물 또한 잠시도 지루할 틈을 주지 않았습니다.

트레킹 코스 난이도는 어땠나요?
메스티아의 코룰디 호수를 빼면 트레킹 난이도는 1년에 두세 번 정도 등산하는 수준의 보통 체력인 저에게도 무난했습니다. 코룰디 호수는 따가운 햇빛 아래 왕복 10시간 정도를 걸어야 하는 엄청난 지구력 싸움입니다. 오르는 동안에 탁 트인 풍경과 오른 후 구름이 비치는 잔잔한 물결의 아름다운 호수를 볼 수 있지만 호수의 물의 양을 장담할 수 없고, 오르는 노고가 커서 호불호가 있을 수 있는 곳이라고 생각합니다.

트레킹 준비 사항과 추천하는 곳이 있다면요.
트레킹을 준비하신다면 선크림을 꼼꼼히 바르시고 햇빛을 가릴 수 있는 모자, 물과 간단한 간식, 엄청난 쇠파리를 막을 퇴치제 정도는 준비하시는 게 좋을 것 같습니다. 푸른 자연의 트레킹이 지루해진다면 트빌리시에서 1일 투어로 갈 수 있는 다비드 가레자 동굴 수도원을 추천합니다. 아제르바이잔 국경을 넘나드는 짜릿함과 다른 곳에서는 볼 수 없었던 특이한 지형의 동굴 수도원에서 파도같은 바람 소리를 들으면 그동안의 여독을 풀 수 있는 휴식 같은 시간을 보낼 수 있습니다(약간은 산을 올라야 하기 때문에 운동화를 꼭 신으셔야 합니다).

여행지 조지아가 만족스러웠나요?
러시아 특유의 무뚝뚝함이 배어 있는 조지아에서 먼저 손 내미는 친절함은 없었지만, 웃고 다가가면 보이는 수줍은 듯한 그 특유의 미소와 친절함이 오히려 저에게는 더 따뜻하고 매력적이었습니다. 따뜻한 사람들과 저렴한 물가, 그리고 때 묻지 않은 자연이 있는 조지아는 길다고 생각한 21일을 일주일처럼 짧게 만들었습니다. 돈이 적거나 혼자 가도 외롭지 않은 조지아로 용기 내 가방을 싸시길 추천합니다.^^

SPECIAL interview 3

김남기, 강은아

현재 므츠헤타에 거주하고 있으며 '마들로바'라는 유튜브 채널을 운영하고 있는 김남기, 강은아 부부를 현지에서 직접 만나 인터뷰한 내용을 소개합니다.

마들로바 유튜브 채널
https://www.youtube.com/@didimadloba

이번 여행의 목적지로 조지아를 선택하시게 된 이유는?
저희 부부는 2018년도부터 2년간 세계여행을 다녀왔습니다. 여러 나라를 방문하면서 살아보면 좋겠다 싶은 나라가 몇 있었는데 그중 장기 거주하기에 가장 좋은 장점인 무비자 360일, 저렴한 물가, 그리고 유럽과 아시아의 중심에 있어 지리적으로 다른 나라 이동이 쉽고 여행도 다양하게 즐길 수 있는 조지아를 선택하게 되었습니다.

트빌리시가 아닌 므츠헤타에 거주하시게 된 특별한 이유가 있나요?
장기 거주를 하려고 다시 돌아온 조지아의 물가는 상상외로 많이 폭등한 상태였습니다. 러시아 우크라이나 전쟁으로 인해 많은 러시아인이 비교적 가깝고 비자가 쉬운 조지아로 몰리면서 렌트할 수 있는 집의 매물이 거의 없는 상태였고, 조지아 경제 상황에 비해 상상할 수도 없을 만큼 오른 상태라 도심 외곽지역으로 눈길을 돌렸고, 비교적 사람도 적고 조용하며 조지아답고 아름다운 도시 느낌이 나는 므츠헤타까지 찾게 되었습니다. 그 당시엔 트빌리시가 너무 비싸 밀려서 므츠헤타로 오게 된 거지만 지금은 이곳 생활에 너무 만족하고 있습니다.

장기 체류자 관점에서 지금까지 생활해 보신 기준으로 조지아의 장단점은?
장점이라고 하면 제일 우선순위로 말씀드릴 수 있는 건 역시 무비자 360일이 아닐까 싶습니다. 장기 거주를 하기에 번거롭고 신경 써야 하는 부분이 비자인데 조지아는 거의 1년을 무비자로 거주할 수 있어 이보다 좋은 곳은 없는 것 같습니다

그리고 자연이겠죠? 아름다운 코카서스산맥 그리고 강과 호수

등 4계절 내내 트빌리시 시내를 조금만 벗어나면 자연 그대로를 느낄 수 있는 곳이 동서남북 모든 곳에 있답니다.
단점으로 말씀드리면 대중교통과 교통체증인데요. 몇 년 전과 다르게 버스노선이 많이 생기면서 차츰 대중교통이 좋아지고는 있지만 여전히 대중교통 시스템이 많이 부족한 상태입니다. 개인차량 또는 택시를 이용하면 교통체증이 문제가 되어 이동에 불편을 겪는 경우도 많습니다.

장기 거주를 목적으로 조지아를 선택하시는 분들에게 당부하고픈 말씀이 있다면?

가장 중요한 숙소 구하는 게 걱정일텐데 조지아에 오셔서 4~5일 정도 분위기를 느껴보고 구하시는 걸 추천해 드립니다. 트빌리시 내에서도 지역마다 느낌이 다르고 숙소 주변의 편의시설도 천차만별이기 때문에 꼭 눈으로 직접 보시고 결정하시기를 바랍니다.
그리고 꼭 조지아 사람들과 많은 교류를 하셨으면 합니다.
조지아는 한국과 같진 않지만, 비슷한 역사를 가지고 있습니다. 그래서 대화하다 보면 언어만 다를 뿐 한국 사람의 쏘울이 느껴질 때가 있습니다.
물론 우리가 말하는 정이라는 단어도 조지아에서 많이 느낄 수도 있습니다.

무뚝뚝해 보이고 무서워 보이는 표정 뒤에 무심한 척 챙겨주고 신경 써주는 조지아 분들과 감정을 교류하면서 진짜 조지아를 느끼셨으면 합니다.

두 분이 추천하는 명소 Best 3는 어떤 곳인가요?

1. 므츠헤타
보통은 당일치기로 므츠헤타를 다녀가시기 때문에 이곳의 진정한 매력을 잘 느끼시지 못할 텐데 조금만 더 여유를 갖고 오셔서 므끄라비강가 노천카페에 앉아 커피 한잔하는 시간을 가져 보세요.

2. Sabaduri Forest
이곳은 트빌리시에서 멀지 않은 곳에 있는 트빌리시의 첫 번째 국립공원인데요, 트빌리시에서 sabaduri forest로 가는 길은 숲속 터널의 느낌처럼 온통 나무로 둘러싸여 있는데 4계절 모두 아름다운 곳입니다. 봄과 여름에는 시원하고 가을에는 떨어지는 낙엽을 밟으며 조용히 걷기 너무 좋은 곳이고 겨울철 눈으로 덮인 숲길을 걸으면 마치 판타지 속 주인공이 된 느낌입니다!

3. 카즈베기
조지아에서 카즈베기를 빼놓으면 섭섭하더라고요. 저희는 현재까지 5번 가량 방문했는데요, 계절에 따라 새로운 느낌을 받았습니다. 특히나 이번엔 폭설로 인해 일주일 정도 고립이 됐는데 그때 봤던 카즈베기 설산의 풍경은 절대 잊지 못할 거에요.

*메스티아, 우쉬굴리가 좋다던데 아쉽게도 아직 못 가봤습니다. 만약 갔다 오게 된다면 순위가 바뀔 수도 있을 것 같네요.^^

앞으로의 계획은?

캠핑 장비를 구매해서 조지아의 자연 속에서 캠핑을 해보려 합니다. 또한 조지아에 사는 저희 모습을 유튜브 '마들로바' 채널에 자연스럽게 녹여보고 싶습니다. 조지아에서 좋은 기억만 가지고 가셨으면 좋겠습니다
모두 행복하세요~

SPECIAL interview 4 | Edward Park | 트빌리시대학교 교수

간단한 본인 소개 부탁드립니다.
저는 현재 트빌리시에서 거주 중이며 트빌리시대학교(TSU)에서 국제관계학을 가르치고 있습니다. 또한 2024년 여름부터 트빌리시에서 작은 호텔을 운영하고 있습니다.

트빌리시에 오신 지 2년 정도 되신 거로 아는데 어떻게 오시게 되었나요?
2020년부터 EU Neighborhood 프로그램으로 초기에는 우크라이나 난민 지원 사무를 돕기 위해 오게 되었고, 현재 조지아 정부를 위한 ODA와 EDCF 사무를 돕고 있습니다.

조지아를 선택하신 특별한 이유가 있으신지요?
우선 치안이 좋고 아시아와 유럽을 다니기 좋은 위치이며, 무엇보다 아름다운 자연과 와인의 나라이기 때문입니다. 트빌리시는 복합적인 문화의 도시로 연중 조용한 축제가 진행되는 매혹스러운 도시입니다.

와인 애호가이자 조예가 깊으시다고 알고 있는데 조지아 와인의 특징은 무엇인가요?
짧게 이야기하기 어려운 질문인데요. 첫째로는 대부분의 조지아 와인은 유기농-내추럴 와인입니다. 포도를 재배할 때의 구분으로 이야기하면 유기농과 바이오 다이내믹, 양조 방식에서는 내추럴 와인으로 구분할 수 있는데, 이 두 가지 특성을 가진 와인 생산국이 조지아입니다. 쉽게 이야기하면 아황산염이 덜 들어가 머리가 덜 아프고, 몸에 덜 나쁩니다.
둘째로는 숙성에 크베브리를 사용한다는 점입니다. 숨을 쉬는 토기를 땅에 묻어 와인을 숙성시키기 때문에 다양한 향과 맛을 느낄 수 있습니다. 또한 화이트와인의 경우 타 생산지와는 다르게 줄기와 잎, 씨까지 넣어 발효를 시켜서 오렌지 와인으로 불리기도 합니다. 따라서 조지아 화이트 와인에서는 타닌을 느낄 수 있습니다. 생산자에 따라 스틸 숙성, 오크 숙성을 병행하기도 합니다.

최근에 트빌리시 시내 중심에 호텔을 오픈하셨다고 하는데 호텔 소개 부탁드립니다.
호텔은 루스타벨리에 있는 Hotel & Wine으로 조지아 와인을 소개하기 위해 오픈했습니다. 공항에서 20분 거리, 트빌리시 구도심 중심에 위치하여 도보로 관광지 대부분을 다니실 수 있고, 게스트에게는 24/7 리셉션, 와인테이스팅을 제공하고 있습니다. 특별히 한국인 관광객들에게는 수하물 장기 보관, 공항 픽업

크베브리

서비스도 제공하고 있습니다. 난민 지원 경험을 토대로 장기 체류자에게는 금융, 부동산, 의료, 교육 등 생활 지원 서비스도 제공합니다. 2층 카페에서는 24시간 무료로 커피 베이스의 음료를 드실 수 있습니다.

여행객들에게 꼭 추천하고 싶은 나만의 BEST 5

카즈베기 : 게르게티 성당에 올라가면 특별한 느낌을 받을 수 있고, 사계절이 모두 아름답습니다. 전 세계 두루 다녀본 경험으로도 TOP3에 드는 곳입니다.

시그나기-텔라비 : 조지아의 다른 도시와는 다르게 산 위의 고풍스럽고 아름다운 도시이고 와이너리 투어 시 필수 거점입니다. 텔라비에 위치한 왕의 샤토인 ZEGAANI는 와인을 좋아하시지 않는 분들이라도 예약해서 한 번쯤 방문해 볼만한 곳입니다.

우쉬굴리 ~ zagari pass road : 유럽에서 가장 높은 마을에서 시작하는 아름다운 길, 조지아에서 카즈베기 가는 길인 Militery road와 함께 독보적으로 아름다운 길입니다. 2025년까지 도로가 완공될 예정이나 조지아의 경우 준공 시기가 연기될 가능성이 커 2027년에나 오픈될 것 같습니다. 렌터카로만 갈 수 있고, 5~9월에 비가 오지 않은 날에만 볼 수 있습니다.

라차 : 텔라비, 이메리티, 카르틀리와 더불어 4대 와인 생산지입니다. 타 생산지에 비해 고산지대에 있고, 스탈린이 와인을 마시기 위해 비행장을 만들었을 만큼 와인으로 유명한 곳입니다. 트빌리시에서 라차를 왕복하는 길이 아름답고, 로열흐반자카라, 나베라울리등의 와이너리도 좋고, 여름에도 선선한 곳입니다.

트빌리시 바르바레스탄 식당 : 조지아에서 가장 좋은 식당이라고 생각합니다. 가격은 다른 식당에 비해 비싸지만 한 번쯤 가보실만한 식당입니다. 조지아의 음식을 현대적으로 해석한 요리들과 와인셀렉션이 실패 없는 마리아주를 제공합니다. 예약이 필수입니다.

조지아 여행자 및 장기체류를 계획하고 있는 분들에게 당부하고 싶은 게 있다면?

조지아는 독립된 지 35년 정도 되어 한국에 비해 부족한 부분이 많은 나라입니다. 따라서 여러 가지 불편함이 동반될 수 있고, 부당한 경우가 있을 수 있지만 의도적인 경우는 거의 없습니다. 충분한 사전 조사로 불편부당함을 줄이시길 바랍니다. 장기체류를 위해서는 엄격한 사법제도가 없지만 자국 위주의 법률해석이 강한 만큼 분쟁을 줄이기 위한 충분한 사전 조치를 하시길 바랍니다.

zegaani

바르바레스탄

SPECIAL interview 5 이경화 | 주부

두 자녀와 함께한 7개월간의 조지아 여행기
(2022. 7 ~ 2023. 2)

이번 여행지로 조지아를 선택하신 특별한 이유가 있으신가요?

처음 '조지아'라는 이름을 들었던 건 4년 전 튀르키예 여행을 하면서였어요. 두 달 반 동안 튀르키예를 여행하면서 만났던 사람 중 몇몇 분이 조지아가 저렴하고, 여행하기도 좋고 너무 예쁘다고 칭찬하셔서 가보고 싶었는데 일정이 맞지 않아 한국으로 돌아와야 했어요.
한국으로 돌아오고 코로나 시기를 지나면서 조지아라는 이름도 제 기억에서 서서히 잊혀졌는데 작년 5월 튀르키예에 다시 한번 1년살이를 시작하면서 비자 신청이 거절되어 어디로 가야하나 하는 생각을 할 때, 조지아라는 이름이 생각났어요. 그렇게 예쁘다는 조지아, 정말 그런지 확인하고 싶었는데 무비자로 360일이라니 가보지 않을 이유가 없었어요.

조지아에서 생활하시면서 가장 좋았던 점과 아쉬웠던 점은?

조지아는 아이들과 살아보기에 난이도 '하'라고 느껴질 정도로 외국인들에게 열려있다는 느낌을 많이 받았어요. 치안도 좋은 편인 것 같아요. 너무 늦은 시간에 관광객이 많은 곳에 가는 것은 어떨지 모르겠지만 일반 거주지역이나, 공연을 보고 늦은 시간에 돌아오거나 할 때도 무섭거나 불안하지 않았어요
대중교통, 특히 택시를 앱으로 부르면 되기 때문에 편리하면서도 저렴하게 이용할 수 있어서 좋았어요. 버스 요금도 어른들은 1라리로 저렴해서 이동하기에 비용이 부담되지 않았어요.
디지털 노마드 비자가 발급되는 나라답게 인터넷 상황은 특별히 불편함이 느껴지지 않았어요. 가격도 저렴해서 한국 돈으로만 오천 원 정도면 한 달 무제한으로 인터넷(모바일 데이터)을 사용할 수 있어요.
겨울에는 스케이트장, 스키장, 여름에는 바다에서 놀 수 있고 트빌리시에는 공원과 실내 놀이터등 아이들이 놀만한 곳들이 있어요.
집을 구할 때는 에어비앤비나 마이홈(www.myhome.ge/en/)을 통해서 업자들과 연락했어요.
에어비앤비는 보증된 호스트들이 있어서 좋았지만 내 마음에 들면 다른 여행자들의 마음에도 드는 숙소이기에 장기 체류를 위한 집을 구하기에는 쉽지 않았어요.
그래서 지역을 이동해서 처음에는 에어비앤비, 그다음 숙소는 현지 부동산 사이트 마이홈으로 집을 구했어요. 업자에게 조건을 이야기 해놓으면 집을 보여주고 계약하는 형식으로 첫 달에는 첫 달, 마지막 달 렌트비를 내야 해서 첫 달은 조금 부담이 됐지만 마지막 달은 가벼운 마음으로 지낼 수 있었어요. 침대 매트리스 상태를 잘 확인해서 너무 노후됐으면 바꿔 달라고 요청하세요.
인터넷이 잘 돼서 그런지 배달 앱도 나쁘지 않더라고요.
식재료를 구입할 때 가끔 없는 상품들이 있거나 번역 앱을 사용해도 제대로 번역이 안 되는 경우가 있어서 불편할 때도 있긴 하지만 웬만한 제품은 배달로 받아볼 수 있으니 한국과 별로 다르

지 않은 생활을 할 수 있어요.
한식 재료를 구입하는 부분에서도 까르푸에 고추장, 된장이 들어와 있고 아시안마트가 있어서 양념이나 식재료들을 사기에도 쉽고 대체할 수 있는 제품들이 있어서 한국 식단을 차리는 것이 완벽하진 않아도 어렵진 않아요.
러시아-우크라이나 전쟁으로 물가, 환율이 조금 올라서 가격대가 비싸긴 했지만, 다른 식재료들 가격이 저렴하므로 전체 식비를 계산해 봤을 때 한국보다 비싸지 않아요.
음식은 하차푸리와 힌깔리가 맛있었어요. 조지아 돼지고기가 맛있어서 돼지고기로 만들어지는 음식들도 입맛에 맞고 괜찮더라고요. 분쇄한 호두가 들어간 샐러드를 많이 먹었는데 우리나라에서 흔하게 먹는 맛이 아니었지만, 새로운 스타일의 샐러드를 접해볼 수 있어서 좋았어요. 조지아 음식에는 고수가 많이 들어가는데 고수를 싫어하신다면 주문하면서 미리 말씀하시면 안 넣어주니, 참고하세요.

사람들
무뚝뚝하다는 평이 많지만 생각해 보면 한국 사람들도 별로 웃고 다니지 않잖아요? 조지아인들은 언제든 도와줄 준비가 되어 있다는 느낌을 받았어요.
교통 체증이 심하던 날 택시가 우리를 지나쳐 버리고 돌아오지 않는 일이 있었는데 그때 옆에 있던 조지아인이 대신 택시 기사에게 전화를 걸어주기도 하고 버스에서 아이가 멀미로 힘들어 할 때는 기사님에게 이야기해서 버스에서 내릴 수 있게 도와주었어요. 버스에서 내리자 힘들어하는 아이를 보고 근처에 계시던 할아버지께서 물병을 내밀면서 아이에게 주시기도 하시고.. 따뜻한 조지아인들을 많이 만났던 시간이었어요.

아쉬웠던 점
저희는 에어비앤비나 현지 부동산 사이트로 숙소를 구했는데 숙소마다 수건을 적게 주더라고요. 저희는 네식구인데 큰 수건 2개나 3개 정도만 제공해 줘서 매번 더 요구해야 했어요. 중고차가 많은 나라답게 매연이 조금 힘들었어요.
특히 구도심이나 도심에 퇴근 시간에 나가게 되면 매연이 심해서 싫더라고요.

우리 가족이 뽑은 조지아 여행지 Best 3

1. 주타 : 주타에 가서 트레킹을 할 때는 꿈을 꾸는 것 같았어요. 자연에 대한 경외심이 든다 고해야하나.. 이런 산과 자연을 보면서 신화가 만들어지지 않는 것도 이상한 일이겠다는 생각이 들었어요. 아이들은 주타에 다시 오고 싶다며 이번에는 당일치기로 다녀왔지만, 다음에는 주타에 있는 숙소에서 하룻밤 자고 하더라고요. 그곳에서 보는 밤하늘은 얼마나 황홀할지 기대가 됩니다. 언젠가는 꼭 다시 가야죠!

2. 시그나기: 작은 도시지만 깨끗하고 맑은 느낌의 사랑스러움이 느껴지는 도시였어요. 성벽을 따라 걸어보는 것도, 도시가 내려다보이는 곳에서 식사하는 것도 여유로워 밝고 맑은 도시의 분위기에 힐링 받고 왔어요.

3. 우플리스치케 : 튀르키예의 카파도키아와는 전혀 다른 분위기와 매력의 암석 동굴 도시도 재미있었어요. 흔하지 않은 암석 도시로 전혀 다른 시대에 와 있는 것 같은 느낌이었어요. 아이들도 모험하는 듯한 기분으로 암석 도시 여기저기를 돌아보더라고요.

어린 자녀분들이 경험했던 조지아는 어떤 나라?
자연이 아름다운 나라 – 바투미랑 카즈베기&주타가 가장 기억에 남아요. 바투미 바다에서 물놀이(파도타기) 하고 자갈 놀이 했던 것. 그리고 카즈베기 교회에 힘들게 올라갔던 것과 주타의 자연을 보며 트레킹 했던 것이 기억에 많이 남아요. 그리고 카즈베기에서 보았던 밤하늘의 별들도 너무 예뻤어요.

향후 조지아에서 장기체류를 계획하시는 분들에게 당부하고 싶은 말씀이 있다면?
아이들이 종이접기를 좋아한다면 색종이는 꼭 챙기세요. 조지아에는 색종이가 없답니다.
아시안마트가 있지만, 가격이 비싸니 고추장, 고춧가루 등 기본양념 작은 것 하나씩만이라도 사가면 도움이 될 듯 해요.
특히 국물 육수를 낼 수 있는 코인 육수 등을 챙기면 좋아요. 라면은 러시아에서 들어오는 장라면이 한국 라면과 비슷해서 굳이 챙기지 않으셔도 됩니다. 조지아에는 전기밥통이 없으니 밥을 할 수 있는 전기 라면 포트도 챙기신다면 유용합니다. 주타 트레킹 시에는 날씨가 수시로 바뀌니 우비(또는 방수 바람막이 등)를 챙기시는 것도 좋습니다.

앞으로의 계획은?
당분간은 한국에 머물며 한국을 알아가자는 계획을 세웠지만 3, 4년 뒤쯤 다시 가보고 싶어요. 단기 여행보다는 장기체류 여행을 선호하는 편이라 다음에 가게 되면 가을부터 봄까지 머물며 봄과 가을에는 못 가본 트레킹 코스들을 돌아보고, 국립공원에도 가보고, 겨울에는 스키장에서 보내보고 싶어요.

PS 처음 조지아를 소개받았을 땐 물가가 저렴하고 예쁘다는 이야기를 들었지만 지금은 전쟁과 인플레이션으로 물가와 환율이 많이 올라서 비용이 적게 드는 나라의 장점은 조금 적어요. 하지만 교통비, 생활비 면에서는 한국보다 저렴하게 지낼 수 있어요. 비용적인 부분을 제외하고도 가는 곳마다 다양한 매력을 가진 나라여서 단기 여행으로든 장기 체류로든 머물러볼 가치가 있다고 생각해요. 특히 자연이 주는 힘과 감동은 다른 곳에 비할 바 없을 것 같아요.
와인을 좋아하시는 분들이라면 와인이 시작된 나라이니만큼 다양한 와인 그리고 와인과 관련된 문화도 즐길 수 있어요.
조지아의 위치도 중동, 유럽, 터키와 가까이에 있어서 조지아에 머물면서 다른 나라들을 여행하기도 좋아요

SPECIAL interview 6 조지아에서 만난 사람들

여행하다 보면 지역 특성상 여행객 및 현지인을 많이 만나게 된다. 낯선 여행지에서 짧은 만남과 헤어짐도 때로는 진한 여운을 남겨준다. 조지아 여행에서 만났던 사람들의 이야기를 소개한다.

Liliane

저는 스위스의 수도 인근의 작은 도시에서 왔어요. 트레킹을 좋아해서 이곳에 왔는데 스위스에서 왔다고 하면 좀 의아해하는 사람들이 많아요. 조지아를 잘 모르는 사람들인거죠. 스위스의 산은 이곳에 비하면 그리 높지도 않고 아기자기한 편이에요. 한국 사람들이 스위스를 좋아한다면 이곳도 꽤 매력적인 곳이라 생각해요. 이곳에서는 미니버스(마르쉬루트카)를 타야하는 경우가 많아 힘들어 하는 여행객도 있지만 그것 또한 현재의 조지아를 경험 할 수 있는 여행의 일부라고 생각하면 그렇게 힘들지 않아요. 대신 가능하면 앞좌석에 타시는 걸 추천드려요.^^

Davit

저는 이곳 아할치헤 버스터미널을 총 관리하는 매니저에요. 이곳 사람들도 한국을 좋아하고 관심도 많아요. 하지만 저도 한국 관광객은 처음 만난것 같아요. 관광객들은 대부분 보르조미에서 바르지아로 바로 가기 때문에 이곳은 그냥 지나가기만 하죠. 라바티성도 꼭 소개가 되어서 앞으로는 많은 한국 관광객이 이곳을 방문했으면 좋겠습니다.

Dali

얼마 전까지만 해도 저 같이 버스 티켓을 판매하는 곳이 별로 없었는데 최근에는 꽤 많이 생겼어요. 처음에는 동양인이면 전부 중국 관광객인 줄 알았는데 요즘에는 한국 관광객이 더 많은 것 같아요. 여기 메스티아도 좋지만 여기까지 오셨으면 우쉬굴리도 꼭 한번 다녀 가시기를 추천합니다. 그리고 이곳은 겨울에도 너무 좋은 곳이에요. 스키를 타시면 좋겠지만 그렇지 않더라도 눈덮인 메스티아 설경도 너무 멋지답니다.

Tbilisi
트빌리시

현재 조지아의 수도인 트빌리시는 '따뜻함'을 의미하는 고대 조지아어 'tbili'에서 유래되었다.

지금도 올드타운의 유황온천 지역에는 많은 여행자들의 발길이 끊이지 않는다. 공항에서 시내로 들어 오는 길에는 조금 실망할 수도 있으나 그것도 잠시뿐, 올드 트빌리시 중심으로 흐르는 쿠라강과 강 건너 나리칼라 요새를 쉴새 없이 오가는 케이블카들, 그리고 고풍스러운 옛 건물들이 늘어서 있는 루스타벨리 거리를 지나면 여행의 기대감이 더해진다.

Tbilisi IN & OUT

오래전부터 교통의 중심지였던 조지아는 북으로는 러시아 그리고 남으로는 터키, 아르메니아, 아제르바이잔과 국경을 마주하고 있어 육로 이동이 발달했다. 여기에 최근에는 관광객들이 증가하면서 항공 운항 횟수 또한 지속적으로 증가하고 있다.

01 항공

현재 인천공항에서 직항 노선은 없지만 이스탄불, 알마티, 도하 등 다양한 경유지를 통해 갈 수 있다. 2018년과 2019년 그리고 2024년에 대한항공에서 직항 전세기를 4회~6회 운항했었다.

✈ 루스타벨리 국제공항 Shota Rustaveli Tbilisi International Airport

조지아의 전설적인 시인 쇼타 루스타벨리의 이름을 딴 국제공항은 트빌리시 시내에서 동쪽으로 약 17km에 위치해 있어 도심으로의 이동이 수월한 편이다. 한국 국적의 여행자라면 입국 시 제출하는 서류없이 여권 제시만으로 쉽게 통과 할 수 있다. 새벽에 도착하는 비행기들이 많아 입국장을 나오면 언제든지 환전 및 심카드 구입이 가능하다.

트빌리시 공항 홈페이지 www.tbilisiairport.com

트빌리시 드나들기

공항에서 환전하기

대부분의 공항 환전소(은행)의 경우 시내보다 환율이 좋지 않지만 트빌리시 공항만큼은 시내 은행 또는 사설 환전소와 비슷하거나 심지어 좋은 경우도 있으니 안심하고 환전해도 무방하다. 공항 내에서도 환전소별로 약간의 차이가 있으니 많은 금액이라면 한번쯤 비교 후 선택하도록 하자.

공항에서 심카드 구입하기

조지아에서는 로밍보다는 현지 심카드를 구입하는 편이 훨씬 경제적이다. 특히 공항 입국장에 있는 심카드 판매소에서는 심카드 비용이 무료이며 본인에 맞는 여행 기간과 데이터 양만 선택 후 그 요금만 지불하면 된다. 구입 후 그자리에서 인터넷 작동을 확인하는 것이 좋다. 24시간 운영되지만 항상 많은 사람들로 대기시간이 길어 질 수 있으니 급하지 않다면 시내 매장에서 구입하도록 하자. 시내 매장의 경우 더욱 다양한 요금제가 있어 선택의 폭이 넓다.

공항에서 시내가기

1. 택시

입국장에서 밖으로 나오면 공항택시로 불리는 하얀색 택시들이 줄지어 손님을 기다리고 있다. 심지어 호객하는 운전사들이 많아 택시 타기가 망설여지기까지 할 정도이다. 일행이 있거나 짐이 많  을 경우 고려해 볼 만하지만 요금은 흥정해야 한다. 보통 70라리 이상 요구한다. 만약 심카드를 구입했다면 택시 어플(얀덱스 택시 yandex taxi)을 이용하자. 어플 이용 시 시내까지는 30라리 정도. Gotrip.ge에서는 기사가 딸린 승용차를 사전에 예약할 수 있다. 기사와 차량을 선택할 수 있어 초행길이라면 이용할 만하다. 요금도 시내까지 45라리로 정액제이다. 요금은 하차 시 현금으로 지불해야 한다.

2. 버스

시내까지 가장 저렴하게 이동하는 방법은 337번 시내버스를 타는 것이다. 입국장을 나와 오른쪽으로 조금만 걸어가면 정류장이 있어 쉽게 찾을 수 있다(운행 시간 06:59~22:59). 시내까지 소요 시간은 약 50분 정도이며 미리 하차할 정류장을 구글맵에서 확인해 두면 편리하  다. 요금은 1라리로 현금은 받지 않으니 미리 교통카드를 구입해야 한다. 교통카드는 입국장 또는 출국장 Bank of Georgia(환전소)에서 구입할 수 있다. 카드(2라리) 구입 후에는 반드시 환전소가 아닌 공항 내에 설치된 충전기에서 원하는 금액만큼 충전 후 사용할 수 있다(충전하기 p.100 참조). 만약 컨택리스 신용카드가 있다면 바로 사용할 수 있지만 매번 1.5배의 요금을 지급해야 한다.

얀덱스 택시 어플 사용법

공항에서뿐만 아니라 시내에서도 택시비가 저렴해 이동 시 자주 이용하게 되는 택시 어플로 현지 심카드를 넣은 스마트폰이 있다면 모바일앱을 이용해서 편리하게 예약할 수 있다. 바가지 요금을 쓰지 않는 유일한 방법이다.

Step 1	모바일앱 다운로드 받기 (yandex taxi로 검색)
Step 2	앱을 실행시켜 pick up address 입력 또는 지도를 움직여 출발지와 목적지를 찾아 클릭하면 요금과 함께 아래 선택 사항들이 표시된다.
Step 3	픽업 시간 선택 설정 (As soon as possible / after 20 minutes / Other)
Step 4	차종에 따른 요금 설정 (Economy / Comfort / Business)

* 특별한 경우가 아니면 가장 저렴한 Economy 선택

| Step 5 | 요금 지불 방법 Cash 확인 후 아래의 Order a taxi 클릭 |

앱을 설치하고 첫 번째 Order 전 본인 휴대폰으로 인증번호 메시지를 확인하고 번호를 입력해야 한다.

여기까지 절차를 마치고 기다리면 화면에 해당 콜을 받은 차량의 종류, 색상 및 차량번호 정보가 나오며 몇 분 후 도착 예정이라는 메시지를 볼 수 있다. 도착까지의 남은 시간이 계속 바뀌며 1분 전이라는 표시가 되면 거의 도착해 있다는 것이니 주변에서 해당 차량을 찾아야 한다. 공항에서는 택시승차장 앞쪽 도로에 도착하는 경우가 많으며 시내에서 픽업 주소지를 입력 시에는 가능한 주변 호텔이나 박물관 등 큰 건물로 하는 것이 좋다. 최근에는 Bolt 어플 사용자들이 증가하고 있다.

02 기차

트빌리시 중앙역(Tbilisi Central Station)은 아제르바이잔 바쿠와 아르메니아 예레반 등 국제열차는 물론 바투미와 주그디디 등 국내 다른 도시로 여행 시 이용하게 되는 곳이다.

지하철이 역과 연결되어 있지는 않으나 지하철역 Station Square에서 나오면 바로 옆 건물에 위치해 있다. 매표 창구가 있는 3층까지 에스컬레이터로 올라 갈 수 있으며 심카드를 구입할 수 있는 통신사는 물론 간단하게 식사할 수 있는 카페테리아 등 편의시설이 잘 갖춰져 있을 뿐만 아니라 2층에는 커다란 쇼핑몰도 있다. 기차 탑승하는 플랫폼 No.1은 2층 에스컬레이터 우측에, 플랫폼 No.2,3은 3층에 있으니 잘 기억해 두자. 아제르바이잔이나 아르메니아 등 다른 국가로 이동 시 기차역 맞은편에 있는 사설 환전소에서 현지 화폐로 조금이라도 미리 환전해두면 좋다.

기차역

기차역 2층 플랫폼 No.1 입구

기차역 3층 매표 창구 및 대합실

국제열차 예약하기

조지아를 방문하는 여행자들 중 대다수가 코카서스 3국이라 불리는 아제르바이잔과 아르메니아에서 오거나 가는 일정이다. 아르메니아의 예레반과 아제르바이잔의 바쿠로 가는 야간열차가 있어 장시간 협소한 자리에 앉아 이동하는 미니버스보다는 기차를 이용하는 여행자들이 증가하고 있다. 하지만 조지아 철도청 홈페이지에서는 이 구간들을 예약 할 수 없고 현지 기차역에 직접 가서 티켓을 구입하여야 한다. 아르메니아 예레반의 경우 다행히도 아르메니아 철도청 홈페이지에서는 왕복 구간 모두 온라인으로 구매가 가능하다. 아제르바이잔의 경우에는 바쿠에서 트빌리시로 가는 것만 가능하며 트빌리시-바쿠 구간은 온라인 구매가 불가하다.

※ 아제르바이잔 철도청 홈페이지 ticket.ady.az

> **tip 짐 보관소**
> 기차역 내부에는 아무리 찾아봐도 없는 짐보관소. 중앙역에는 플랫폼 No.1으로 나가 왼쪽으로 한참 가다보면 가건물처럼 생긴 곳에 초록색 글씨로 조지아어와 영어로 STORAGE ROOM이라고 쓰여 있는 간판을 볼 수 있다. 코인락커 형태로 요금은 10라리, 영업시간은 06:30~23:30이다.
>
>

> **아르메니아 철도청 https://ticket.ukzhd.am**
> ❶ 회원가입 후 로그인 상태에서 상단 메뉴 중 Train schedule에서 일정 확인
> ❷ Purchase a ticket - 날짜 출발지 도착지 좌석 종류 인원 선택 후 검색 버튼 클릭
>   ※ Coach category 선택 시 Non-Modernized 로 해야함
>   ※ Coach class : Compartment carriage(4인실) / Soft-seated carriage(2인실)
> ❸ 표시된 해당 열차 맨앞 초록색 버튼 클릭해야 빨간색으로 변하며 승객 인적 사항 입력창 나옴
> ❹ 카드결제 완료하면 이메일로 e-ticket을 받을 수 있다.
>   40일 이내만 예약 가능하며 한 번에 4장까지만 가능하고 결제는 마스터카드로만 가능하다.
>   양 방향 모두 이틀에 한번 야간열차가 운행한다.
>   · 트빌리시 20:20 ▶ 예레반 06:55
>   (4인실 : 아랫칸침대 16,920드람/윗칸 침대 15,930드람, 2인실 24,860드람)
>   · 예레반 21:30 ▶ 트빌리시 07:35(요금 동일)

기차표 구입하기

1. 인터넷 구입

조지아 내의 국내선 티켓은 인터넷 홈페이지 그리고 앱으로도 구입이 가능하다. 회원 가입이 필수이며 유효한 여권을 소지하고 있어야 한다. 출발일로 부터 40일 이내에 가능하며 한 번에 하나의 ID로 8명까지만 구입할 수 있다.

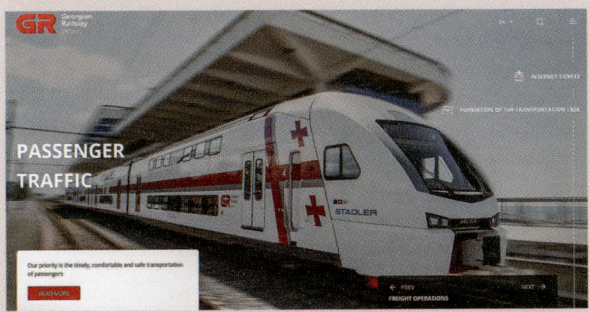

국내 주요 구간 소요시간 및 요금

출발	출발
트빌리시 08:50	트빌리시 08:50
1시간 15분 소요	5시간 40분 소요
도착	도착
고리 10:05 도착 (주간 일반 열차 8라리)	쿠타이시 14:30 (주간 일반 열차 9라리)

❶ 조지아 철도청 홈페이지 접속 www.railway.ge/en
  (앱: GR Georgian Railway Tickets)
❷ 화면 우측 상단 INTERNET TICKETS 클릭
  (앱의 경우 언어 선택 후 바로 Buy ticket 화면이 나온다.)
❸ 상단 Registration 클릭 후 회원 가입 하기
❹ 로그인 후 상단의 Purchase a ticket 클릭
  출발지 - 목적지 - 출발일 선택하기

좌석 종류
Compartment carriage 4인실 침대칸
Soft-seated carriage 2인실 침대칸

❺ 승객 인적 사항 입력 후 결제
❻ 결제가 완료되면 이메일로 e-티켓을 받아 볼 수 있다. (앱은 QR코드 생성)

출발	출발
트빌리시 08:00, 17:05	트빌리시 08:25
5시간 12분 소요	5시간 46분 소요
도착	도착
바투미 13:12, 22:17 (1등석 75라리 / 2등석 35라리)	주그디디 (1등석 28라리 2등석 16라리)

2. 기차역 현장 구매

지하철역 STATION SQUARE 출구로 나와 왼쪽에 위치한 기차역으로 이동

기차역 건물 3층 매표창구 앞 번호표 뽑기

번호 표시판 확인 후 해당 창구로 이동

창구 직원에게 티켓 구매하기

티켓 받은 후 출발날짜 출발시간 좌석번호 등 확인하기

※ 현지화폐 및 카드결제 가능. 창구 영업시간 08:00~20:00

03 미니버스 (마르쉬루트카)

출발 시간이 정해져 있지만 어느 정도 인원이 채워질 때까지 기다린 후 출발하는 경우가 대부분이니 현지 도착 예정 시간을 넉넉히 잡고 여행을 계획하는 게 좋다. Didube, Samgori, Ortachala 이외에도 지하철역 Avlabari 앞 광장이나 중앙역 앞에서도 행선지가 적혀 있는 마르쉬루트카들을 볼 수 있다.

출발	도착지	타는곳	소요시간	요금
트빌리시	므츠헤타	Didube	25분	2라리
트빌리시	고리	Didube	1시간	7라리
트빌리시	보르조미	Didube	2시간	12라리
트빌리시	쿠타이시	Didube	5시간 30분	20라리
트빌리시	바투미	Didube	6시간 30분	30라리
트빌리시	카즈베기	Didube	3시간	10라리 (합승택시 35~40라리 흥정필수)
트빌리시	시그나기	Samgori	1시간 30분	10라리
트빌리시	텔라비	Ortachala	2시간 30분	10라리
트빌리시	메스티아	Didube, Samgori	9시간	40라리
트빌리시	예레반	Avlabari	6시간	50라리

 디두베 Didube

카즈베기, 므츠헤타, 고리, 보르조미, 메스티아 등 거의 조지아 전역으로 가는 마르쉬루트카를 탈 수 있는 곳으로 터미널이라기 보다는 버스 종점의 모습에 가깝다. 지하철역이지만 지상에 있는 Didube에 하차 후 개찰구를 지나 계단으로 내려가서 오른쪽으로 나가 시장통을 지나면 차량 앞 유리창에 목적지를 붙여 놓은 수많은 마르쉬루트카를 볼 수 있다. 목적지가 영어로 쓰여있는 경우도 있지만 조지아어로 쓰여 있는 경우도 많으니 운전기사에게 가고자 하는 행선지를 말하면 타는 곳을 알려준다. 정규 노선들 이외에도 주요 관광지로 향하는 택시 형태의 마르쉬루트카들 차량들도 많으니 출발 시간과 요금 등을 확인 후 이용하는 방법도 고려해 두자.

디두베 지하철 역

손님을 기다리는 카즈베기행 마르쉬루트카

짐 보관소 (10라리)

손님을 기다리는 합승택시들

지하철역으로 가는 통로

삼고리 Samgori

주로 시그나기로 가는 마르쉬루트카를 타기 위해 가는 곳이지만 트빌리시 남동쪽에 위치한 다른 근교 도시로 가는 마르쉬루트카들이 이곳에서 출발한다. 이곳은 메트로 Samgori에서 하차 후 왼쪽 출구로 나가야 버스터미널 방향 가까운 쪽으로 갈 수 있다. 이곳도 Didube와 비슷한 분위기의 마르쉬루트카 종점의 모습을 하고 있으나 조금은 덜 번잡한 편이다. 하지만 이곳 마르쉬루트카 행선지 표시가 모두 조지아어로만 쓰여 있어 당황케 한다. 주변 사람에게 행선지를 말하면 차량이 있는 곳을 친절하게 안내해 주니 너무 걱정하지 않아도 된다. SIGNAGI 행 차량에는 행선지가 영어로 써 있으니 다시 한 번 확인하자.

가장 가까운 지하철역 출구

행선지 별 마르쉬루트카

BUS STATION 푯말

시그나기 행 마르쉬루트카

 ## 오르타 찰라 Ortachala

카헤티 지역의 텔라비, 알바니로 가기 위해서는 Central Bus Station인 이곳에서 타야 한다. 고급버스인 Metro와 아르메니아, 아제르바이잔, 터키 등 국제선 버스가 출발하는 곳이기도 하다. 트빌리시 시내에서 남동쪽으로 약 4Km 떨어진 곳에 위치해 있으며 지하철로 이동이 어려우니 가급적 택시 이동을 추천한다. 텔라비 행 마르쉬루트카는 건물 앞 도로변에 있으며 계단 위 매표소에서 미리 티켓을 구매해야 한다.

마르쉬루트카 Marshrutka

도시와 도시를 잇는 주요 교통수단인 미니버스로 가격이 저렴해 주로 현지인들이 많이 이용한다. 우리나라의 시외버스 정도 개념으로 생각하면 된다. 출발 시간이 정해져 있는 구간도 있지만 대부분 어느 정도 인원이 채워져야 출발하는 시스템으로 시간이 촉박한 여행자라면 주변에 있는 합승 택시를 이용하는 편이 나을 수도 있다. 오래된 구형 미니버스인 경우가 많고 도로 사정을 감안하면 장거리의 경우 무조건 조금이라도 앞쪽에 앉는 것이 좋다. 요즘은 보통의 경우 목적지에 도착해서 하차 시 운전사에게 직접 지불한다.

알바니 행 마르쉬루트카 출발 시간
09:00, 13:30, 16:10, 19:40

텔라비 행 마르쉬루트카 및 매표소

시내 교통

트빌리시 시내는 대부분 올드타운 중심으로 도보 여행이 가능하지만 지하철(메트로 Metro)과 버스, 그리고 택시를 적절히 이용하면 체력 소모 없이 보다 나은 여행 계획을 세울 수 있다. 충전식인 대중교통 카드(METROMONEY)를 구입 후 필요할 때마다 충전해서 사용할 수 있다. 카드 구입 비용은 2라리. 버스, 지하철 1회 요금은 1라리이며, 90분 동안 환승 가능하다. 한 개의 카드로 여러 명 탑승은 가능하지만 환승 할인은 한 명만 가능하므로 가급적 각자 구입하는 게 좋다. 환승은 지하철+버스, 버스+버스인 경우 가능. 카드는 지하철역 매표소와 케이블카 매표소에서 구입 가능하다. 카드값 2라리를 환불받기 위해서는 처음 구입할 때 받은 영수증과 여권이 필요하다.

지하철 Metro

현재 두 개의 라인이 운행되고 있으며 올드타운을 벗어난 지역에 위치한 기차역이나 버스터미널로 이동 시 적합하다. 요금은 1회 이용시 1라리. 우리나라 지하철 개찰구와 비슷한 충전식 교통카드를 터치하고 들어가는 방식. 사용 후 잔액 표시가 되어 사용하기 편리하다. 구 소련 시대에 건설된 지하철이라 에스컬레이터 속도가 빠르니 주의해야 한다. 에스컬레이터를 타고 플랫폼으로 내려가면 이정표 간판에서 목적지를 찾아(조지아어 뿐만 아니라 영어로도 쓰여있음) 화살표 방향 플랫폼에서 탑승하자. 출구로 나올 때는 그냥 통과하면 된다.

교통카드 충전하기

트빌리시의 지하철과 버스를 이용할 때 사용할 수 있는 대중교통카드(METROMONEY)는 물론 통신사 상관없이 심카드 잔액을 충전할 수 있는 충전용 기계들이 곳곳에 있어 구입했던 지하철역이나 통신사 매장을 가지 않더라도 쉽게 충전할 수 있어 편리하다.

❶ 화면에 조지아어로 나와 있다면 우측 상단에 있는 국기를 클릭.
❷ 왼쪽 상단 'TRANSPORT CARD TOP UP' 클릭
❸ 화면이 바뀌면 소지하고 있는 카드를 기계 하단 가운데 있는 와이파이 모양에 터치
❹ 현재 카드의 잔액이 표시되며 필요한만큼 금액을 넣고 PAY 버튼 클릭 후
❺ 다시 카드를 터치하고 있으면 FINISH 화면이 뜬다
❻ 마지막으로 FINISH 버튼을 눌러야 비로소 충전이 완료된다.

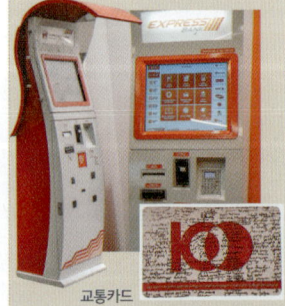

교통카드

트빌리시 지하철(메트로) 노선도

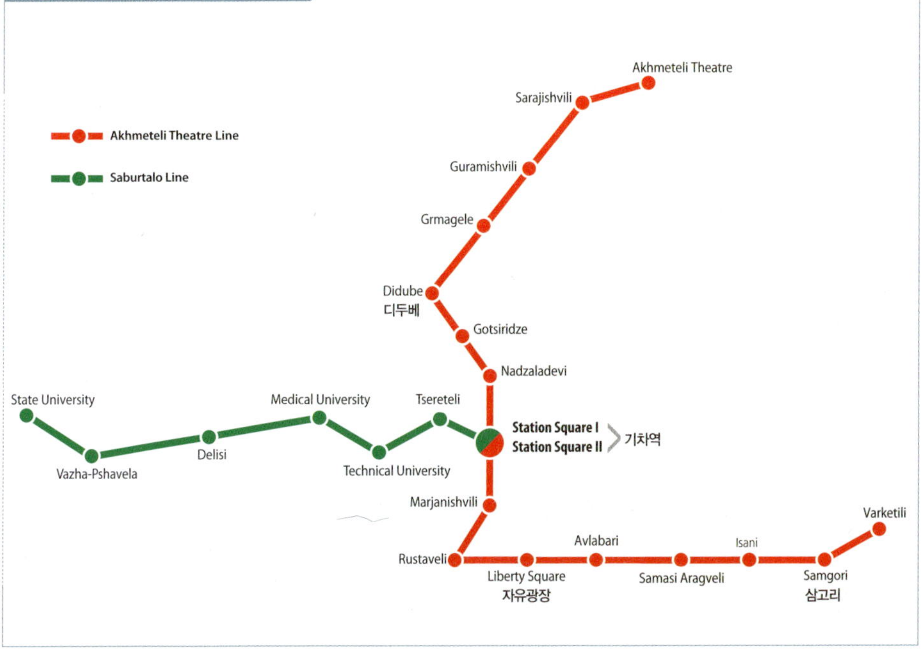

🚌 버스

트빌리시 여행 중 시내버스를 이용할 일이 그리 많지 않지만 숙소가 올드타운에서 가깝지 않다면 자주 이용할 수밖에 없다. 요금은 1라리이며 교통카드로만 이용할 수 있다. 보통은 앞 뒷문 어디로 타든 상관없으며 가까운 카드 단말기에 터치하는 방식이다. 승객이 많을 때 교통카드를 앞 사람에게 부탁하는 모습을 자주 볼 수 있으니 알아두자. 단 버스 출입문에 Entrance, Exit라고 쓰여진 경우에는 반드시 Entrance라고 쓰여진 앞문으로 탑승, 후문으로 하차하여야 한다. 구글맵에서 버스정류장을 클릭하면 노선별 도착 시간과 루트를 확인할 수 있다.

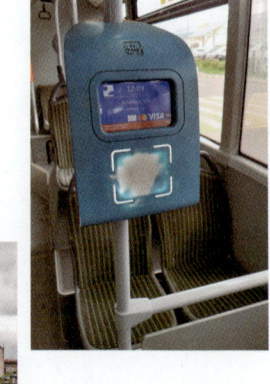

🚕 택시

트빌리시의 택시 비용이 워낙 저렴해 짐이 있거나 혼자가 아니라면 택시를 이용 할만하다. 단, 택시 이용 시에는 반드시 택시 어플을 이용할 것을 추천한다. 간혹 거스름돈이 없다고 하는 경우도 있으니 택시를 타기 전에는 미리 잔돈을 준비하는 것이 좋다. 시내 이동이라면 7라리 내외로, 10라리를 넘지 않는 것이 보통이다. 공항택시 이외에는 대부분 차량에 택시라는 표시가 없는 일반 승용차이다.

트빌리시 투어 정보

트빌리시 투어버스

트빌리시의 주요 관광지를 순환하는 빨간색 2층 투어버스로 성 삼위일체 사메바 성당을 제외 하고는 이 투어버스를 이용한다면 편하게 여행할 수 있다. 오전 10시 메이단 광장에서 출발해서 하루 10회(매시 정각/마지막 출발 19:00) 운행한다. 총 90분 소요되는 노선에서 원한다면 정차하는 9곳에서 타고 내릴 수 있다. 티켓 유효기간은 24시간이다. 특별한 경우가 아니면 예약 없이 현장에서 티켓 구매 후 탑승 가능하다. 물론 사전에 인터넷으로 예매 가능하다.

요금

성인 20$ / 어린이 15$ (7세 이하)

출발 지점

Meidan광장(고르가살리 광장) Kote Apkhazi st. 44

홈페이지

www.cstbilisi.com

※ 므츠헤타와 연계된 콤보 티켓뿐만 아니라 다른 지역으로의 1일 투어 티켓도 판매한다.

현지 가이드와 함께하는 트빌리시 무료 워킹 투어

트빌리시의 주요 랜드마크는 물론 도시의 숨겨진 명소까지 현지 전문 가이드와 함께하는 투어로 무료로 진행된다. 이곳 이외에도 유사한 무료 워킹투어를 운영하는 곳도 있으며 모두 영어로 진행된다. 투어가 끝나고 가이드에게 원하는 만큼의 팁을 주는 방식이다. 특히 가장 인기가 많은 TBILISI HACK FREE TOURS는 젊은 비영리 단체가 운영하는 곳으로 도시에 대한 애정과 열정을 가진 가이드들이 가장 가치있고 재미있는 여행을 손님들에게 제공해 날로 참가 인원이 늘고 있다. 자유 광장을 시작으로 평화의 다리, 리케 공원, 케이블카(옵션), 어머니상, 나리칼라 요새, 유황온천 그리고 I ♥ TBILISI 사인이 있는 고르가살리 광장에서 끝나는 코스로 진행된다.

투어 출발 시간

매일 12:00와 17:00 2회
(11월 1일 이후 12:00 1회)

투어 소요 시간

2시간 45분

투어 출발 장소

자유 광장 올드 타운 홀 버버리 매장 앞

예약 사이트

https://www.freetour.com/tbilisi/tbilisi-hack-free-walking-tour

현지 여행사 Gamarjoba에서 운영하는 One Day Excursion Program

트빌리시 이외의 도시 여행 시 대중교통 이동이 어렵게 느껴지거나 짧은 일정의 여행객이라면 현지 여행사의 1일 투어 상품 이용을 고려해 볼 만하다. 2017년에 설립된 이 회사는 현재 GetYourGuide, TripAdvisor, Viator 와도 파트너 쉽을 맺고 있다. 홈페이지에서 온라인 예약이 가능하며 현지 호텔 또는 투어리스트 인포메이션 센터에 문의해도 된다. 사무실은 Avalbari 지하철역에서 가까우며 건물 외부 벽화와 실내 인테리어가 인상적이니 직접 방문해서 예약하는 것도 좋을 듯하다.

📍 14 Vladimer Meskhishvili St. Tbilisi
📞 +995 595 09 94 42
🖥 https://gamarjobageorgiatours.com

Uplistsikhe Gori and Mtskheta

매일 / 08:30~19:30
영어 가이드 / $34
(불포함 사항 : 점심 및 입장료)

Kakheti Wine Region, Including 7 Wine Tastings

매일 / 08:30~21:30
영어 가이드 / $39

David Gareja and Rainbow Mountains

매일 / 09:30~17:00
영어 가이드 / $39
(불포함 사항 : 점심)

Vadzia and Borjomi Park

매일 / 08:30~23:00
영어 가이드 / $59
(불포함 사항 : 점심 및 입장료)

Kazbegi and Gudauri including 4 WD

매일 / 07:45~21:30
영어 가이드 / $49
(불포함 사항 : 점심)

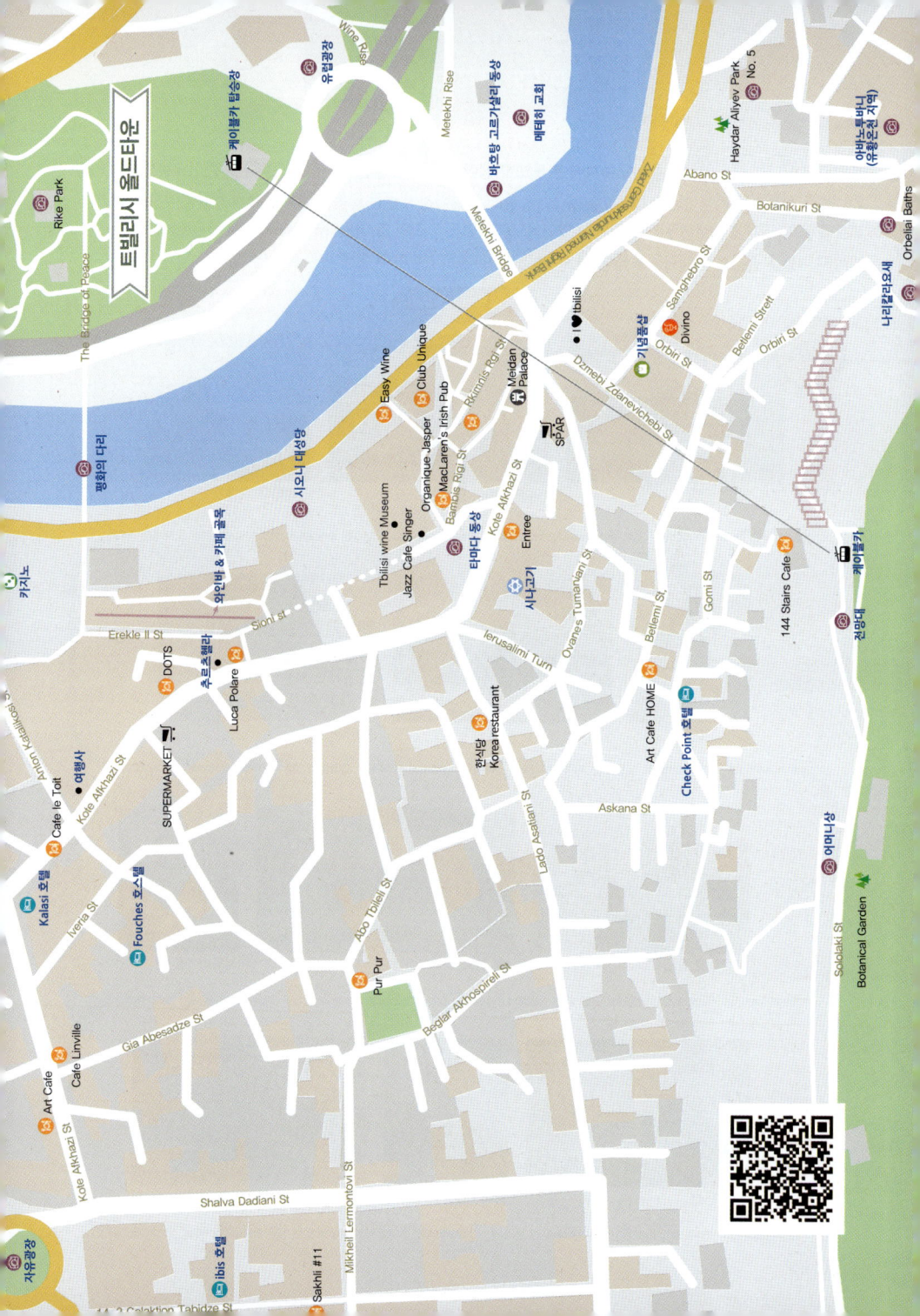

Tbilisi Attractions

트빌리시 시내는 올드타운을 중심으로 대부분 도보 여행이 가능하다. 뿐만 아니라 올드타운을 중심으로 므츠바리강 건너로도 지하철을 이용하면 쉽게 다녀올 수 있다. 올드 트빌리시의 골목 골목은 낡고 오래된 건물뿐이지만 하루의 피로를 풀어 주기에 충분한 빈티지 카페와 와인 바 등이 많다. 유럽의 그 어느나라보다 치안이 좋은 편이어서 늦은 밤까지 여행을 즐기는 여행객들을 많이 볼 수 있다. 특히 낮보다 밤이 더 아름다운 트빌리시의 야경을 놓치지 말자.

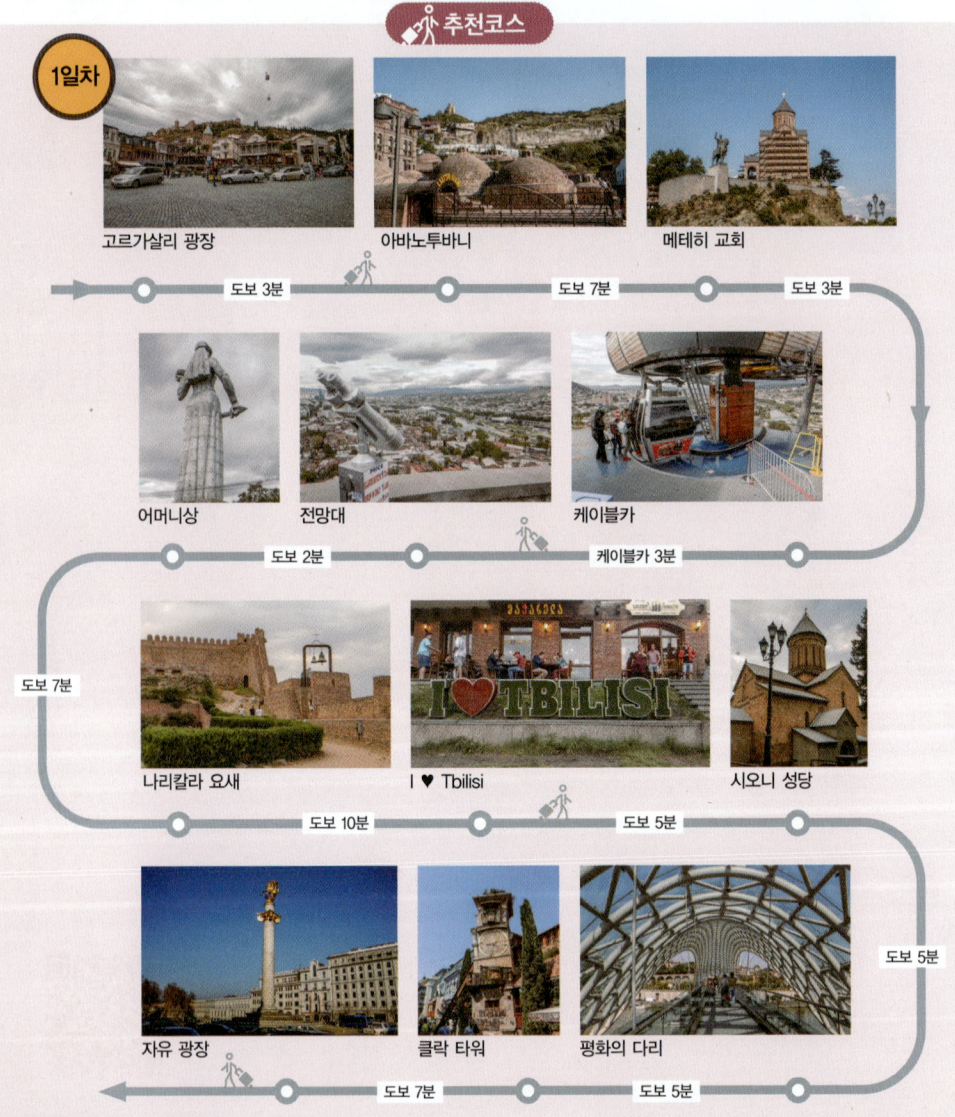

2일차

디두베 → 마르쉬루트카 20분 → 므츠헤타 → 택시 15분 → 즈바리 → 택시 15분 → 아그마쉬네벨리 → 도보 25분 → 므츠헤타 → 미니버스+지하철 40분 → 벼룩시장 → 도보 15분 → 내셔널 갤러리 → 도보 10분 → 사메바 성당 → 도보 25분 → 루스타벨리 → 지하철 15분+도보 15분 → 리케 공원 → 도보 2분 → 올드 트빌리시 야경

OLD TOWN
올드 타운

트빌리시의 구시가지에 해당하는 지역으로 므츠바리(Mtkvari)강 남쪽에 자리잡고 있으며 19세기 형태의 도시구조와 5세기부터 20세기에 이르는 건축 구조물들이 많아 올드 트빌리시로 불리운다. 기념비적인 역사지구로 골목 골목에는 많은 카페와 현대적인 레스토랑이 있어 항상 여행자들로 붐비는 지역이다.

나리칼라 요새
Narikala fortress

4세기경 페르시아인에 의해 처음 지어지기 시작한 나리칼라 요새는 5세기 조지아의 옛 왕국인 이베리아 왕국의 수도를 지켜주는 방어 시설로 사용되었다. '난공불락의 요새'라는 뜻을 갖고 있지만 13세기 몽골 침략 당시 페르시아의 첩자에 의해 문이 열리면서 10만 명이 참수를 당하는 아픔을 겪으며 '아이도 넘는 성'이라는 뜻의 '나린칼라'라는 이름이 붙여지는 수모를 당하기도 했다. 17세기에 대대적으로 확장되면서 진정한 요새의 형태를 갖추게 되었지만 1827년 대지진으로 훼손되었다가 1935년에 일부만 복구된 형태로 현재에 이르고 있다. 요새 내부에는 성 니콜라우스 교회가 있으며 뒷편으로는 녹음이 우거진 보타닉 가든이 있다. 짚라인을 즐기려는 여행객들을 자주 볼 수 있다. 내려올 때는 케이블카 탑승장 오른쪽으로 난 계단을 이용하자.

요새에서 바라본 트빌리시 전경

보타닉 가든을 가로 지르는 짚라인

성 니콜라우스 교회

케이블카

올드타운의 중심 고르가살리 광장에서 므츠바리강을 사이에 두고 Rike 공원에서 출발하는 케이블카는 이제 트빌리시의 랜드마크이다. 짧은 시간이지만 케이블카를 타고 바라보는 나리칼라 요새와 트빌리시 시내의 아름다운 풍광을 놓치지 말자. 밤 늦게까지 운행하는 케이블카를 타고 야경이 더 아름다운 트빌리시 시내를 감상하는 것으로 마지막 일정을 잡아도 좋을 것이다.

- 운행시간 10:00~22:00
- 편도 2.5 라리 교통카드로 가능 / 5세 이하 어린이 무료

어머니상
Mother of Georgia

트빌리시 시내 어디에서든 볼 수 있는, 이색적인 느낌의 돌로 만든 이 동상은 나리칼라 요새에 오르면 바로 앞까지 갈 수 있다. 약 20미터에 달하는 건축물로 트빌리시 수도 1,500주년을 기념하여 세워졌으며, 어머니상으로 불리운다. 왼손에는 조지아 전통 와인 잔(자식의 친구에게는 와인을) 그리고 오른손에는 칼(자식의 적과는 칼로 싸운다는 뜻으로 연약한 여자이지만 자식을 위해서는 적들과 싸울 수 있는 강한 어머니가 된다는 의미)을 쥐고 있다. 어머니상의 얼굴은 조지아의 유일한 여왕이지만 남자 황제에게만 붙이는 칭호인 펠페라고 불리는 타마르 왕의 얼굴이라고 한다.

케이블카를 타고 나리칼라 요새로 오른 후 어머니상을 바라보고 조금만 걸으면 된다. 또는 자유 광장에서 어머니상을 바라보고 걷다 보면 나오는 한적한 주택가 골목을 따라 올라가는 계단을 이용해서 갈 수도 있다. 여행객이 드문 골목길을 걸으며 현지인들의 삶을 보고 느끼는것도 이 도시를 여행하는 또 다른 방법이다. 'Betlemi street-stairs'라고 명명된 이 계단은 1850년에 건축가 Timote Beloi에 의해 설계되었으며 트빌리시의 공예가 협회에 의해 도시에 기부되었다고 한다.

유황온천
Sulfur baths

대중탕 No.5 입장료 10라리

 올드타운의 중심 | ♥TBILISI가 있는 고르가살리 광장에서 므츠바리강변을 따라 오른쪽으로 조금만 걷다보면 강 건너 메테히 교회 맞은편으로 온천 지대가 나온다.

Tip
- 목욕용품(비누, 샴푸, 수건 등)은 모두 별도 구매해야 하니 미리 준비해 가자.
- 유황 성분이 많으니 귀금속 장신구는 빼고 갈 것.
- 온천탕 내부는 그 열기로 답답할 수 있으니 냉탕이 있는 곳으로 선택하자.
- 여름철을 제외하면 반드시 사전에 예약을 하자.
- 탈의 시간을 제외하면 실제 온천욕을 즐길 수 있는 시간은 그리 길지 않다. 여유있게 일행들과 먹고 마시며 즐기려면 2시간으로 예약하자.
- 세신사와 마사지도 별도의 요금을 지불하면 가능 (각각 10라리)

조지아의 수도 트빌리시가 '뜨거운 땅'이라는 의미를 가진 건 아마도 이곳에 유황온천이 지천이기 때문일 것이다. 지금도 올드타운의 '아바노투바니 Abanotubani (목욕탕 마을)'지역에 가면 돔 형식으로 지어진 많은 유황온천들이 있다. 이곳의 온천은 유황과 미네랄 성분이 많아 피로 회복은 물론 피부병과 관절염에도 치료 효과가 있다고 한다. 러시아의 위대한 시인 푸시킨이 극찬한 유황온천으로도 유명하다. 1829년에 푸시킨이 최고의 온천이라고 극찬한 현판이 걸려 있는 곳은(Orbeliani Baths) 최근에 공사가 끝난 이슬람 양식의 모스크같이 생긴 곳이다. 주변 온천과 그 모양이 달라 한 번에 알아볼 수 있다. 이 지역의 온천은 아랍 칼리프 시대에 시작되었고, 현재 온천탕은 17~19세기에 만들어졌으며 당시 귀부인들의 사교장으로도 사용되었다고 한다. Abanotubani 중심에 있는 작은 분수 중앙에는 매가 꿩을 밟고 있는 동상이 있는데 전설에 의하면 5세기경 도시를 건설한 고르가살리 왕이 이 지역에서 꿩 사냥을 위해 매를 풀어 줬는데 꿩이 숲속으로 사라져 확인해 보니 이곳에 빠진 후 삶아져 있어 이곳이 온천지대라는 것을 알았다고 한다. 현재 영업 중인 곳도 여러 곳 있는데 온천탕에 붙여진 이름은 옛 주인의 이름이라고 한다. 대부분 독립적인 가족탕 형식으로 크기에 따른 방을 선택한 후 시간제로 요금을 지불하는 방식이다. 요금은 시간당 45~180라리 정도. 대중탕은 유일하게 한 곳이 있는데 초입 좌측 첫 번째 No.5라고 쓰여진 곳이다.

메테히 교회
Metekhi Church

5세기 경 바흐탕 고르가살리 1세(King Vakhtang I Gorgasali)가 므츠헤타에서 트빌리시로 수도를 옮긴 후 왕궁을 보호하기 위한 목적으로 요새를 지으며 함께 지은 교회가 모체(母體)이다. 12세기에 붙여진 메테히라는 이름은 '왕궁터'를 뜻하는 말이다. 지금의 메테히 교회는 조지아의 왕 드미트리오스 2세(Demetrius II: 1259~1289)가 1278년부터 1284년까지 약 6년에 걸쳐 건립한 것으로, 메테히 승천교회(The Metekhi Church of Assumption)로도 불린다. 구소련 통치 기간 중에는 극장으로 사용되기도 했으며 러시아 통치 기간 중 새 건물로 복원되면서 악명 높은 감옥으로 사용되기도 했다. 구소련의 통치자 스탈린이 투옥되기도 했던 곳이다. 조지아 정교회로서는 특이한 돔 형태를 갖추고 있으며, 벽돌만 사용하여 복원되었다고 한다. 교회 안마당에는 세 개의 종이 있으며 교회 내부는 동쪽 아프시스 창을 통해 들어오는 빛으로 인해 온화한 느낌을 준다. 교회 앞 절벽 끝 모퉁이에 서있는 기마상은 이 도시를 만든 고르가살리 왕이다. 늦은 저녁 은은하게 비치는 불빛의 야경도 멋있지만 이곳에서 바라보는 전경도 포토존으로 손색이 없다.

올드타운 고르가살리 광장에서 메테히 다리를 건너 유럽 광장 오른쪽에 있다. 다리 위를 걷다 보면 왼쪽으로는 평화의 다리가, 그리고 오른쪽 므츠바리강 절벽 위로는 고르가살리의 청동 기마상과 메테히 교회가 한 눈에 들어온다.

올드타운의 여행자 거리

트빌리시의 매력 중 하나는 낮과 밤 가릴 것 없이 언제나 살아 숨쉬는 듯한 '여행자 거리'의 존재.
각기 다른 매력의 다양한 거리에서 트빌리시의 숨겨진 매력들을 만나보자

❶ 이와네 샤브텔리 Ione Shavteli St.
❷ 에레끌레 2세 Erekle II St.
❸ 꼬떼 아프하지 Kote Afkhazi St.
❹ 시오니 Sioni St.
❺ 잔 샤르데니 Jan Shardeni St.
❻ 밤비스 리기 Bambis Rigi St.
❼ 르키니스 리기 Rkinis Rigi St.
❽ 고르가살리 광장 Gorgasali Sq.

시오니 대성당
Sioni Catheral

📍 3 Sioni St. Tbilisi
🕐 09:00~20:00

작은 규모지만 트빌리시에서 가장 아름다운 성당 중 하나이다. 특히 올드타운 중심 카페 거리와 가까워 누구나 한번쯤은 지나게 되는 곳이다. 7세기에 건축된 이 대성당은 수세기 동안 여러 차례 외세 침략에 의해 파괴되었으며 현재의 모습은 17세기경 다시 건축된 것이다. 제단 왼쪽에 있는 성 니노(St. Nino)의 포도나무 십자가로 유명하며 아직도 벽면 구석구석 선명한 프레스코화가 남아있다. 전설에 의하면 꿈속에서 성모마리아로부터 '조지아에 가서 기독교를 전파하라'는 계시를 받은 성녀 니노가 포도나무 십자가에 자신의 머리카락을 묶었다고 한다. 십자가 진품은 1년에 2번만 공개를 하는데 이때 수만의 인파가 모인다고 한다.

평화의 다리
The Bridge of Peace

므츠바리(Mtkvari)강을 가로지르는 이 다리는 사람들만 다닐 수 있는 다리로 10만 개의 LED등이 수시로 색깔을 바꿔가며 야경의 멋을 더한다. 올드타운과 Rike 공원을 이어주는 평화의 다리는 2010년 완공되었으며 이탈리아 건축가에 의해 설계되었고 조명은 프랑스 조명 디자이너 그리고 교량의 구조물은 이탈리아에서 제작되어 운반되었다고 한다. 건설 당시 일부 건축가들과 도시 기획자들은 역사적인 구 시가와 조화롭지 못하다는 이유로 논란의 여지가 있었으나 지금은 트빌리시의 대표적인 랜드마크로 자리잡았다. 케이블카를 타고 올라가 전망대에서 바라보는 평화의 다리 주변 풍경이 압권이다.

🚶 자유 광장과 고르가살리 광장 중간에 위치하고 있어 어디서 가더라도 멀지 않은 곳이다. 시계탑이 있는 Ione Shavteli에서 먹자 골목으로 유명한 Erekle II 거리로 들어서기 전 좌측에 있다.

클락 타워 & 인형극장
Gabriadze Theatre

- 13 Ioane Shavteli St, T'bilisi / 13
- 매주 목/금/토/일 20:00
- www.gabriadze.com

올드타운의 골목골목을 걷다 보면 프라하의 천문시계 못지않게 이곳에서도 관광객들에게 가장 사랑받는 시계탑을 볼 수 있다. 매일 12시가 되면 시계탑 위에서 천사가 나와 타종을 하고 중앙에서는 인형들이 나와 한편의 드라마와 같은 인형극을 보여 준다. 특이한 모습의 이 시계탑은 조지아를 대표하는 인형극 연출가이며 제작자인 가브리아제가 2010년에 만든 작품으로 시계탑 왼쪽 지하 입구로 내려가면 그의 이름을 붙인 인형극 극장이 있다. 1981년 개관해 80개 좌석이 있는 소규모 극장으로 시계탑 아래가 매표소이다. 인형극 공연은 인기가 많아 미리 예약하지 않으면 (온라인 구매 가능) 관람이 어려울 정도이다. 시계탑 옆에는 조지아의 다양한 전통음식을 맛 볼 수 있는 꽤 유명한 Gabriadze 레스토랑이 있다. 시계탑 벽에 박혀있는 가장 작은 시계를 찾아보자

Karalashvili's Wine Cellar

와이너리를 방문할 여유가 없다면 트빌리시 올드타운 내에 있는 Karalashvili의 와인 셀러를 방문해 보자. 조지아 와인의 주생산지 카헤티 지역 출신 Karalashvili 가문은 1396년부터 와인을 생산했으며 14세기 당시 Kartli-Kakheti George VIII로부터 왕자의 지위를 받았다고 한다. 다양한 종류의 와인을 무료 시음할 수 있을 뿐만 아니라 가성비 좋은 와인을 구입할 수 있는 곳이다.

- Vertskhli St. 19
- 매일 10:00~23:50
- +999 574 37 37 37
- www.karalashvili.ge/

자유 광장에서 고르가사리 광장으로 연결되는 여행자 거리 Kote Afkhazi st.를 따라 걷다가 우측에 Kalasi 호텔이 보이면 호텔 맞은편 작은 공원 우측길로 조금만 들어가면 찾을 수 있다.

FREEDOM SQUARE
자유 광장 주변

올드 트빌리시의 중심이라 할 수 있는 자유 광장은 1989년 소련군이 그루지야(조지아의 옛 지명) 시위대를 진압했던 곳이며 2003년에는 시민 혁명의 발원지로 역사적으로도 의미있는 곳이다. 현재는 많은 차들이 오가는 교통의 중심지로서 뿐만아니라 트빌리시의 가장 번화한 루스타벨리 거리와 올드타운으로 이어지는 Kote Afkhazi St.로의 시작점으로 트빌리시 여행의 중심지라 할 수 있다. 광장 한켠에는 투어리스트 인포메이션 센터가 있어 항상 많은 외국인들로 붐빈다. 광장 중앙에 우뚝 솟아 있는 기념물은 예전에는 레닌 동상이 있던 자리로 시민 혁명 후 성 조지(용을 무찔렀다는 로마 황제의 근위대장)의 동상으로 건축되었다고 한다. 황금 빛 기마상의 모습은 밤이면 주변의 야경과 어울려 한층 빛을 발한다. 자유 광장 주변에는 횡단보도가 없어 항상 지하도를 이용해야 한다. 자유 광장에서 므츠바리강 쪽으로 내려가다 보면 오른쪽은 올드타운과 접해 있어 전통가옥 및 아직은 덜 개발된 옛 모습의 골목들을 볼 수 있다.

투어리스트 인포메이션 센터

자유 광장 한켠 푸시킨 공원으로 불리는 작은 공원에 자리잡고 있는 관광 인포메이션 센터에는 트빌리시뿐만 아니라 조지아 전역에 관한 정보를 얻을 수 있는 곳이다. 호텔, 렌트카, 각종 투어는 물론 기차 시간표 및 마르쉬루트카 시간까지도 안내받을 수 있다. 인포메이션 앞 정류장에는 시티투어 버스와 337번 공항버스가 정차하는 곳이기도 하다. 인포메이션 옆 공원 벤치 뒤에는 푸시킨의 동상이 있으며 동굴 수도원 '다비드 가레지'행 1일투어 버스가 동상 앞에서 출발한다.

ⓘ 10:00~21:00

갤러리아 백화점 Galleria Tbilisi

자유 광장에서 가까운 지하철역 Liberty Square 옆에 위치한 갤러리아 백화점은 2018년에 오픈한 가장 큰 백화점으로 다양한 브랜드들의 숍이 있을 뿐만 아니라 4층에는 푸드코트가 있어 외국 여행객들이 많이 찾는 곳이다. 4층에는 KFC, 버거킹, 웬디스 등 패스트푸드점을 비롯 가장 인기있는 아이스크림 체인점인 Luca Polare 그리고 하차푸리 전문점 No.1뿐만 아니라 커피전문점 illy 매장도 있다. 특히 4층 야외 테라스에서는 루스타벨리 거리와 자유 광장이 한눈에 내려다 보여 인기가 많다.

📍 2/4 Shota Rustaveli Ave.
🕐 10:00~22:00
📞 +995 322 50 00 40
💻 www.galleria.ge

루스타벨리 거리
Shota Rustaveli Ave

현재 트빌리시의 가장 중심 도로인 이 거리는 제정 러시아 당시인 1851년에 완공되었다. 당시에는 러시아 총독 골로빈의 이름을 딴 골로빈 거리로 불리우다 제정 러시아로 부터 잠시 독립했던 1918년에 조지아의 대 문호 쇼타 루스타벨리의 이름을 딴 거리로 바뀌었다. 자유 광장부터 루스타벨리 메트로역까지 이어지는 약 1.5Km의 대로 양쪽으로는 당시 세워졌던 르네상스, 바로크 등 유럽풍의 건축물과 러시아풍 네오클래식 건축물들이 100년이 지난 지금까지도 남아 있는 고풍스러운 거리이다. 국회의사당을 비롯한 관공서는 물론 국립박물관, 오페라 극장, 공원, 호텔, 레스토랑, 백화점 등 각종 문화시설을 비롯해 편의시설들로 가득하다. 올드타운과는 전혀 다른 이곳을 걷는 것 만으로도 트빌리시의 여행이 풍성해진다. 루스타벨리 메트로역 옆에는 루스타벨리의 동상이 자유 광장 쪽을 바라보고 있으며 메트로 바로 맞은편 강쪽으로 트빌리시의 또 하나의 명물 빅바이시클이 있다. 자유 광장에서 루스타벨리 메트로 역까지 대로에는 단 한 개의 횡단보도도 없어 지하도를 이용해 건너야 하는 불편함이 있다. 지하도 위치를 미리 확인해 두자.

지하도 위치
- 국회의사당 앞
- 오페라 극장 앞
- 버스정류장 Academy of Science 앞

쇼타 루스타벨리 (1172~1216)

조지아의 황금시대를 열었던 타마라 여왕 시대의 궁정시인으로 조지아의 셰익스피어라고 불리운다. 현재 조지아 화폐 100라리 속의 인물이기도 하다. 그의 작품 '표범 가죽을 두른 기사'는 중세문학의 최고봉으로도 꼽으며 최근에 한국에서도 번역 출간되었다. 현재 조지아의 예술과 문학 분야에서 가장 가치 있는 상 중에 하나가 그의 이름을 딴 '쇼타 루스타벨리 국가 상'이라고 한다.

조지아 국립박물관
Georgian National Museum

- Rustaveli Ave., 3
- 화~일 10:00~18:00
- 매주 월요일 및 공휴일
- 30 GEL
- www.museum.ge

이곳의 전시물들은 오랜 역사와 초기 기독교를 받아들인 국가로서 수많은 외세의 침략과 지배를 당하면서도 자국의 언어와 종교를 지키고자 했던 노력들을 볼 수 있는 곳이다. 위층에 마련된 전시관에서는 구소련 시대의 역사적 사건과 기록물을 볼 수 있으며 1층에는 특히 인류 진화와 관련된 해골들을 전시해 놓은 게 인상적이다.

내셔널 갤러리
The National Gallery

- Rustaveli Ave., 11
- 화~일 10:00~18:00
- 매주 월요일 및 공휴일
- 25 GEL

조지아의 국민 화가 '니코 피로스마니' 작품이 가장 많이 전시되어있는 곳으로 많은 여행객들의 발길이 끊이지 않는 곳이다. 작품 수가 많지 않아 실망할 수도 있으나 천재 화가로 불리는 피로스마니의 작품을 보는 것만으로도 충분하다.
보통 1층 전시실에는 특별전이 열리며 1층에 위치한 갤러리 숍에는 괜찮은 기념품들이 많아 들려볼만 하다.

푸니쿨라 FUNICULAR

트빌리시 시내에는 케이블카를 타고 올라가 나리칼라 요새에서 바라보는 전망 못지 않게 또 하나의 뷰포인트가 있다면 바로 '푸니쿨라'를 타고 올라가는 므타츠민다 공원(Mtatsminda Park) 전망대이다. 낮과 밤 모두 실망 시키지 않는 파노라마를 감상할 수 있다. 푸니쿨라 이용 요금은 별도의 카드 구입비 포함 왕복 21라리. 루스타벨리 대로에 있는 국회의사당 왼쪽 옆 언덕길을 따라 10분 정도 올라가면 푸니쿨라 탑승장이 나온다. 이곳 전망대로 가는 방법은 푸니쿨라를 타지 않더라도 택시를 타거나 메트로 Liberty Square 앞 버스정류장에서 일반버스 No.347을 타고 종점에 하차하면 된다. 30분 가량 소요되는 버스 이동이지만 차창 밖 풍경을 보고 있노라면 어느새 종점에 도착할 것이다.

3 그 외의 지역

리케 공원
Rike Park

리케 공원은 므츠바리강을 따라 올드타운 맞은편에 위치해 있으며 트빌리시의 랜드마크 중 하나인 평화의 다리를 중심으로 오른쪽으로는 케이블카 탑승장이 있는 유럽 광장과 왼쪽으로는 커다란 두개의 금속관 형태로 궁금증을 유발하는 건축물이 있는 곳까지 형성된 공원으로 수많은 관광객은 물론 현지인들의 휴식처이다. 금속관 형태의 건축물은 콘서트 홀로 아직은 완공되지 않은 상태이다. 자금 부족이 원인이라고는 하지만 실제는 정치적인 문제가 더 연관성이 있다고 한다. 부디 빨리 완공되어 이곳에서 멋진 공연을 볼 수 있기를 기대해 본다. 여름 주말 저녁에는 조지아 전통 민속 공연이 펼쳐치기도 한다.

조지아 전통 춤

구소련 시절 당시 러시아의 대표적인 민속무용으로 소개되었던 남성들의 역동적인 춤은 바로 당시 연방공화국의 하나였던 그루지야 춤이었다고 한다. 구소련으로부터 독립 후 조지아의 전통 춤으로 새롭게 각광 받고 있다. 조지아 전통 춤 대부분은 사냥을 마친 후 여인들과 즐겁게 어울려 노는 모습이거나 전쟁을 형상화 한 것이다. 여성들은 화려하고 우아한 모습을 보이는 반면 남성들의 춤은 남성미가 물씬 풍기는 웅장하고 격렬한 몸동작으로 보는 이의 가슴을 조이게 한다. 대표적인 것으로 발레 동작과 비슷한 Khonga(콩가)는 가죽 신발을 신고 발가락만으로 추는 춤이며, 무릎만을 사용하며 상상을 초월하는 동작들로 이루어진 Mkhedruli(므케드룰리) 그리고 검고 하얀 털모자를 쓰고 빠른 동작으로 회전과 점프를 하며 단도를 던져 바닥에 꽂는 Khanjluri(칸즐루리)가 있다. 전통공연을 보기 위해서는 관광객들을 대상으로 운영하는 작은 무대가 갖춰진 민속춤 공연 레스토랑을 찾아가야 한다. 하지만 운이 좋다면 여름철 주말 트빌리시의 리케 공원 내에서 펼쳐지는 수준 높은 조지아 국립 무용단의 무료 공연을 볼 수 있다.

아그마쉐네벨리 거리
Davit Aghmashenebeli Ave

관광객들로 넘쳐 나는 올드타운의 번잡함과는 달리 최근 현지인들이 즐겨 찾는 곳이 아그마쉐네벨리 거리이다. 올드타운에서 므츠바리강을 따라 벼룩시장이 있는 곳에서 다리를 건너면 10시 방향으로 아그마쉐네벨리 거리의 초입으로 들어설 수 있다. 이곳부터 약 300미터 구간은 보행자 거리이며 거리 양쪽으로 레스토랑과 카페, Bar를 비롯한 다양한 숍들이 빼곡히 들어서 있다. 거리는 보행자 거리가 끝난 후에도 지하철 역 Marjanishvili를 지나 1Km 이상 이어져 있다. 올드 타운과는 다른 건축 양식의 건물들과 숍들로 트빌리시의 또 다른 모습을 볼 수 있다.

성 삼위일체 성당
Holy Trinity Cathedral

사메바 성당으로도 불리며 조지아 정교회를 대표하는 가장 큰 성당이다. 므츠바리(Mtkvari)강을 중심으로 올드 트빌리시 반대쪽 엘리야 언덕(Elia Hill)에 위치해 있으며 주변의 높은 건물이 없어 트빌리시를 상징하듯 우뚝 솟은 모습은 시내 어디에서도 잘 보인다. 노아의 방주가 이곳을 거쳐서 아라랏산으로 갔다는 전설 때문에 이곳에 세워졌다고 한다. 조지아 정교 1,500주년을 기념하여 1995년 착공 10년 후인 2004년에 완성된 성당은 돔을 중심으로 십자가의 형태로 건축되었다. 높이가 87미터에 달하며 지붕은 황금으로 만든 돔 형식으로 그 위의 황금 십자가의 높이만도 7.5미터에 달한다. 성당 안에는 크고 작은 총 9개의 예배당이 있으며 그 중 5개는 대규모 지하 공간에 위치하고 있다. 대리석 바닥과 모자이크 제단이 인상적이다. 조지아 전통양식과 비잔틴 양식이 가미되어 조화를 이루고 있는 이 성당은 멀리서 볼 때와는 달리 가까이 다가가면 갈수록 그 규모에 압도당한다. 평일임에도 불구하고 많은 사람들이 각자의 방식으로 기도 드리는 모습에서 정교회가 조지아인들의 삶의 일부라는 것을 확인할 수 있다.

지하철 Avlabari에서 나오면 앞쪽으로는 버스정류장이 있는 큰 광장이 있으며 뒤쪽으로는 커다란 아파트 상가 건물이 보인다. 이 건물 맨 왼쪽 옆으로 난 도로(Lado Meskhishvili st)를 따라 성당을 바라보며 걸어가면 된다. 약 15분 소요. 오르다 보면 대부분 허름해 보이는 가게들과 노점상들 뿐인데 왠지 정겹게 느껴지는 곳이다.

벼룩시장

트빌리시를 방문하는 여행객이라면 꼭 한번은 들르는 이곳은 특별한 날에만 열리는 주말 시장이 아니라 상시 열리는 곳으로 붐비지 않아 여유롭게 즐길 수 있는 곳이다. 마치 타임머신을 타고 과거로 돌아온 듯한, 꼭 무엇을 사지 않더라도 구경하러 온 관광객과 물건을 고르며 흥정하는 현지인들의 모습이 정겹게 느껴진다. 골동품에 가까운 물건들을 집에서 갖고 나와 판매하는 사람들도 많은데 물건을 팔고자 하는 의지 보다는 그곳에서 하루 하루를 즐기는 듯한 모습이 무척이나 여유로워 보인다. 노천시장 옆에 있는 공원에는 거리의 예술가들이 자신의 작품을 판매하는 모습도 볼 수 있다. 이곳에서는 마그네틱과 '깐지(Khantsi)'라 불리는 전통 와인 잔 등 선물용 기념품들을 올드타운의 기념품 가게보다 저렴한 가격에 구입할 수 있다. 구글맵에서 Dry Bridge Market로 검색하면 쉽게 찾을 수 있다.

| Tbilisi No.1 Hot Place |

Fabrika Hostel

트빌리시에서 규모나 시설 면에서 최고라 할 수 있는 이 호스텔은 단지 호스텔로서의 기능뿐만 아니라 트빌리시를 방문한 전세계 여행자들의 휴식 문화 공간의 역할을 하고 있는 곳이다. 3~12인실까지 다양한 도미토리룸은 물론 호텔같은 분위기의 프라이빗 룸까지 갖추고 있다. 도미토리움은 공용 욕실을 사용하지만 대부분의 프라이빗 룸에는 객실내에 전용 욕실이 있다. 모든 룸은 카드식 키를 사용하며 24시간 오픈되어 있는 리셉션은 거의 호텔 수준이다. 타 호스텔에 비해 약간 비용을 더 지불해야 하며, 투숙객이 사용할 수 있는 작은 키친이 있지만 다른 시설에 비해 미흡한 시설이 단점이다. 하지만 1층에 마련된 로비와 건물을 둘러싸고 있는 다양한 문화 공간을 이용하는 댓가로 충분히 보상 받을 수 있는 곳이다. 특히 뷔페식으로 제공(판매)되는 조식은 저렴한 가격에 호텔식으로 맛볼 수 있다. 단, 기본적으로 제공되는 타월이 없어서 체크인 시 추가 비용(대여)을 지불해야 한다. 'Fabrika'는 '공장'이라는 뜻으로 이곳은 옛 소비에트 시절 봉제 공장이었다고 한다. 이러한 공간에 현재는 카페와 바, 스튜디오와 예술가들의 작업 공간 등이 잘 어우러져 있으며 호스텔 뒤 마당에서 벌어지는 이벤트로 인해 현지인과 여행자 모두에게 가장 핫한 장소로 이곳에 투숙하지 않더라도 저녁 시간에는 한 번 쯤 방문해 보는 것도 좋을만한 장소이다.

📍 8 Egnate Ninoshvili St.   📞 +995 322 02 03 99   🌐 www.fabrikatbilisi.com

올드 타운에서 벼룩시장이 있는 곳의 다리를 건너 새롭게 관광지로 떠오르고 있는 Aghmashenebeli 카페 거리를 지나 우측으로 올라가면 된다. 지하철을 타면 Rustaveli에서 한 정거장. 자유 광장인 Liberty Square에서는 두 번째인! Marjanishvili에서 출구로 나와 바로 건물을 끼고 왼쪽으로 돌아 올라가면 된다(도보 7~8분). 건물 외벽이 온통 컬러풀한 그래피티들로 가득해 쉽게 찾을 수 있다.

| 코카서스 3국 최초의 한국식당 |

SEOUL 서울

중동 지역에서 케이터링 회사를 다니던 주인장 내외는 여행차 왔다가 이곳의 매력에 빠져 한국 식당을 오픈했다고 한다. 2017년 5월오픈 당시 유일한 한국 식당으로 그동안 한국 음식을 그리워하던 여행객에게 입소문으로 알려지기 시작, 현재는 조지아의 대표 한식당으로 자리잡았다. 깔끔한 실내 인테리어 및 정갈한 반찬들 그리고 현지화되지 않은 한국식 그대로의 다양한 메뉴는 주머니 사정이 가벼운 여행자들도 다시 한 번 찾게 만든다. 1호점은 올드 타운에서는 좀 떨어져 있어 택시를 이용하거나, 지하철을 이용할 경우 Medical University역 하차 후 도보로 7분 소요된다. 하지만 최근에 트빌리시 시내 루스타벨리 지하철역에서 가까운 곳에 2호점을 오픈해서 방문하기가 수월해졌다.

1호점
- 7 Budapest street, Saburtalo, 0106 Tbilisi
- +995 551 78 00 00
- 12:00 ~ 22:00

2호점
- 25 Alex Machavariani St, Tbilisi
- +995 551 78 00 00
- 12:00 ~ 22:00

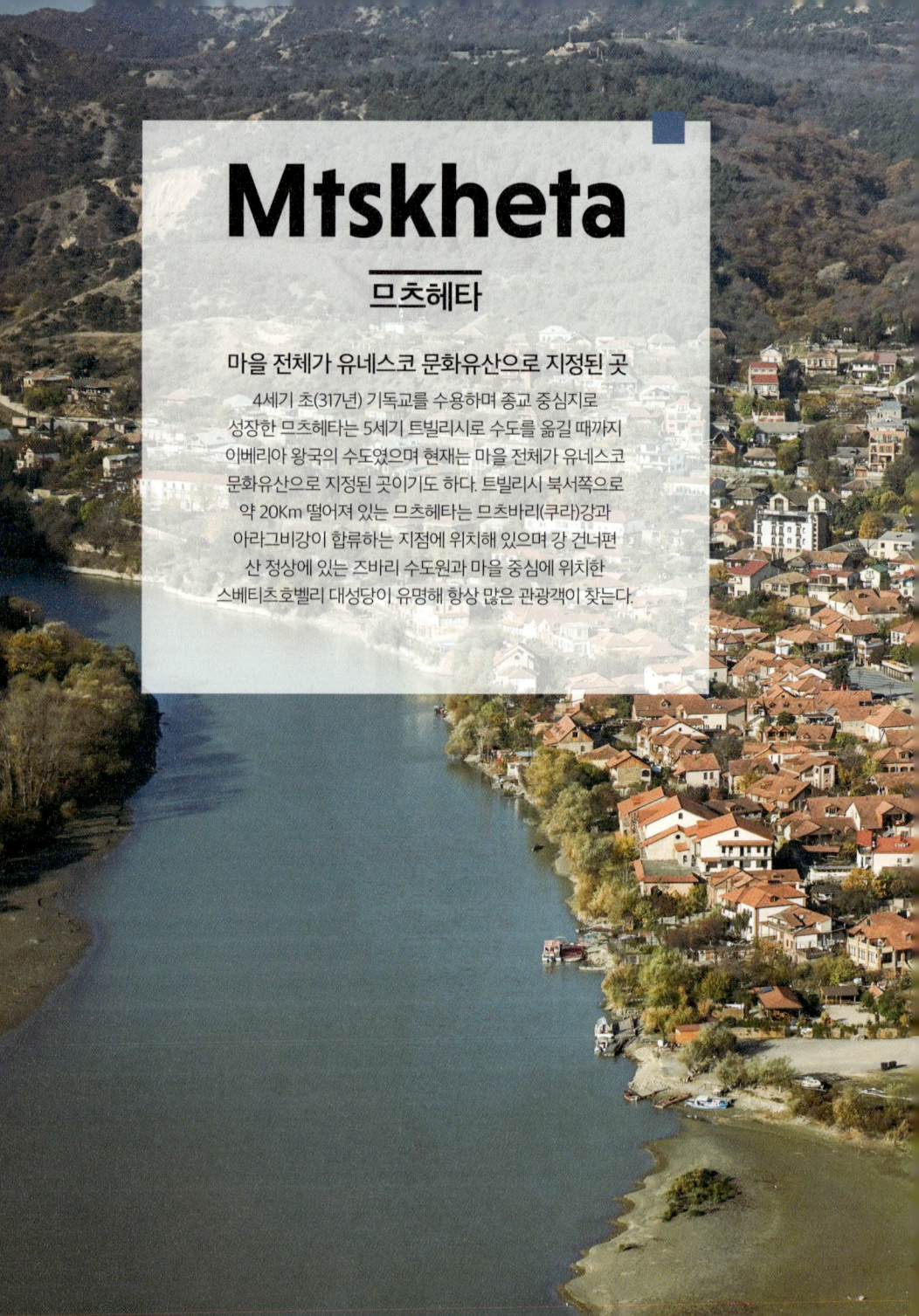

Mtskheta
므츠헤타

마을 전체가 유네스코 문화유산으로 지정된 곳

4세기 초(317년) 기독교를 수용하며 종교 중심지로 성장한 므츠헤타는 5세기 트빌리시로 수도를 옮길 때까지 이베리아 왕국의 수도였으며 현재는 마을 전체가 유네스코 문화유산으로 지정된 곳이기도 하다. 트빌리시 북서쪽으로 약 20Km 떨어져 있는 므츠헤타는 므츠바리(쿠라)강과 아라그비강이 합류하는 지점에 위치해 있으며 강 건너편 산 정상에 있는 즈바리 수도원과 마을 중심에 위치한 스베티츠호벨리 대성당이 유명해 항상 많은 관광객이 찾는다.

Mtskheta IN & OUT

므츠헤타 드나들기

므츠헤타는 트빌리시에서 자동차로 30분이 채 걸리지 않는 가까운 거리에 위치해 있어 대중교통 이용에도 큰 무리가 없다. 렌터카를 이용한다면 카즈베기로 가는 길에 들려가는 것도 좋은 방법이다.

01 마르쉬루트카

대중교통 이동 시에는 트빌리시 디두베 역에서 므츠헤타 행 마르쉬루트카를 타는 게 가장 일반적인 방법이다. 므츠헤타 행은 지정된 탑승 장소가 있으며 매표소도 있다. 배차는 15~20분이며 첫차는 07:30이다. 보통은 티켓 없이 탑승 후 하차 시 운전사에게 직접 요금을 지불하지만 이곳에서는 매표소에서 미리 티켓을 구입해야 한다.

🕐 25분　💰 2라리

02 렌터카

렌터카 이용 시에는 먼저 즈바리 수도원을 들렀다 므츠헤타로 가는 게 일반적이다. 즈바리 수도원 바로 앞까지 차로 갈 수 있다. 므츠헤타의 경우 스베티츠호벨리 대성당을 끼고 한 바퀴 돌면 커다란 유료 주차장이 있다. 주차장 이용 요금은 시간에 상관 없이 2라리이다.

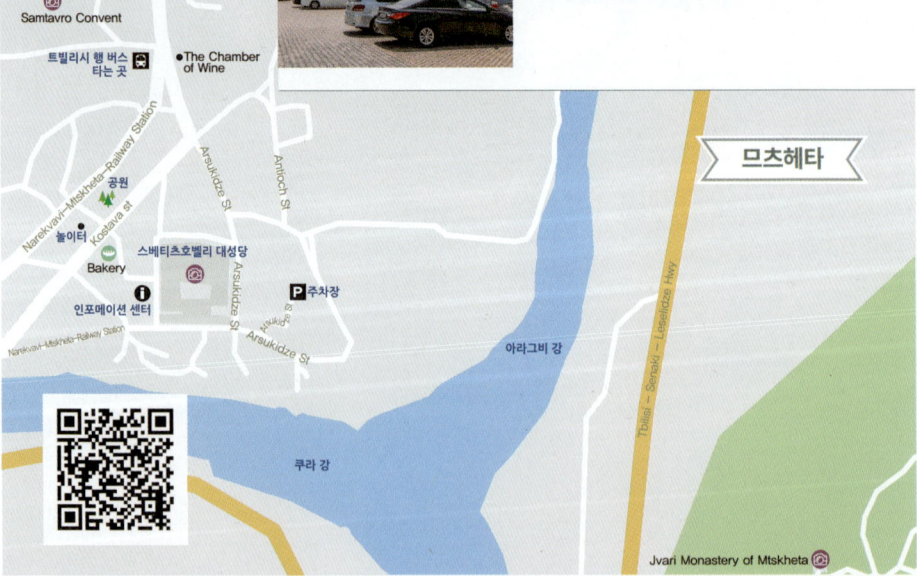

Mtskheta Attractions

므츠헤타는 면적이 넓지 않아 스베티츠호벨리 대성당을 중심으로 산책하듯 여유있게 시간을 보낼 수 있다. 즈바리 수도원까지는 택시를 이용해 다녀오는 것이 일반적이다.

추천코스

마르쉬루트카가 시내로 들어선 후 5분 정도 지나면 일방통행 도로로 접어 든다. 왼쪽으로 작은 어린이 공원이, 우측으로 대성당이 보이는 곳에서 하차.

스베티츠호벨리 대성당

므츠헤타 도착

아기자기한 골목길 걷기

즈바리 수도원 다녀오기

삼타브로 수도원 초입 일방통행 도로가 만나는 큰 삼거리에 마르쉬루트카 정류장이 있으며, 정류장 맞은편으로 이곳 최고급 레스토랑 중 하나인 The Chamber of wine이 있다.

트빌리시 행 마르쉬루트카 타기

삼타브로 수도원

스베티츠호벨리 대성당
Svetitskhoveli Cathedral

Tip

스베티츠호벨리 대성당 입구 맞은편으로 그리스 신전을 연상케 하는 신축 석조 건물이 있는데, 1층에 투어리스트 인포메이션 센터가 있다. 입구 바로 우측에는 유료 화장실이 있다.

스베티츠호벨리 대성당은 조지아에서 두 번째로 큰 조지아 정교회 성당으로, 유네스코 세계 문화유산 목록(UNESCO World Heritage Site)으로 지정되었다. 성당 이름은 조지아어로 '둥근 기둥'을 뜻하는 '스베티(sveti)'와 '생명을 주는' 또는 '사람을 살리는'을 뜻하는 '츠호벨리'에서 유래했으며, '사람을 살리는 둥근 기둥모양의 성당'을 뜻한다. 이곳은 예수님의 성의가 묻혀있다고 하여 더욱더 많은 여행객들이 찾는 곳이다. 4세기 카르틀리(이베리아)의 미리안 3세 통치 당시 처음 건축되었으나 외세의 침입으로 훼손되었고 현존하는 건축물은 11세기 기오르기 1세 통치 시대에 조지아의 건축가 아르수키드제(Arsukisdze)에 의해 십자형 돔 형태의 교회로 재건된 것이라고 한다. 이후 지진으로 인해 성당이 일부 파괴되자, 1970~1971년 복원 당시 바실리카 양식으로 개축되었다. 바실리카 양식은 5세기 말 바흐탕 고르가살리 왕(King Vakhtang Gorgasali) 때 성행했던 조지아 교회의 대표적인 건축양식이다. 이 성당은 과거 조지아 왕들의 즉위식 장소였을 뿐만 아니라 그들의 묘소이기도 하다. 바흐탕 고르가살리, 에레클레 2세 등 10명의 왕이 묻혀져 있는 것으로 알려져 있다. 중앙의 예수의 모습을 그려놓은 커다란 제단화는 19세기 러시아 화가의 작품이며, 제단 주위의 성화들은 20세기에 그려진 것이라고 한다.

> ### 전설에 의하면...
> 1세기 경 예수가 십자가에 못 박혀 처형 당할 당시 예루살렘 골고다 언덕에 있었던 므츠헤타 출신의 유대인 엘리아가 로마 군인에게서 구입한 예수의 옷을 가지고 조지아로 돌아왔다. 그때 예수의 옷을 만진 그의 여동생 시도니아(Sidonia)가 감정이 격해져 즉사했다고 한다. 그녀가 죽은 후에도 그 옷을 손에서 놓지 않아, 그 옷을 그녀와 함께 매장했는데 훗날 그녀의 무덤 옆에 거대한 향나무가 자라났다고 한다.
> 성녀 니노(St. Nino)의 전도로 기독교를 국교로 선포한 미리안 3세 왕은 7개의 기둥을 가진 12사도 이름의 교회를 건립하기 위해 기둥으로 사용할 목적으로 향나무를 베었다고 한다. 그러나 그 기둥들은 하늘로 올라가 없어졌고, 성 니노가 밤새도록 기도한 후에야 다시 땅으로 내려왔다고 한다. 또한 나무 기둥에서 흘러나온 성스러운 액체는 많은 사람들의 질병을 치유하는 기적을 보여주었다고 전해진다. 성당 입구 오른쪽 두 번째에 이 사건에 대한 기록이 적혀 있으며, 시도니아가 매장된 곳이 대성당 안에 그대로 보존되어 있다. 성당 안 남쪽 측면에 있는 작은 석조 교회는 예루살렘 성묘교회(Chapel of Holy Sepulchre)와 같은 형태로서 13세기 말 예수의 겉옷이 소장되어 있는 성지라는 사실을 알리기 위해 세워졌다고 한다.

즈바리 수도원
Jvari Monastery

조지아의 수도 트빌리시로부터 북서쪽으로 20km 떨어져 있는 수도원으로 므츠바리(Mtkvari)강과 아라그비(Aragvi)강이 합류하는 지점 바위산 꼭대기에 위치해 있다. 이베리아 왕국의 수도였던 므츠헤타 마을의 풍광을 가장 잘 조망할 수 있는 곳으로 트빌리시와 가까워 므츠헤타를 방문하는 여행객은 꼭 찾는 곳이다. 이곳 또한 1994년 유네스코가 지정한 세계문화유산 중 한 곳이다.

즈바리 교회 The Mtskheta Church of Jvari

'즈바리의 위대한 교회(Great Church of Jvari)'로도 불리는 이 교회는 6세기 말 에리스므타바리 스테마노스 1세 (Erismtavari Stepanoz I)에 의해 건축된 것으로 알려져 있다. 중세 말에는 성벽을 쌓아 요새화 하기도 했으며, 이 시기에 축조되었던 건물 일부가 현재도 남아 있다. 4세기 초 성녀 니노 (Saint Nino)의 나무 십자가가 큰 기적을 행하자, 545년 즈바리 수도원 예배당 안에도 이 나무 십자가를 건립했다. 지금도 교회 내부 중앙에는 이 커다란 나무 십자가가 순례객들을 맞이하고 있다. 이곳의 지명은 '십자가의 사원'에서 유래했다는 설과, 예루살렘에 있는 조지아 사원인 '모나스트리 오브 더 크로스(Monastry of the Cross)'를 조지아어로 번역했다는 설이 있다. 구소련 시절에는 이곳에 주둔했던 소련군의 군사기지로 인해 일반인의 접근조차 어려웠으나, 조지아 독립 이후 교회로서 종교적 기능을 회복했다. 본당을 중심으로 사방에 반원형 돌출부가 있으며, 각 4개의 돌출부 사이에는 본당과 부속 예배당을 연결해 주는 원형 모양의 통로가 있다. 이 건축양식은 조지아 교회의 건축양식 발달에 큰 영향을 끼쳤으며, 남 코카서스 지역 교회의 모델이 되었다고 한다.

Hop on Hop off

로컬 버스를 타고 므츠헤타 가는게 번거롭다면 트빌리시-즈바리-므츠헤타를 운행하는 Hop on Hop off City Tour Bus를 이용하자. 루스타벨리 지하철역 옆 루스타벨리 거리 52에서 오전 10:50에 출발하는 이 투어버스는 트빌리시 시내 일부와 즈바리 수도원 그리고 므츠헤타를 6시간 만에 돌아 볼 수 있어 시간적 여유가 없는 여행자에게 안성맞춤이다. 영어 가이드의 설명과 함께 오디오 가이드 서비스 그리고 생수 한 병이 제공된다.

COURSE
RUSTAVELI ▶ FEEDOM sq ▶ MARJANISHVILI sq ▶ BARATASHVILI st (30분 자유시간) ▶ 사메바 성당(30분 자유시간) ▶ EUROPE sq (20분 자유시간) ▶ JVARI(40분 자유시간) ▶ MTSKHETA(1시간 자유시간)

- Pushkin St, 9
- +995 595 17 05 02
- 성인 55라리 / 온라인 구매시 50라리, 어린이(8~12세) 30라리

즈바리 수도원으로 가기 위해서는 트빌리시에서 투어를 이용하거나 므츠헤타까지 와서 택시를 이용해야 한다. 투어는 트빌리시 시내와 즈바리, 므츠헤타를 운행하는 City Tour Hop on Hop off 버스를 이용하는 방법과 현지 여행사에서 운영하는 1일 투어(므츠헤타-즈바리-우플리스치헤-고리)에 참여하는 방법이 있다. 마르쉬루트카를 이용 개별적으로 므츠헤타까지 가서 택시를 이용할 경우 가격 흥정은 필수! (택시 한 대 기준 왕복 20라리면 적당) 즈바리에 도착해서 보통 30분 정도 시간을 주는데 너무 짧다. 약간의 추가 비용이 들더라도 1시간 대기해 줄 것을 미리 요청하자.

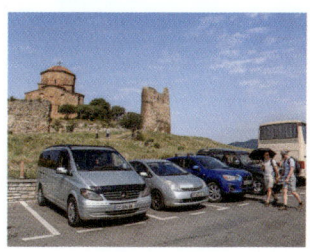

삼타브로 수도원
Samtavro Monastery

고대 이베리아왕국의 수도였던 이곳에는 스베티츠호벨리 대성당과 즈바리 수도원 이외에도 여행객들이 많이 찾는 삼타브로 수도원이 있다. 스베티츠호벨리 대성당과 비슷한 양식의 형태를 하고 있지만 규모가 작고 아기자기한 정원이 인상적이다. 이곳은 조지아에 기독교를 전파한 성녀 니노가 거주했던 곳으로 알려져 있으며 기독교를 받아들인 미리안 3세가 묻혀 있는 곳이기도 하다.

아기자기한 쇼핑 거리 산책

대성당 우측 성벽을 중심으로 주차장까지 이어지는 기념품 가게들 그리고 반대편으로는 각 가정마다 포도 넝쿨로 뒤덮여 있는 한적한 주택가 골목 골목을 산책하는 것만으로도 힐링이 된다. 다양한 먹거리 및 기념품들은 트빌리시보다 가성비가 좋은 편이니 마음에 드는 것이 있다면 이곳에서 구입해도 좋을 듯 하다.

Signagi
시그나기

Signagi는 조지아의 최대 와인 생산지 카헤티(Kakheti) 지역의 동쪽 해발 800미터 절벽 위에 위치하고 있으며 조지아의 작고 가장 아름다운 도시 중의 한 곳이다.

이탈리아 토스카나풍의 벽돌 지붕을 바라보며 아기자기한 좁은 자갈길 골목을 거니는 것만으로도 힐링이 되는 곳이며 '사랑의 도시'로도 알려져 있다. 특히 성벽 위에서 바라보는 Alazani 평원은 코카서스산맥을 병풍 삼아 가장 아름다운 풍경을 자아내고 있다. 또한 인근에 있는 보드베 수도원은 조지아의 주요 성지 가운데 하나로 빼놓지 말고 들려야 할 명소이다.

Signagi IN & OUT
시그나기 드나들기

트빌리시에서 당일치기로 인기 있는 시그나기는 대중교통인 마르쉬루트카를 이용해서 다녀오는 것이 일반적이다. 전용 차량을 이용한다면 다비드 가레자 또는 보드베 수도원을 먼저 들린 후 방문하는 것이 좋다.

01 마르쉬루트카

대중교통으로 시그나기까지 가기 위해서는 디두베가 아닌 삼고리 버스터미널로 가야한다. 지하철을 이용 Samgori 역에서 하차 후 버스터미널로 이동, 시그나기 행 마르쉬루트카를 찾아야 한다. 디두베와는 달리 대부분의 마르쉬루트카 앞 유리창에 행선지가 현지어로 쓰여 있어 물어보는 것이 좋다. 시그나기 행 마르쉬루트카의 경우 영어로도 표기가 되어 있으니 확인하자. 요금은 10라리이며 출발시간은 오전 9시부터 2시간 간격으로 배차된다. 하지만 지켜지는 경우는 매우 드물고, 마르쉬루트카의 경우 출발 시간이 되었다 하더라도 일정 인원이 탑승해야 출발한다. 심지어 출발 시간 이전이라도 남은 좌석이 없다면 미리 출발하기도 한다. 시간의 여유가 없거나 짐이 많은 경우 그리고 3~4명의 일행이 있다면 택시를 이용하는 방법도 추천한다.

시그나기에서 트빌리시 가기

시그나기에서 트빌리시로 마르쉬루트카를 타고 갈 예정이라면 도착과 동시에 매표소에 들러 미리 원하는 출발 시간의 표를 구입하자. 터미널은 메인 도로 경찰서 뒤의 넓은 공터이며 이곳에 매표소가 있다. 이곳에서는 그래도 정해진 시간에 출발하는 경우가 많으며 미리 표를 구입하지 않았다면 오래 기다려야 할 수도 있다. 표를 구입하기 전에 미리 금액에 맞게 (또는 소액권으로) 준비하자.

🕐 트빌리시 행 출발시간
07:00, 09:00, 11:00, 13:00, 16:00, 18:00
- Telavi행 09:00
- Tsnori행 09:45~18:00
매 30분 간격

02 렌터카

렌터카를 이용할 경우 트빌리시 시내를 빠져나와 공항을 지난 후부터는 큰 어려움 없이 이정표만 따라 가면 된다. 하지만 아직까지 중간 중간 도로 상태가 좋지 않을뿐더러 차선을 지키지 않고 추월을 반복하는 무개념 운전자들이 많아 방어운전이 필요한 곳이다. 조금만 도로 사정에 익숙해진다면 주변의 포도밭과 어우러진 멋진 풍경을 감상할 수 있을 것이다. 길가에는 꿀, 과일, 추르츠헬라 등을 판매하는 곳들도 많아 잠시 들러 구경할 수 있다는 것도 렌터카만의 장점이다.

Signagi Attractions

시그나기는 마을이 작아 반나절이면 충분하다. 하지만 보드베 수도원과 성벽 걷기 등 여유롭게 마을 산책을 하고 싶다면 하루 정도 숙박을 하는 일정도 추천한다.

추천코스

트빌리시 삼고리

가는 길

보드베 수도원

Tip 마르쉬루트카를 타고 1시간이 좀 지나면 보드베(BODBE) 이정표가 나온다. 운전사에게 미리 얘기해두고 시그나기와 갈라지는 지점에서 하차 후 도보로 이동할 수 있다. 그러면 시그나기까지 갔다가 다시 오는 번거로움이 없어 30분 정도의 시간을 절약할 수 있다. 시그나기에서 보드베로 갈 때는 약간 오르막 길이라 보드베를 먼저 갔다가 가는 게 여러모로 현명한 선택일 수 있다.

시그나기 VIEW POINT

마을 및 성벽 둘러보기

시그나기 출발

보드베에서 나와 시그나기로 향하는 도로를 따라 걷다보면 전망 좋은 카페 Kanudosi가 있으며 조금만 더 내려오면 주차 공간이 있는 최고의 View Point가 있다.

트빌리시에서의 하차는 타고 갔던 삼고리에서도 할 수 있지만 이사니(Isani)에 내려주는 경우도 있다. 지하철역이 있으니 지하철을 이용해 시내로 이동하도록 하자.

Signagi
시그나기 둘러보기

시그나기 터미널에 내려 마을로 들어서면 커다란 광장 우측 위쪽에 관광 인포메이션 센터가 있으며, 조금 더 올라가면 시청사가 그리고 그 한켠에는 알록달록한 털실로 만든 다양한 물건을 판매하는 노점상도 볼 수 있다. 옆 공원에는 조지아의 철학자 도다쉬빌리 이름을 딴 광장이 있고, 광장 한켠 암벽에는 제2차 세계대전 당시 사망한 이 지역 전사자들의 이름이 새겨져 있는 모습을 볼 수 있다. 시그나기 박물관 2층 전시실에 가면 조지아의 국민화가 니코 피로스마니의 작품이 있어 많은 관광객들이 찾는 곳이다. 피카소의 그림에도 영향을 주었다고 하는 그의 작품들과 함께 상설 전시관 입구에는 피카소가 직접 그린 피로스마니의 초상화와 스케치한 피로스마니 작업실 모습도 전시되어 있다. 시내 곳곳을 돌아다니는 사륜 오토바이는 아무리 관광객을 위한 것이라 하지만 이 조용한 마을에 꼭 필요했을까라는 생각이 들게 한다.

1. 시그나기는 … 왜 사랑의 도시라고 부를까?

조지아에서 결혼은 결혼 등록소에서 공증인과 하객들앞에서 신랑, 신부가 사인을 해야 결혼으로 인정을 받는다. 특히한 내용은 이때 양가 부모들은 참석하지 않는다는 것이다. 라스베이거스와 함께 하루 중 언제든지 결혼할 수 있는 도시로 시그나기의 결혼등록소는 24시간 근무를 한다고 한다. 그에 걸맞게 결혼등록소 건물이 예쁘고 분위기도 낭만적이다.

일설에 따르면 이곳 출신 천재화가 니코 피로스마니는 이곳에 머물렀던 프랑스 여배우 마르가리타에게 첫눈에 반해 사랑에 빠졌으며 꽃을 좋아한다는 그녀를 위해 주변의 만류에도 불구하고 전재산을 털어 장미꽃을 구입하기 시작했으며 그것도 모자라 자신의 피까지 팔아가며 백만송이를 가득 싣고 그녀에게로 가서 사랑을 고백했다고 한다. 물론 그 사랑은 이루어지지 않았고 그 이루지 못한 사랑을 생각하며 이곳에서는 사랑하는 사람들이 24시간 언제든지 결혼 등록을 할수 있게 해 사랑의 도시라고 불리게 되었다고 한다.

우리나라의 가수 심수봉 씨가 불러 지금까지도 많은 사랑을 받고 있는 '백만송이 장미'라는 노래는 라트비아의 곡에 새롭게 가사를 붙여 러시아의 국민 가수로 불리는 푸가초바가 불러 많은 인기를 누렸다. 이 러시아 가사의 실제 주인공이 바로 피로스마니이다. 마을 곳곳에서는 그의 그림 속 인물을 동화한 작품을 볼 수 있다. 특히 버스 터미널에서 도로로 나오면 바로 건너편에 '당나귀 타고 왕진가는 의사'라는 작품을 만날 수 있다.

2 니코 피로스마니 Niko Pirosmani (1862~1918)

시그나기 인근의 작은 마을 Mirzaani라는 곳에서 농부의 아들로 태어난 니코 피로스마니는 조지아의 원초주의 화가로 사후에야 비로소 그 작품성을 인정받아 유명해졌다. 한 번도 정식으로 그림을 배워본 적이 없는 그는 간판을 그려주는 일로 생계를 유지했으며 간판을 그리고 남은 물감으로 그림을 그릴 정도로 어렵게 살았다고 한다. 당시 간판장이 그림으로만 치부되었던 까닭에 몇몇 작품이 판매되기도 했지만 간간히 들어오는 의뢰인의 그림으로 생계를 유지했다. 하지만 생애를 마감했던 당시에는 제1차 세계대전 직후와 러시아 혁명의 어수선한 상황에 거의 실업자에 가까웠고 결국 트빌리시의 역에서 봇짐일을 하던 중 어느날 술에 취해 추위와 굶주림을 이기지 못하고 생을 마감했다고 한다. 현재 시그나기 박물관의 상설 전시관을 비롯해 트빌리시의 국립박물관과 내셔널 갤러리 등 조지아 전역에 200여 점만이 남아 있다는 그의 초기 작품은 카헤티 지역의 아름다운 풍경이었지만 상인, 술집여자, 농부 등 서민들의 초상화와 당나귀, 양, 사슴 등 동물들의 그림이 대부분이다.

3 꿩의 눈물 Pheasant's Tears

미국인 화가가 운영하는 이 레스토랑은 여행 가이드북 '론리 플래닛'에 소개되면서 이곳을 찾는 여행객들의 입소문으로 유명해지기 시작, 카헤티 지역의 조지아 와인을 세계에 알리는데 일조했다고 한다. 파스텔톤의 파란 입구로 들어서면 아늑한 정원이 나오는데 조지아 전통 와인 제조법에 사용되는 커다란 크베브리가 손님을 맞이한다. 이곳 야외에도 테이블이 있어 마치 포도밭 정원에서 식사를 하는 느낌이 들게 한다. 4가지의 와인을 맛볼수 있는 와인 테이스팅도 가능하다. 실내는 그리 세련되어 보이지는 않으며 아무렇게나 널브러져 있는 듯해 보이는 것 또한 이곳만의 매력이다. 마르쉬루트카가 시그나기 마을 초입으로 들어서면 바로 우측에 있으며 마을 중심까지도 도보로 10분이면 충분하다.

4 성벽 걷기

해발 800미터 절벽 위에 세워진 이 작은 마을은 18세기 외세의 침략으로부터 보호하고자 요새를 만들기 시작했는데 그 성벽의 길이가 5Km에 달하며 23개의 타워가 있다. 성벽 위를 걷다 보면 멀리 아직도 남아있는 성벽들이 뚜렷하게 보인다. 아쉽게도 현재 여행객들에게 개방된 곳은 그리 길지 않다. 하지만 이곳에서 바라보는 경관은 그 아쉬움을 달래기에 충분하다. 절벽 아래로 펼쳐진 알라자니 평원과 저 멀리 병풍을 두른 듯 끝없이 펼쳐지는 코카서스산맥의 모습은 이곳에서만 볼 수 있는 풍광이다. 조금만 걷다보면 보이는 커다란 파라솔이 있는 전망대에서는 발걸음을 멈추게 한다. 또한 성벽 위에서 보는 아기자기한 마을은 시간이 멈춰진 듯한 중세의 아름다운 모습으로 비춰진다. 이곳에 올라가기 위해서는 시청을 지나 마을길로 접어들어 제일 끝에 있는 성벽의 탑 앞에 주차하고 올라가거나 마을 중간에 있는 화살표 TOURIST TRACK 이정표를 따라 가면 된다. 마을을 산책하듯 걷다 보면 쉽게 찾을 수 있다.

보드베 수도원
Bodbe Monastery

트빌리시에서 렌터카를 이용해서 간다면 시그나기 도착 전 Bodbe 이정표를 보고 우회전하면 된다. 수도원 앞에 무료 주차장이 있다. 시그나기 마을에서 도보 이용 시에는 차도 옆 길을 따라 걸어야 한다. 수도원까지는 40~50분 정도 소요되며 중간에 View Point를 들른다면 1시간 정도 예상하는 것이 좋다. 트빌리시에서 마르쉬루트카를 타고 간다면(짐이 없는 당일치기의 경우) 시그나기 도착 전 보드베 이정표가 있는 삼거리에서 하차 후 다녀오는 방법도 있다.

입구 앞 주차장

조지아 정교회 수녀원으로 조지아 카헤티 지역의 시그나기에서 약 2.5km 거리에 위치하고 있으며 4세기 조지아에 기독교를 전파한 성녀 니노의 유해가 묻혀 있는 곳으로서 조지아 주요 성지 중의 하나이다. 성당은 9세기 이후에 건축되어진 것으로 알려져 있으며 17세기에 복원의 흔적이 남아 있다. 19세기 제정 러시아의 후원을 받기도 했으나 구소련 당시에는 수도원을 폐쇄하고 병원으로 사용되기도 했다고 한다. 1991년 구소련 해체 후 다시 수도원으로서의 기능을 회복했으며 대성당의 계속된 복원 작업은 지금까지도 이루어지고 있다. 산등성이 경사면에 커다란 계단식으로 꾸며 놓은 정원의 모습이 저 멀리 알라자니 평원과 코카서스산맥의 경관과 어울려 한 폭의 그림을 연상케 한다. 이 정원을 사이에 두고 전망대와 성당 사이에 있는 계단을 따라 내려가면 치유에 효과가 있다는 '니노의 샘'이 나온다(출발 시간이 정해져 있는 여행객이라면 이곳까지는 한참을 내려가야 하므로 다시 계단을 올라와야 한다는 것까지 염두해 두자). 수도원 입구로 들어서면 보이는 커다란 편백나무 숲이 인상적이다. 수도원 입구 주차장 옆으로는 작은 마트와 레스토랑 그리고 유료 화장실도 있다.

DAVID GAREJA
동굴 수도원, 다비드 가레자

다비드 가레자
David Gareja

트빌리시 남동쪽 70km 지점 광활한 황무지 지역에 넓게 펼쳐진 동굴 수도원으로 그 일부는 아제르바이잔과의 국경 분쟁이 아직도 끝나지 않은 지역이다. 다비드 가레자는 6세기경 조지아로 들어온 13명의 선교사 중의 한 명이었으며 그는 몇몇 수도사들과 이 지역에 동굴을 만들어 생활했다고 한다. 대부분이 13세기 이전에 만들어진 곳들이며 13세기 말 몽골의 침략, 17세기 페르시아에 의해 훼손되었으며 구소련 당시에는 폐쇄되고 소련군이 주둔하면서 사격 훈련장으로 사용하는 등 수난을 겪었다. 1991년 구소련으로부터 독립 이후 수도원으로서의 기능을 회복했다. 이곳은 종교적 목적의 순례객뿐만 아니라 트레킹 코스로도 인기가 많아 많은 외국 관광객들이 찾는 곳 중에 하나이다. 트레킹 코스 중 아제르바이잔 국경을 넘나드는 길은 특별한 경험이 될 것이다. 그리 힘든 코스는 아니지만 비가 오거나 햇볕이 강렬한 한여름은 피하는 게 좋다

오아시스 클럽

다비드 가레자를 가기 위해서는 한없이 황량한 초원 지대를 지난다. 끝날 것 같지 않은 도로는 한참을 가서야 자그마한 Udabno 마을을 지나게 된다. 이곳에 있는 오아시스 클럽은 여행자들에게 사막의 오아시스와도 같은 곳이어서 많은 외국 관광객들이 반드시 거쳐가는 곳이다. 입구에는 전세계에서 온 여행객들이 남기고간 명함판이 있으며 태극기도 꽂혀 있다. 커피, 맥주 등 음료 뿐만 아니라 식사도 할 수 있는 곳이어서 트레킹 후 허기진 배를 채우기에 안성맞춤이다. 주문 후 나눠주는 돌맹이 번호표가 인상적이다.

일반 대중교통 수단이 없어 투어 상품을 이용하거나 자유 광장 투어리스트 인포메이션 센터 옆 자그마한 푸시킨 광장 앞에서 매일 오전 11시(4월 중순~10월 중순)에 출발하는 셔틀버스를 타고 가야한다. 수도원 바로 앞 주차장에서 하차 후 3~4시간의 자유시간 후 돌아오는 일정이다. 보통의 경우 돌아오는 길에 오아시스 클럽을 들렸다 오기 때문에 오후 7시 전후로 트빌리시에 도착한다. 요금은 1인당 25라리.

Tip
렌터카
트빌리시에서 출발 시 네비게이션(구글 또는 맵스미)으로 이 수도원을 목적지로 했을 때 나오는 루트로는 갈 수 없으니 가급적 맵스미 지도 어플을 이용해 먼저 트빌리시~Sagarejo까지 목적지로 하고, 그곳에서 다시 Udabno 그리고 David Gareja를 목적지로 검색 후 가야한다.

트레킹 지도

- 주차장
- Lava 수도원
- David's Tears spring
- watchtower
- Udabno caves
- 트레킹 코스
- 국경선
- 예배당
- Gareji Monastery

Stepantsminda
스테판츠민다

트빌리시 북쪽으로 175km 떨어져 있으며 해발 1,700미터에 위치한 작은 산악 마을

마을 전체가 산으로 둘러 싸여 있으며 특히 세계의 명산 중 하나인 카즈벡이 자리잡고 있어 만년설의 풍광이 매우 아름다운 곳이다. 우리가 흔히 알고 있는 카즈베기라는 곳이지만 지도상에는 그 어디에도 카즈베기라고는 없고 스테판츠민다로 표시되어 있다. 이는 제정 러시아 당시 총독이었던 알렉산더 카즈베기가 자신의 이름을 붙여 카즈베기로 바뀌었으며 2006년에 본래의 지명인 스테판츠민다로 복원되었기 때문이다. 조지아 정교의 수도사였던 스테판의 이름에서 유래된 것으로 츠민다는 '성스러운'이라는 뜻이라고 한다. 만년설 카즈벡을 배경으로 마을 서쪽 해발 2,200미터에 위치한 게르게티 성당으로 오르는 트레킹 코스와 주변 주타 및 트루소밸리 트레킹 코스가 있어 조지아 여행 중 가장 많은 여행객이 방문하는 곳이다.

Stepantsminda IN & OUT
스테판츠민다 드나들기

카즈베기로 더 잘 알려진 스테판츠민다는 어느 지역에서 출발하든지 트빌리시 디두베를 거쳐야 한다. 특히 가는 길인 Military Highway(군사도로) 중간 중간 볼거리들이 많아 이동 수단을 결정할 때 잘 선택해야 한다.

01 마르쉬루트카

카즈베기로 가기 위해서는 트빌리시의 디두베에서 마르쉬루트카를 타야 한다. 조지아의 다른 도시에서 출발하더라도 반드시 트빌리시로 와서 카즈베기 행 마르쉬루트카를 타야함을 염두해 두고 일정을 잡아야 한다.

마르쉬루트카의 경우 출발 시간이 정해져 있다 하더라도 정시에 출발하는 경우는 거의 없고 일정 인원이 탑승해야 출발하는 형식이다. 어느 정도는 기다릴 각오를 해야만 한다. 가능한 일찍 디두베로 가는 것이 좋다. 소요시간은 2시간30분~3시간이며 요금 15라리(이 경우 가는 도중 뷰포인트 하차 없이 간다), 갈 때는 셰어 택시를 그리고 올 때는 정규 마르쉬루트카로 이동하는 것을 추천한다.

- 트빌리시 출발 : 08:00, 09:00, 10:00, 11:00, 12:00, 13:00, 14:30, 15:30, 17:00 ,18:00, 19:00
- 카즈베기 출발 : 07:00, 08:00, 09:00, 10:00, 11:00, 12:00, 13:30, 14:00, 15:30 ,17:00, 18:00

디두베

카즈베기

02 셰어 택시

디두베에는 정규 노선 마르쉬루트카 뿐만 아니라 셰어 택시 개념의 미니버스 및 택시도 종종 볼 수 있다. 사전에 동행을 구하거나 디두베에 도착하면 호객 행위하는 운전기사들이 일행을 구해 주기도 한다.
셰어 택시의 경우 가는 도중에 3~4곳의 뷰포인트를 들렸다가는 조건인 만큼 요금도 마르쉬루트카 보다는 조금 비싼 35~40라리 정도를 요구한다. 만약 일행을 구하지 못했다면 150~200라리(흥정에 따라 가격이 결정)에 갈 수 있다.

03 렌터카

렌터카가 있다면 가는 길이 한결 수월해진다. 시간에 구애 받지 않을 뿐 아니라 대부분의 여행객이 카즈베기를 가기 때문에 사전에 부분 동행자를 구한다면 조금이나마 경비도 셰어할 수 있다. 또한 가는 길에 므츠헤타와 즈바리 수도원을 들렸다 가는 일정으로 하면 그만큼 시간과 경비를 절약할 수 있다.

스테판츠민다

카즈벡산 Mt. Kazbek

높이 5,047m의 카즈벡은 흑해에서 카스피해까지 북서에서 남동으로 뻗은 코카서스산맥의 중앙부에 위치해 있으며 코카서스산맥에서는 일곱 번째 고봉으로 조지아에서는 Shkhara(5,193m), Janga(5,051m)에 이어 세 번째로 높은 산이다. 두꺼운 빙하로 뒤덮힌 성층화산인 카즈벡은 조지아어로는 '얼음산'을 뜻하며, 코카서스에서도 가장 아름다운 산으로 평가받는다. 1868년 영국 산악인 더글러스 프레시필드가 최초로 등정에 성공한 것으로 알려져 있다. 또한 카즈벡은 그리스 신화에 나오는 프로메테우스의 전설로도 많이 알려진 곳이다. 제우스를 속여 꺼지지 않는 불을 훔쳐 인간에게 주자 인간을 벌하기 위해 최초의 여자인 판도라를 만들어 그의 동생인 에피메테우스에게 보내고 그녀를 아내로 맞이하게 됨으로써 '판도라의 상자' 사건이 발생하여 인류에게 재앙이 찾아오게 된다. 예언 능력을 갖춘 프로메테우스는 제우스가 자신의 미래를 묻자 거부하였고 이에 분노한 제우스는 카즈벡산에 쇠사슬로 묶어 독수리에게 간을 쪼아 먹게 하였다고 한다. 프로메테우스는 헤라클레스가 독수리를 죽이고 그를 구해줄 때까지 3천 년 동안 이곳에 묶여 있었다고 한다.

게르게티 트리니티 교회
Gergeti Trinity Church

차를 타면 15분이면 올라 갈 수 있는 곳이지만 많은 여행객들은 이곳에서 트레킹을 즐긴다. 심지어 카즈벡까지 베이스캠프를 두고 다녀오는 전문 트레커들도 종종 볼 수 있다. 게르게티 성당까지는 왕복 3시간이 소요되며 올라가서 적어도 1시간 이상 체류하게 되므로 5시간 정도는 예상해야 한다. 게르게티 성당에서 바라보는 주변 풍광도 절경이지만 걸어 올라가면서 중간 중간 바라보는 스테판츠민다 마을과 시시각각 변화하는 카즈벡의 모습을 보며 정상에 도달했다는 성취감 때문에 트레킹을 선호한다. 스테판츠민다 마을 중심에서 게르게티 성당 쪽을 바라보고 다리를 건너 일정 시간 포장도로를 따라 걷다가 본격적인 트레킹이 시작된다. 올라가는 길은 곧바로 직선으로 난 곳으로 가기보다는 조금 시간이 더 걸리더라도 옆으로 돌아가는 길을 선택하는게 좋다. 그렇다 하더라도 계속해서 2시간 가량 오르막길을 오르는 일이 결코 쉬운 일은 아니다.

츠민다 사메바 교회(Tsminda Sameba Church)로도 불리는 이 교회의 정식 명칭은 게르게티 트리니티 교회(Gergeti trinity church 게르게티 성삼위일체 교회)이다. 코카서스산맥의 봉우리 중 최고의 절경을 자랑하는 카즈벡을 배경으로 한 모습은 조지아를 대표하는 모습으로도 많이 알려진 곳이다. 14세기에 세워진 것으로 알려진 이 교회는 해발 2,200m에 위치해 있으며 게르게티는 산 아랫마을의 이름에서 따온 것이라 한다. 교회 옆에 있는 벨 타워 또한 동시대에 지어진 것으로 알려져 있으며 돔 모양의 꾸뻘 형태 지붕이 특징이다. 예전 전쟁이나 국가적 재난 시에는 성 니노의 십자가와 같은 조지아의 귀중한 유물들을 이곳에 보관을 했었다고 한다. 그만큼 조지아인들에게 이곳은 성스러운 정신적 고향 같은 곳이라고 여겨져 지금도 많은 이들이 방문하는 곳이다. 이곳에서 바라보는 스테판츠민다 마을과 만년설 카즈벡을 보고 있노라면 왜 이곳이 조지아 최고의 여행지로 각광받는지 알 수 있다.

STEPANTSMINDA 스테판츠민다

🚶 렌터카 또는 셰어 택시

최근에 정상까지 도로가 개통되어 지금은 일반 렌터카 차량(SUV)으로도 쉽게 올라 갈 수 있게 되었다. 정규 노선 차량은 없으며 셰어 택시(봉고형 미니버스)로도 쉽게 다녀 올 수 있다. 이 경우 정상에서 40분 정도의 시간만 주어지는데 주변 경관을 다 즐기기에는 조금 아쉬운 시간이다. 1시간 이상의 체류 시간이 주어지지 않는다면 올라갈 때만 이용하고 내려올 때는 하이킹하면서 내려오는 것도 좋은 방법이다.

요금은 시즌에 따라 그리고 흥정하기 나름이다. 보통 셰어의 경우 1인 30라리이며 차량 1대당 120라리가 보통이다.

카즈베기 이모저모

VISITOR CENTER
2018년 새롭게 오픈한 곳으로 카즈베기 국립공원 내의 인포메이션 센터 역할을 하고 있다. 트빌리시행 버스정류장 바로 뒤 건물이다.

트빌리시 행 버스정류장
성수기에는 미리 표를 구입하거나 30분 정도 일찍 도착해야 원하는 시간에 떠날 수 있다.

알렉산더 카즈베기(1848~1893) 동상
버스정류장 바로 맞은편에 있는 동상이 바로 카즈베기 동상이다.

카페 AWTOBUS
빨간색 버스를 개조해 카페로 사용하고 있는 곳으로 항상 배낭여행객들로 붐비는 곳이다. 버스 밖 야외 테이블도 인상적이다.

환전소
몇몇 사설 환전소들이 있지만 환율이 좋지 않으니 다른 도시에서 미리 환전을 해오는 것이 좋다.

슈퍼마켓
다른 곳에 비해 슈퍼마켓이 그리 많은 편은 아니다. 여행객들은 최근에 생긴 SKA 마켓 덕에 쇼핑이 용이해졌다.

누구나 한 번쯤은 묵고 싶은 곳!
Rooms Hotel

룸스 호텔은 조지아의 독립적인 라이프 스타일을 추구하는 호텔 브랜드로 이 지역을 찾는 전세계 여행객들에게 호평을 받고 있다. 카즈베기는 룸스 호텔에 숙박하기 위해 간다는 말이 있을 정도로 이곳에서는 가장 좋은 시설을 갖추고 있을뿐 아니라 이곳에서 바라보는 게르게티 성당과 카즈벡산의 경치가 아름답기로도 유명하다. 사우나, 수영장을 비롯 카지노 등 훌륭한 부대시설 뿐만 아니라 제공되는 조식 또한 훌륭하다. 하지만 1박에 20만 원 이상하는 가격은 선뜻 예약하기가 쉽지 않다. 훌륭한 뷰를 제공하는 저렴한 숙박 업체들도 많으니 외부인에게도 개방되는 1층 로비와 야외 테라스에서 한끼 식사를 하며 룸스 호텔을 즐겨보는 것도 좋은 방법 중에 하나이다. 주머니 사정이 가벼운 여행자에게는 클럽 샌드위치 하나만으로도 충분하다. 스테이크 주문 시에는 고기 굽는 정도를 평상 시보다 한 단계 낮춰 주문하는 게 좋다. 또한 사이드 메뉴를 따로 주문하지 않는 한 정말로 스테이크만 나오니 이를 염두하고 주문하자. 마을 제일 높은 곳에 위치해 있어 정류장에서 걸어 가기에는 좀 부담스러운 곳이다. 하지만 여러 단점에도 불구하고 아침에 객실 베란다에서 바라보는 만년설 카즈벡을 배경으로 한 게르게티 성당의 모습은 한 폭의 그림을 연상케 해 숙박료가 아깝지 않다는 생각을 할 수도 있다.

1 V.Gorgasali Str., Kazbegi   roomshotels.com/kazbegi

+995 32 271 00 99 / Whatsapp : +995 577 37 77 99

GEORGIAN MILITARY HIGHWAY
카즈베기 가는 길, 군사도로

조지아 북쪽 국경 넘어 러시아의 블라디카프카즈에서 시작되는 군사도로로 트빌리시 인근까지 약 210km에 달한다. 세계에서 가장 아름다운 산악 도로로 묘사될 만큼 멋진 풍광을 자랑한다. 제정 러시아 당시 군사적 목적으로 병력의 이동을 위해 건설되었으며, 현재는 아르메니아를 비롯한 인근 국가들의 대 러시아 교역 물류 이동의 중요 역할을 하고 있다.

1 Ananuri

트빌리시 북쪽 70km 떨어진 곳에 위치한 아나누리에는 진발리 저수지와 어우러져 멋진 풍광을 자랑하는 자그마한 성이 있다. 아나누리성은 13세기부터 이 지역을 통치했던 Aragvi 영주의 성이었다고 한다. 여름이면 빙하가 녹아 진발리 저수지로 유입된 물이 에메랄드 빛으로 매우 아름답다. 17세기에 세워진 두개의 교회가 있으며 현재 일반인에게 공개된 성모 승천 교회 내부에는 훼손된 프레스코화 일부만이 남아 있으나 교회 외벽에는 각기 다른 독특한 십자가의 부조가 선명히 보존되어 있다.

2 Black and white Aragvi

코카서스산맥에서 흘러 내려온 두 갈래의 물 줄기가 Pasanuri 인근에서 합류해 Aragvi강을 형성하는데 이 두 물줄기가 서로 다른(Black and White) 빛을 보여 주는 특이한 곳이다. 카즈베기로 향하는 도로 우측에 있으며 어느 정도의 주차 공간이 있으니 들려 볼만한 곳 중 하나이다.

3 Gudauri

코카서스 산악 지역이 본격적으로 시작되는 지역으로 스키장이 있어 최근 각광받는 지역이다.
리조트 등 다양한 호텔들이 신축되고 있어 이곳에 숙박을 하며 카즈베기를 다녀오는 여행객들도 있다. 스키 시즌은 12월부터 다음 해 4월까지이며 007 영화 중 헬리 스키장면이 이곳에서 촬영되기도 했다.

4 Georgia-Russia Friendship Monument

구다우리 리조트 지역을 지나 조금만 가다 보면 해발 2,200미터에 위치한 조지아&러시아 친선 기념 모자이크 전망대가 있다.
이 구조물 내 모자이크는 조지아와 러시아의 역사와 미래를 화려한 타일 모자이크로 표현한 것이다. 이곳 주변 풍광이 좋아 패러세일링 하는 모습을 자주 볼 수 있다.

5 Jvari pass 2,395 미터

군사도로에서 가장 높은 곳인 해발 2,395미터의 Jvari pass. 위치를 정확히 알고 가지 않으면 그냥 지나치기 쉬운 곳이다.

6 Travertine rock

Jvari pass를 지나 내려 가다보면 좌측으로 커다란 황토색 커다란 바위가 나오는데 이곳은 코카서스 산악 지역에서 내려오는 미네랄 워터가 흐르는 Narzan spring 지역이다. 급커브 경사 길이라 주의가 필요하다.

7 Kazbegi

좌우로 펼쳐진 산악 지대를 지나 평지로 접어들어 오른쪽으로 주타 입구를 지나면 저 멀리 마을이 보이고 좌측으로 동상이 보이면 이곳이 마을 중심지이다.

THEME VISIT MUST

때 묻지 않은 대자연, 주타 & 트루소 트레킹
JUTA & TRUSO

주타 & 트루소 트레킹 어디가 좋아요?

주타와 트루소 어디를 갈것인가? 많은 여행객들이 카즈베기 여행 시 한 번쯤은 고민해 봤을 것이다. 사실 어디가 더 좋다고 단정지을 수는 없다. 가는 시기와 그날의 날씨, 컨디션이 복잡하게 작용하기 때문이다. 5월 중순 이후부터 가능하지만 5월에도 아직 일부 트레킹 구간은 눈이 덮여 있을 확률이 많다. 6월부터는 본격적인 트레킹이 가능하며 7, 8월에 한낮은 기온도 높고 햇살이 강렬해서 오랜 시간의 트레킹이 힘들 수 있다. 시기적으로는 6, 9, 10월이 트레킹 하기에는 가장 좋은 시즌이다. 두 곳 모두 4~6시간 정도의 코스로 누구든지 어렵지 않게 조지아의 자연을 즐길 수 있다.

미니 버스
- 시간　　　　　출발 09:30 리턴 16:00
　　　　　　　출발 11:00 리턴 18:30
- 최소 출발인원　3명 최대 7명
- 요금　　　　　30라리/1인당

※ 택시로 간다면 정말 흥정하기 나름이다. 120라리 내외/대당

Tip

- 트루소의 경우 케트리시에서 하차할 경우 150~200라리/대당 (기다려 주는 시간에 따라 요금이 달라질 수 있다.)
- 렌터카는 SUV차량이어야 하며 대부분 비포장 도로이기에 운전 시 주의해야 한다. 특히 주타의 경우 마지막 20분 정도는 가드레일이 없는 낭떠러지 구간을 지나야 하므로 특히 조심해야 한다.
- 트루소 트레킹 중간에 아무것도 없으므로 물, 초콜릿, 바나나 등 먹거리 준비는 필수.
- 모자, 선글라스는 필수이며 계절에 맞는 옷을 준비해야 하지만 여름에도 얇은 긴팔은 필수.
- 신발은 전문가용 트레킹화까지는 아니더라도 운동화보다는 가벼운 트레킹화면 더 좋다.
- 주타의 경우 5월 말까지도 일부 구간은 눈이 녹지 않은 상태여서 복장에 신경을 써야 한다.
- 일행 없이 혼자 간다면 같은 차량을 타고 간 여행객과 보조를 맞춰 같이 다녀오는 게 좋다.

TREKKING 1

주타

차는 도로가 끝나는 곳까지 가서 정차할 수 있으며 인포메이션에서 예약 후 타고 온 차도 이곳에 내려주고 돌아 올때도 다시 내린 곳에서 탑승한다. 트레킹이 시작되는 이곳에서 출발 처음 20분 정도는 오르막이나 그 다음부터는 평지라서 5th season까지는 1시간이면 충분히 갈 수 있다. 이곳에서 바라보는 풍경이 가장 좋다고 할 수 있는데 해먹에 몸을 맡기고 잠시 쉬어가자. 이곳부터 차우키산(해발 3,700미터)을 바라보며 호수까지 갔다 돌아오는 게 일반적이다. 주타는 트루소와 달리 딱히 끝이 없어 본인의 체력에 맞게 시간에 맞춰 갔다오는 코스이다. 호수까지 간다면 왕복 3시간 반~4시간은 예상해야 한다.

TREKKING 2

트루소

카즈베기를 출발해서 우회전 15분 정도 비포장 도로를 달리다 다리 앞 황량한 벌판에 세워준다. 이곳부터 왕복 20km가 넘는 거리이며 계속되는 평지에 지루하게 느껴질 수도 있으나 힘든 구간이 없다는 장점도 있다. 중간 중간 차도를 따라 걸어야 해서 먼지를 뒤집어 쓸 것을 각오해야 한다. 트루소 밸리의 트레킹 코스의 끝은 자카고리 요새가 있는 곳이며 현재 분쟁 지역인 남오세티야와의 국경이 저 멀리 보이는 곳이어서 더 이상 갈 수 없는 지역이다. 인포메이션에서 신청한 미니버스가 아닌 개별적으로 차를 빌린 경우 다리 앞에 하차하지 말고 한참 더 비포장도로를 달려 케트리시의 적당한 지점에 하차 후 아바노를 거쳐 자카고리까지 다녀오는 일정도 고려해 볼 만하다.

Truso

Mestia
메스티아

조지아 북서부 Upper Svaneti 지역의 중심 도시인 메스티아는 조지아의 스위스로 불리는 지역으로 해발 1,400m에 위치한 작은 마을이다.

코카서스 지역에서도 오랜 기간 고립 상태로 보존되어 온 이 지역에는 1,000년 전 전쟁에 대비해 만들어진 '코쉬키'라 불리는 탑형 주택들이 잘 보존되어 있을 뿐 아니라 Ushba(4,710m), Tetnuldi(4,858m)등 4천 미터 이상의 고봉들로 둘러 싸여 있어 수려한 산악 경관을 자랑한다. 트빌리시에서 가장 멀리 떨어진 지역 중 하나로 교통편이 수월하지 않지만 관광 인포메이션 센터를 비롯 경찰서, 약국, 은행, 식당, 슈퍼마켓 그리고 수많은 게스트하우스들 등 편의시설이 잘 갖추어져 있는 편이다. 또한 수려한 경관을 즐길 수 있는 다양한 트레킹 코스들이 있어 최근에는 짧은 일정의 여행객들도 최우선 여행지로 선택, 이곳을 방문하려는 한국 여행객이 급속도로 증가하는 추세에 있다.

Mestia IN & OUT
메스티아 드나들기

트빌리시에서 가장 멀리 떨어져 있지만 비행기를 이용한다면 그리 멀게만 느껴지진 않는 곳.
자신의 일정과 예산에 맞춰 항공과 기차, 마르쉬루트카 등 다양한 교통수단을 이용해 일정을 계획해 보자.

01 기차 + 마르쉬루트카

메스티아로 가는 방법 중 가장 많은 여행객이 선호하는 것은 트리빌리시에서 열차를 타고 주그디디에 하차 후 마르쉬루트카를 타고 이동하는 방법이다.

- 2025년 1월 기준 매일 1회 주간열차만 운행중
- 열차 출/도착 시간
  트빌리시 출발 08:20 - 주그디디 도착 15:08 (요금 2등석 기준 16라리)
  주그디디 출발 16:55 - 트빌리시 도착 23:37 (요금 2등석 기준 16라리)

※ 1등석은 2등석에 비해 좀 더 편안하고 쾌적하다. 1등석은 28라리, 비즈니스석은 43라리이지만 좌석의 큰 차이가 없으니 굳이 비즈니스석을 선택할 이유가 없다.

❶ 트빌리시 중앙역에서 주그디디행 열차 탑승

❷ 주그디디 역 하차

tip 이곳에 내리는 대부분의 승객은 메스티아로 가는 여행객이다. 도착하기 전 열차 내에서 동행을 구해보자. 4명 이상만 되면 택시나 7인승 승합차 기사와 가격을 결정하고 갈 수도 있다.

❸ 메스티아 행 마르쉬루트카 탑승

tip 열차에서 내리면 손님을 기다리는 택시와 마르쉬루트카 기사들의 호객행위에 현혹되지 말 것. 일단 차량들이 주차되어 있는 곳으로 가서 차량 상태 및 동승하게 될 여행자들과 얘기를 나눈 후 탑승 차량을 결정하자.

❹ 메스티아 도착

02 마르쉬루트카

트빌리시에서 기차나 비행기가 아닌 마르쉬루트카를 타고 갈 수도 있다. 트빌리시가 아닌 쿠타이시 또는 바투미의 경우 다른 대안 없이 마르쉬루트카를 타야한다. 메스티아에서 우쉬굴리를 포함, 다른 도시로 가는 버스 티켓은 하루 전에 미리 구입해 두는 것이 좋다. 매표소가 따로 있는 것은 아니라 Bus Ticket이라고 써 붙인 곳들에서 구입할 수 있다.

tip 시간을 절약하기 위해서는 주간에 이동해야 하는 마르쉬루트카보다는 트빌리시↔주그디디 구간을 야간으로 이동하는 44인승 대형버스를 이용하는 것도 고려해 볼만하다. 요금도 30라리로 저렴하며 인터넷으로 예약 및 좌석 지정이 가능하다.
예약 사이트 https://omnibusexpress.ge

03 항공

짧은 일정에 메스티아를 방문하기란 쉽지 않다. 하지만 비행기를 이용한다면 한 번쯤 고려해 볼 만하다. 비행 시간 50분에 가격도 편도 90라리로 저렴하며, 무엇보다 코카서스산맥의 절경을 하늘 위에서 볼 수 있다는 큰 매력이 있다.

바닐라 스카이라는 항공사가 트빌리시-메스티아 구간을 운항하고 있으나, 15명 정원인 이 비행기를 예약하기가 그리 쉽지 않을 뿐만 아니라 어렵사리 티켓을 구입했더라도 기상조건에 따라 취소되는 경우가 자주 있다. 트빌리시에서 출발 시 공항은 므츠헤타 인근 Natakhtari이므로 출발지 선택 시 Tbilisi가 아닌 Natakhtari로 해야 한다. 출발 시간으로 부터 2시간 전에 트빌리시의 루스타벨리 지하철역 맞은편 빅바이시클 앞에서 무료 셔틀을 이용할 수 있다. 메스티아 공항은 중심지로부터 2.5Km 떨어져 있어 택시를 이용해야 한다. 도보로 30분 소요. 메스티아의 일부 숙소에서는 왕복 무료 공항 픽업 서비스를 제공하고 있으니 숙소 선택 시 미리 체크해 두자.

바닐라 스카이 항공 예약하기

① 온라인으로 예약하기
www.vanillasky.ge 편도 90라리
※ 예약 시 회원가입 로그인 필요 없음 / 날짜 및 이름 변경 불가 / 기상악화 취소 시 결제된 카드로 30일 이내 환불 (3.5% 제외) / 성비수기에 따라 주 4~6회 운항 / 통상 3개월 내 예약 가능 / 결제는 비자 또는 마스터카드만 가능 / 결제가 완료되면 이메일로 티켓 수령 / 스케줄 확인은 페이스북 통해서만 가능 (www.facebook.com/Vanillasky.ge)
※ 빅바이시클 앞에서 무료 셔틀 운행 (체크인 시간 45분 전 출발)

② 현지에서 예약하기
트빌리시 시내 'Vanilla Sky' 사무실 찾아가기
📍 Vazha-Pshavela Ave. 5 +995 599 65 90 99
🕐 월~금 10:00~18:00 / 토 10:00~13:00 일요일
※ 사무실이 아닌 현지 여행사에서 수수료 30라리를 받고 대행해 주는 곳도 있다.

바닐라 스카이 항공 여정

빅바이시클

빅바이시클 앞에서 무료 셔틀 탑승 (출발 2시간 전)

Natakhtari 공항 도착 (트빌리시에서 약 50분 소요)

비행기 탑승

기내에서 바라본 모습

메스티아 공항 도착

메스티아

- 공항
- Mikheil Khergiani Museum House
- 삼자가 전망대 쿠룰디 온수 가는 길
- Margiani's House Museum
- Khergiani Tower
- 4 Season
- Svan House
- Rea Desert Cafe
- 은행
- Ushba Pub & Cinema DEDE
- Elite
- Tetnuldi Tower
- 과일 야채 가게
- Bus station
- Bus ticket
- Sana GH
- Bread Puri
- Bus ticket
- ERTI KAVA
- 박물관
- Cafe Panorama
- 인포메이션
- Seti 광장
- 로자스 GH
- Inga GH
- Barbara GH
- Ailama
- 경찰서
- City Hall
- Chalet Mestia
- 통신사 Beeline
- 은행
- Cafe Laila
- Zugdidi Jvari Mestia Lasdili
- 리프트 하차
- 두번째 리프트 타는곳
- 첫번째 리프트 타는곳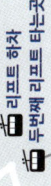
- 하츠발리 전망대

Mestia Attractions

세티 광장 주변
Seti

메스티아의 중심이라 할 수 있는 Seti 광장 주변에는 인포메이션 센터를 비롯 버스 정류장과 식당, 카페 등 편의시설이 모여 있어 항상 오고 가는 여행객들로 분주한 곳이다. 마르쉬루트카를 타고 이곳에 처음 내리는 여행객들은 그동안 보지 못했던 새로운 마을 풍경에 감탄할 뿐만 아니라 카즈베기보다 더 먼 오지임에도 불구하고 훨씬 더 깔끔하고 세련된 모습에 의아해 할 것이다. 버스 정류장에서 Seti 광장으로 들어서면 한 가운데 타마라 여왕의 동상이 보이며 동상 뒷편으로는 투어리스트 인포메이션 센터 그리고 그 옆으로는 이곳에서 맛집으로 가장 유명한 Laila 식당도 보인다. 이곳 인포메이션 센터에서는 주변 트레킹 코스에 대한 지도는 물론 각종 정보를 얻을 수 있다. 우측 한쪽에 두 개의 현대식 건물이 나란히 있는데 왼쪽은 시청사이고 오른쪽은 경찰서 건물이다. 또한 주변에는 환전소도 많이 있는데 환율이 나쁘지 않은 편이다. 이 마을 대다수의 집들은 게스트하우스를 운영하고 있다고 생각될 만큼 수많은 게스트하우스들이 있다. 광장을 중심으로 대부분 도보 10분 이내이며 20분을 넘어가지 않는다. 다만 왼쪽으로는 약간 오르막길에 비포장 도로여서 무거운 캐리어인 경우 감안해서 숙소 선택을 하는 것이 좋다.

코쉬키 Koshki

스바네티 지역에 있는 탑이라하여 스반타워(Svan Tower)라고도 불리는 코쉬키는 돌로 쌓아 올린 탑형 주택이다. 이곳 메스티아를 찾는 이유도 바로 우쉬굴리와 함께 옹기종기 모여있는 수많은 코쉬키가 주변의 해발 4천 미터 이상의 만년설 고봉들로 둘러 싸여 있어 특이한 마을 풍경을 보여주기 때문일 것이다. 1996년 유네스코는 이러한 코쉬키 마을을 이루고 있는 Upper Svaneti 지역을 세계문화유산으로 지정했다. 1,000년 전 외세 침입으로 부터 방어의 목적으로 지어진 것으로 알려진 코쉬키는 그 크기는 조금씩 차이가 있으나 보통 10미터 이상이며 4~5층 구조로 되어 있다. 1층은 가축 우리로 사용했으며, 2층과 3층에 거주하고 4층과 5층은 무기들을 보관하거나 적들을 살피는 망루로 사용되었다고 한다. 위로 한층 한층 올라갈수록 조금씩 좁아지는 형태로 오를 때는 계단이 아닌 사다리를 이용한다. 메스티아에서도 몇몇 코쉬키는 망루까지 올라 갈 수 있도록 개방되어 있다. 시내 중심에서 가장 가까운 곳으로 Khergiani Tower가 있으며 조금 위쪽에 박물관으로 운영되고 있는 Margiani's house Museum이 있다. Khergiani Tower(요금 2라리) 내부는 비어 있긴 하나 망루까지 올라 바라보는 주변 경관이 일품이다. 올라가는 사다리 경사가 높고 통로가 좁으니 조심해야 한다. Margiani's house Museum은 한 때 메스티아에서 영향력 있는 인물이었던 Margiani의 집으로 현재도 4개의 타워를 소유하고 있다고 한다. 당시의 일부 생활상을 엿볼 수 있는 박물관 전시실도 함께 볼 수있다(10:00~18:00).

Margiani's house Museum

Khergiani Tower

스바네티 박물관
Svaneti Museum

- A. Loseliani 7, Mestia
- +995 322 99 71 76
- 10:00~18:00
- 매주 월요일
- 20라리

1936년에 개관한 이 박물관은 2013년 지금의 현대적인 모습으로 재건축된 것이다. 전시실에는 기원전 3세기부터 이 지역에서 출토된 유물들이 시대순으로 전시되어 있다. 13세기 조지아의 문화 황금기를 이끌었던 타마르 여왕 당시 금은 보석 장신구들과 아이콘들이 눈길을 끈다. 그리 규모가 크지 않아 둘러보는데는 오랜 시간이 걸리지 않는다. 사실 이 박물관을 찾는데는 메스티아 어디에서도 볼 수 없는 뷰포인트가 바로 박물관 건물 옥상에 있기 때문이다. 박물관 건물 입구 왼쪽으로 돌아가면 철제 계단을 통해 옥상 정원으로 올라갈 수 있다. 또한 박물관 내 로비 한 쪽에 마련된 넓직하고 안락한 소파에서 유리창을 통해 바라보는 모습 또한 한 폭의 액자를 연상케 한다. 와이파이도 무료로 사용 할 수 있어 하츠발리 전망대에서 내려오는 길에 들려 쉬었다 가기 좋은 곳이다.

2층 옥상 (2024.8 현재 폐쇄)

MESTIA 메스티아

하츠발리
Hatsvali

- 리프트 운행 11:00~17:00
- 왕복 성인 25라리/어린이 20라리

현재 메스티아에서 가장 편하게 주변 경관을 즐길 수 있는 곳으로 모든 여행객들이 반드시 들리는 곳이다. 얼마 전 마을에서 가까운 곳에 새로 생긴 리프트가 운행하기 전까지는 현재 두 번째 리프트까지 1시간 반 이상을 걸어가거나 택시를 이용해야만 했다. 겨울철 스키장으로 유명한 이곳은 스키 시즌이 끝나면 리프트를 타고 Zuruldi 전망대까지 수월하게 갈 수 있을 뿐만 아니라 전망대에 오르면 360도 파노라마처럼 펼쳐진 수려한 경관은 잠시나마 모든 것을 잊게 만든다. 야외테라스에 앉아 우쉬바 산을 바라보며 마시는 커피 한잔은 더욱 더 맛있게 느껴진다. 특히 내려올 때 우쉬바 산을 배경으로 스반타워(코쉬키)가 즐비한 마을 모습은 그 어디에서도 볼 수 없는 풍경이다. 리프트를 타고 정상까지 올라오는 시간만도 1시간 가량 소요되기 때문에 운행 시간을 감안한다면 늦어도 오후 3시 이전에 출발하는 게 좋다. 또한 우천이나 강풍 등 날씨에 따라 리프트 운행이 중단되는 경우도 있으니 사전에 인포메이션 센터에 문의 후 출발 하자.

마을 중심에서 Seti 광장으로 들어가지 말고 왼쪽 길로 걷다가 두 번의 다리를 건너면 박물관이 보인다. 박물관을 지나 조금만 더 걷다 보면 우측 언덕 위에 리프트 승강장이 보인다. 이곳에서 표를 구입 후 첫 번째 리프트를 타고 올라가 하차한 후 오른쪽으로 2분 정도 걸으면 두 번째 리프트 탑승장이 나온다. 처음 구입한 표를 제시하고 전망대가 있는 곳까지 갈 수 있다.

코룰디 호수 트레킹
Koruldi Lakes Trekking

🎧 Zaza +995 598 39 96 96 WhatsApp 으로 연락 가능

델리카 운전사 Zaza

준비물 물, 초콜릿, 바나나 등 간식, 트레킹화, 스틱(선택사항), 모자, 선글라스, 보조배터리

메스티아에서 우쉬굴리를 다녀오고도 시간적 여유가 있다면 당연히 코룰디 호수를 추천한다. 메스티아가 해발 1,400미터에 위치한 마을이라면 코룰디 호수는 해발 2,700미터 우쉬바 산 아래에 위치해 있다. 어느 계절에 가느냐와 날씨에 따라 호수의 모습에는 다소 호불호가 있을 수 있다. 하지만 중간 난이도의 코스인 만큼 호수에 도착해서 눈 아래 펼쳐진 주변 경관을 바라보고 있노라면 뿌듯한 마음까지 들게 하는 곳이다. 총 8~9시간이 소요되는 만큼 체력에 자신이 없다면 차량을 이용해서 호수 근처까지 가는 방법도 있으니 너무 이른 포기는 금물. 전 구간 트레킹으로 다녀 올 계획이라면 가급적 아침 일찍 출발하는게 좋다. 일단 1차 목표 지점은 십자가 전망대까지이다. 마을에서도 산위의 십자가가 보일 정도로 가까워 보이지만 경사가 있어 가는데만 2시간 이상 소요된다. 코쉬키 마을을 벗어나면 12시 방향으로 곧바로 올라가는 코스와 오른쪽으로 돌아가는 코스와 만나게 된다(MAPS ME 어플 유용). 대부분의 트레킹족들은 시간이 조금 더 걸리더라도 도로와의 만남이 반복되는 오른쪽 방향으로 간다. 십자가 전망대에서 내려다 보는 메스티아 마을 풍경만으로도 이곳까지 올라온 보람을 느끼게 할 것이다. 그 다음부터는 약간 오르막일 뿐 어려운 코스는 아니지만 마지막 1시간 가량은 체력 소모가 가장 많은 구간이다. 만약 체력적으로 부담이 되고 일행이 있다면 십자가 전망대까지 셰어 택시(미니밴 형태)를 이용하고 그곳에서부터 호수까지 다녀오는 방법도 있다(택시 요금은 전망대까지 200라리/1대당, 그리고 호수 근처까지는 250라리/1대당 정도 예상).

십자가 전망대

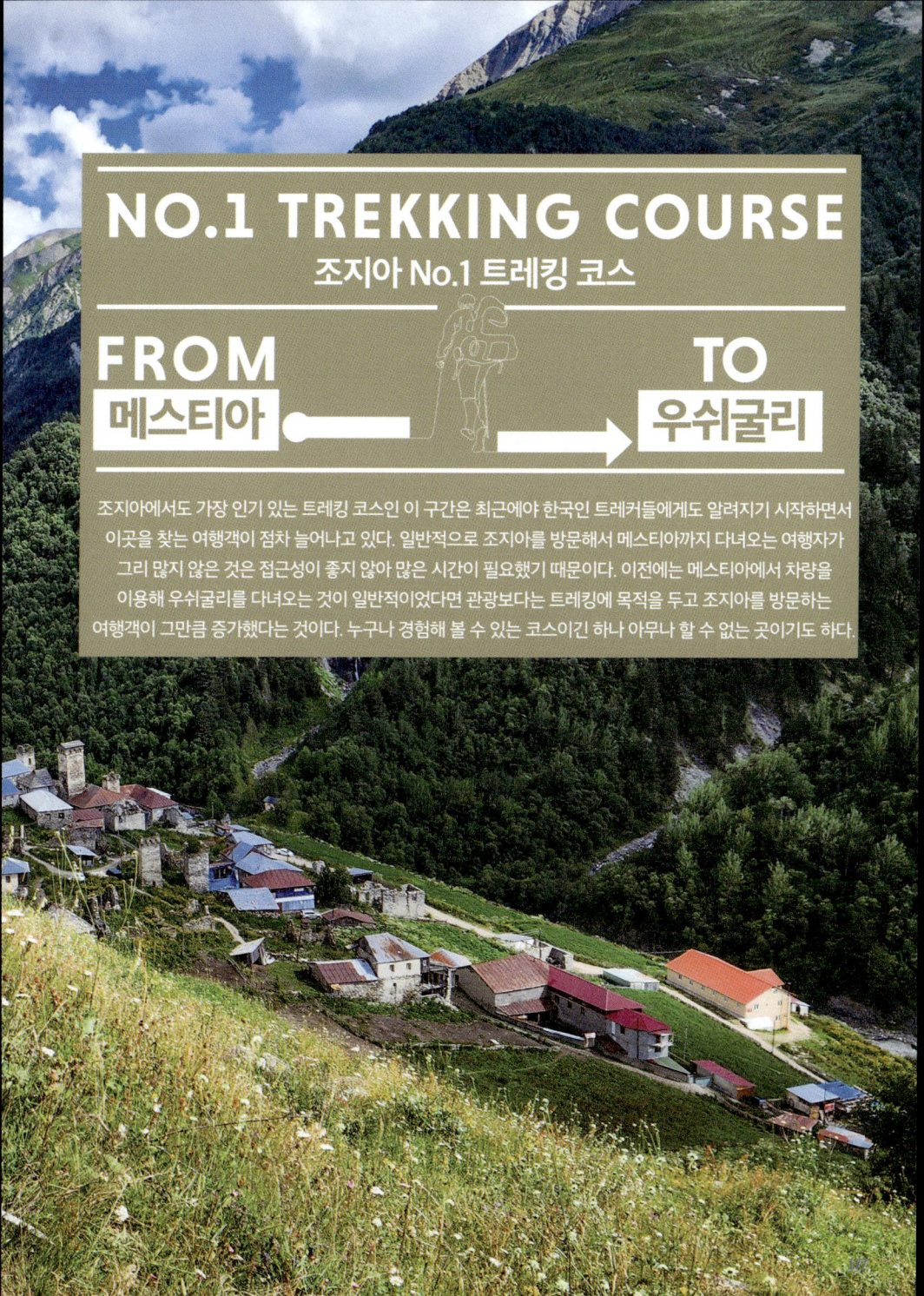

NO.1 TREKKING COURSE
조지아 No.1 트레킹 코스

FROM 메스티아 → **TO** 우쉬굴리

조지아에서도 가장 인기 있는 트레킹 코스인 이 구간은 최근에야 한국인 트레커들에게도 알려지기 시작하면서 이곳을 찾는 여행객이 점차 늘어나고 있다. 일반적으로 조지아를 방문해서 메스티아까지 다녀오는 여행자가 그리 많지 않은 것은 접근성이 좋지 않아 많은 시간이 필요했기 때문이다. 이전에는 메스티아에서 차량을 이용해 우쉬굴리를 다녀오는 것이 일반적이었다면 관광보다는 트레킹에 목적을 두고 조지아를 방문하는 여행객이 그만큼 증가했다는 것이다. 누구나 경험해 볼 수 있는 코스이긴 하나 아무나 할 수 없는 곳이기도 하다.

아디쉬

기간 3일 ~ 5일

가장 일반적인 코스는 3박 4일로 메스티아를 출발해서 자베시-아디시-이프라리(또는 칼데)에서 1박씩하며 우쉬굴리에 도착하는 코스이다. 우쉬굴리에서 쉬카라 빙하까지 다녀온다면 하루가 더 필요하다. 만약 완주가 목적이 아니거나 시간이 부족하다면 첫날 메스티아에서 자베시까지 차량으로 이동 후(25분 소요) 자베시-아디시(숙박) 구간과 아디시-칼데 구간 트레킹 후 칼데에서 우쉬굴리까지 차량으로 이동(25분 소요) 우쉬굴리에서 숙박하는 방법도 가능하다.

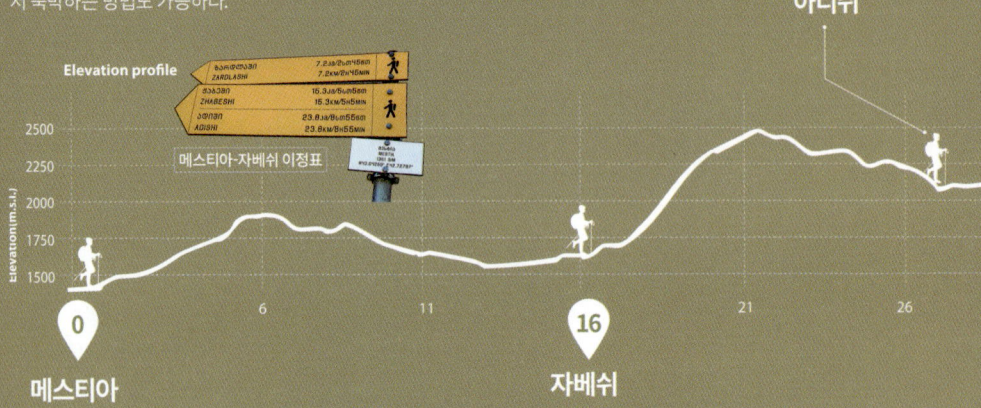

메스티아-자베쉬 이정표

0 메스티아 — 16 자베쉬 — 27 아디쉬

메스티아

자베쉬

시기 | 6월~9월이 가장 좋은 시기

이 구간은 5월부터 10월까지 가능하나 5월과 10월의 경우 일부 구간은 눈이 남아 있어 피하는 게 좋다. 일반적으로 6월~9월이 가장 좋은 시기라고 할 수 있다.

숙소 및 식사 | 대부분 게스트하우스를 이용

트레킹의 시작점인 메스티아와 우쉬굴리를 제외하면 다른 마을에서는 대부분 게스트하우스를 이용해야만 한다. 게스트하우스는 대부분 현지인이 가정집에서 운영하고 있으며 규모도 작아 욕실과 화장실이 딸린 방은 거의 없는 실정이다. 최근에 (2024년 여름 기준)는 호텔식 게스트하우스 신축 건물을 짓고 있는 모습을 볼 수 있어 앞으로는 좀 더 나은 환경에서 숙박도 가능하리라 본다. 나 홀로 여행이라면 마을에 도착해서 숙소를 구하는 것은 어렵지 않지만 가장 성수기인 7, 8월과 4명 이상이라면 예약하는게 좋다. 또한 여름이라도 산악 마을이다 보니 밤에는 기온이 많이 내려간다. 게스트하우스에서의 따뜻한 난방을 기대하기 어려우니 이것도 감안해서 준비해야 한다. 마을 주변에는 마땅한 식당이 없어 대부분 조식과 석식은 게스트하우스에서 해결해야 한다. 트레킹 도중 해결해야 하는 점심은 게스트하우스에 요청해서 도시락을 준비하거나 개별적으로 먹거리를 준비하자.

준비물
트레킹화(등산화)와 스틱은 필수

모자, 선글라스, 바람막이 (계절에 따라 얇은 패딩), 우비, 배낭 방수커버 등 기본적인 준비물과 이동 중에 마실 물은 적어도 1.5 ~ 2리터는 필요하다. 숙박하는 마을에는 한두 곳의 작은 마트가 있으니, 그곳에서 생수를 구입할 수 있다. 아무리 경험이 많다 하더라도 안전을 위해 트레킹화(등산화)와 스틱은 필수이다. 그리고 한 여름이라도 트레킹 중에는 긴바지 착용을 권장한다. 자베시~아디시 구간에는 중간에 매점이 있으나 아디시~칼데 구간에는 없으니 비상식량을 꼭 챙기도록 하자. 숙박 및 식사 비용 그리고 차량 이동 시 대부분 현금 결제이니 일정을 감안해서 미리 환전을 여유 있게 해두자.

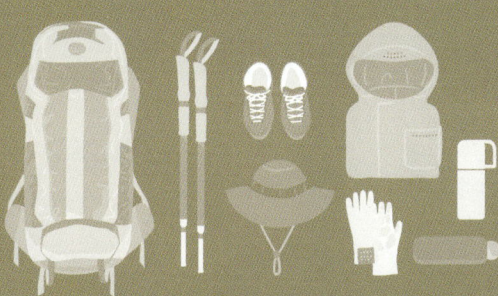

안전
이 구간에는 크게 외부적인 위험 요소는 없다. **단, 비수기에 혼자서 걷는 것은 피하고** 현지 여행사 프로그램을 이용하거나 동행자를 구하는 게 좋다.

짐 보관
일반적으로 메스티아에서 출발하게 되는데 **아직은 짐 보관소가 따로 없다.** 메스티아의 숙소에 요청하면 대부분 짐 보관 서비스를 제공해 준다.

THEME VISIT MUST

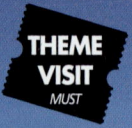

유럽에서 가장 높은 마을, 우쉬굴리

USHGULI

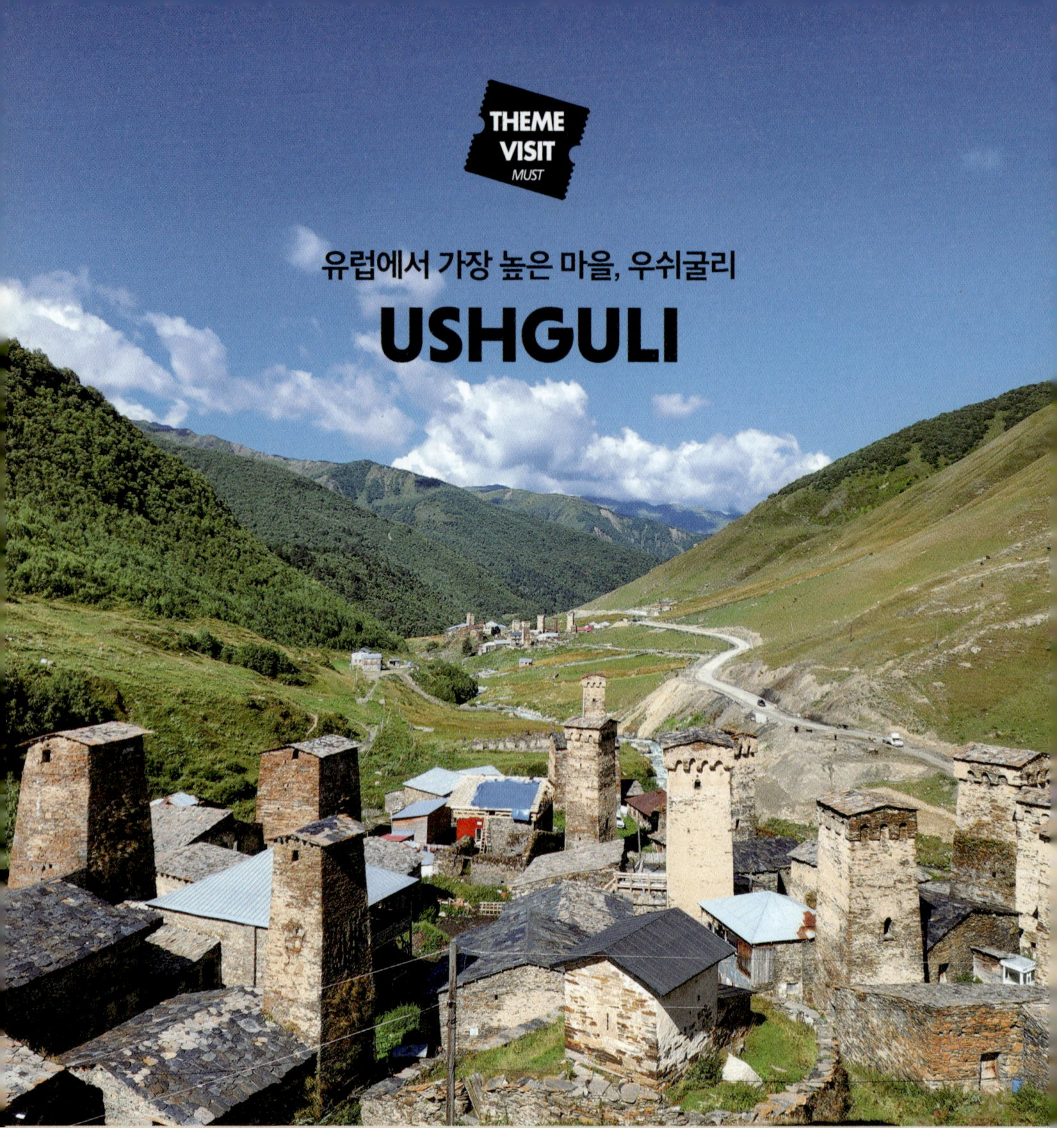

메스티아 남동쪽 45km 지점 해발 2,050m에 위치한 Upper Svaneti 지역의 산악 마을로 현재 유럽에서 가장 높은 마을로 알려진 곳이다.

1년 중 6개월 이상 눈으로 덮여 있으며 70여 가구에 200여 명의 주민이 거주하는 곳으로 온갖 가축들의 배설물을 밟지 않고는 다닐 수 없을 정도로 아직은 낙후된 곳이다. 4곳의 전형적인 탑형 주택 코쉬키 마을로 이루어진 이곳은 조지아 최고봉으로 불리는 Shkhara(5,193m)가 마을 어디에서도 잘 보여 멋진 경관을 자랑한다. 특히 Chazhashi 코쉬키 마을은 1996년 유네스코 세계유산 목록에 등재 된 곳이다. 또한 메스티아에서 우쉬굴리까지 구간 3박 4일 일정의 트레킹은 유럽인들에게는 이미 잘 알려진 코스이다.

Ushguli IN & OUT
우쉬굴리 드나들기

메스티아에서 우쉬굴리까지는 거리상으로는 50km도 채 안 되는 거리지만 거의 비포장으로 도로 상태가 좋지 않아 2시간 이상 소요되었으나 2024년 8월 기준 아주 일부 구간을 제외하고 전 구간 공사가 끝나 이제는 1시간 만에 도착할 수 있게 되었다. 보통의 경우 메스티아에서 출발한 마르쉬루트카는 도착 후 3~4시간의 자유시간을 준 후에 다시 메스티아로 돌아오는 일정이다. 왕복 요금은 1인당 50라리이며 메스티아 Bus Station 옆 티켓 판매소에서 살 수 있다. 메스티아에서 출발시간이 딱히 정해져 있지는 않으나 보통 오전 9시~11시 사이에 출발 한다. 티켓에 출발시간을 써주지만 그것도 어느 정도 인원이 채워져야 출발한다. 어디서든 마르쉬루트카는 항상 기다림을 각오해야 한다.

우쉬굴리 행 | 가는 길 | 우쉬굴리 도착

우쉬굴리 일정짜기

1. **가장 일반적인 방법**
   트빌리시 ▶ 주그디디 ▶ 메스티아 숙박 후 다음날 당일치기로 다녀오기

2. **짧은 일정에 우쉬굴리 1박 일정**
   트빌리시 ▶ 주그디디 ▶ 메스티아 ▶ 우쉬굴리 숙박 후 다음날 쉬카라 빙하 트레킹 후 메스티아로 돌아오기

3. **추천 일정**
   트빌리시 ▶ 주그디디 ▶ 메스티아 1박 ▶ 우쉬굴리 1박 트레킹 후 메스티아로 돌아오기
   (메스티아 숙소에 큰 짐을 놓고 간편하게 이동 할 수 있다.)

* 우쉬굴리 1박의 경우 쉬카라 빙하 트레킹하는데 별 문제가 없으나 당일치기로 다녀 올 경우 주어지는 시간이 짧아 마을 구경만 하고 오게 된다. 미리 동행자들을 구해서 셰어 택시 개념으로 다녀온다면 돌아오는 시간을 늦출 수 있어 일부 구간 트레킹도 가능하다. 이 경우 말을 타고 다녀오는 Horse riding도 고려해 볼 만하다.

* **우쉬굴리에서 숙박하면 좋은 점**
   - 늦은 밤 하늘에서 쏟아지는 별을 볼 수 있다.
   - 여유로운 트레킹이 가능하다.
   - 제대로된 현지 가정식을 맛 볼 수 있다.

   ⚠ 주의 : 대부분의 게스트하우스는 난방 상태가 좋지 않으니 잘 때 추위에 대비하는 게 좋다.

USHGULI
우쉬굴리 마을 둘러보기

마을에 도착하면 먼저 Shkhara를 바라보고 마을 쪽으로 들어가자. 이곳은 슬리퍼나 샌들은 금물이다. 정말 자연 친화적인 마을로 소, 말, 개는 물론 돼지들이 삼삼오오 돌아다니는 모습을 자주 보게 될 것이다. 그러니 이들의 배설물을 밟지 않고는 한 걸음도 나아갈 수 없는 곳이 많다. 트레킹이 목적이 아니라면 마을 끝나는 지점에서 다시 돌아 나와 왼쪽 언덕 위 Tamar Tower라고 불리는 코쉬키가 있는 곳으로 올라가자. 이곳에 올라가면 발 아래로 펼쳐진 마을 전체를 조망할 수 있다. 코쉬키 뒤쪽으로는 가면 두 개의 마을이 보이는데 바로 아래 보이는 곳이 Chazhashi 마을이다. 더 멀리 보이는 마을의 코쉬키들은 많이 훼손되어 있거나 보존 상태가 좋지 않으니 시간이 남는다면 Shkhara산 전망이 좋은 Cafe KOSHKI에서 휴식을 취하자. 음료는 물론 식사도 가능하며 옆에는 기념품을 판매하는 가게도 있다.

SHKHARA
빙하 트레킹

우쉬굴리 마을을 벗어나면 탁 트인 주변 경관과 함께 한여름에도 하얀 모자를 눌러 쓴 듯한 Shkhara를 끝없이 바라보며 걷는 것만으로도 온 몸이 정화되는 느낌이 든다. 이 코스는 특별한 장비도 필요없다. 그냥 운동화에 가벼운 차림으로 산책하듯이 빙하 있는 곳까지 다녀오는 코스이다(햇볕을 피할 그늘이 거의 없으니 모자, 선글라스 그리고 한여름이라도 날씨에 따라 긴팔이나 얇은 겉옷을 준비하자). 어쩌면 너무 단조로워 지루하게 느껴질 수도 있으나 끝까지 가지 않고 중간에 돌아와도 후회 없는 곳이다. 중간 중간 물길을 건너야 하는 곳들이 있으니 오히려 등산화보다는 물에 신고 들어갈 수있는 스포츠 샌들이 좋을 수 있다. 또는 마을 곳곳에서 Horse Riding 손님을 기다리는 마부에게 다가가 흥정해 보는 것도 좋은 방법이다. 그냥 걷기만 하다보면 중간 중간 말을 타고 오가는 여행객들을 마주칠 때마다 선택 안 한 것을 후회할 수도 있다. 말을 타고 간다 하더라도 빙하 앞까지는 가지 않고 일부 구간은 걸어서 다녀와야 한다.

⏱ 왕복 6시간 / 코스 난이도 : 하 / 시즌 : 6~9월

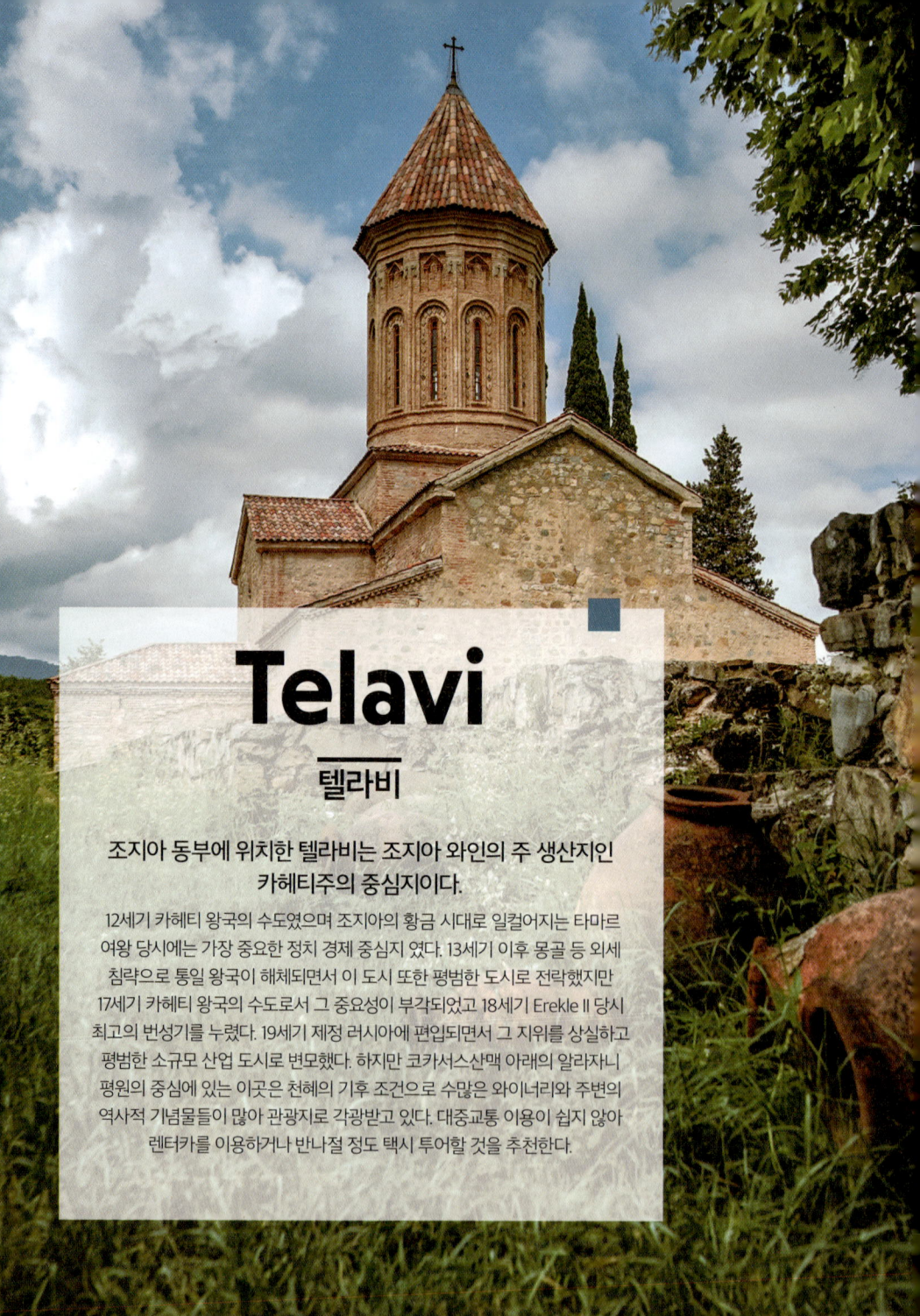

Telavi
텔라비

조지아 동부에 위치한 텔라비는 조지아 와인의 주 생산지인 카헤티주의 중심지이다.

12세기 카헤티 왕국의 수도였으며 조지아의 황금 시대로 일컬어지는 타마르 여왕 당시에는 가장 중요한 정치 경제 중심지 였다. 13세기 이후 몽골 등 외세 침략으로 통일 왕국이 해체되면서 이 도시 또한 평범한 도시로 전락했지만 17세기 카헤티 왕국의 수도로서 그 중요성이 부각되었고 18세기 Erekle II 당시 최고의 번성기를 누렸다. 19세기 제정 러시아에 편입되면서 그 지위를 상실하고 평범한 소규모 산업 도시로 변모했다. 하지만 코카서스산맥 아래의 알라자니 평원의 중심에 있는 이곳은 천혜의 기후 조건으로 수많은 와이너리와 주변의 역사적 기념물들이 많아 관광지로 각광받고 있다. 대중교통 이용이 쉽지 않아 렌터카를 이용하거나 반나절 정도 택시 투어할 것을 추천한다.

Telavi IN & OUT

텔라비 드나들기

트빌리시 오르타찰라 터미널에서 출발하는 마르쉬루트카를 타야하며, 전용 차량이 있다면 버스는 다닐 수 없는 곰보리 패스의 아름다운 도로를 달려 텔라비에 도착할 수 있다.

01 마르쉬루트카

텔라비로 가기 위해서는 트빌리시의 메인 버스터미널 격인 오르타찰라(Ortachala)로 가야 한다. 이곳의 1층은 국제선 장거리 버스가 출발하는 곳으로 텔라비나 알바니로 가는 마르쉬루트카 타는 곳은 2층(실제로는 1층이며 이곳에서 보면 국제선 버스가 출발하는 곳은 지하로 보일 수도 있다.) 건물 밖 마르쉬루트카 전용 주차장이다. 매표소는 주차장과 건물 사이에 있다. 텔라비의 올드 버스터미널은 재래시장 Bazar 옆 안쪽에 위치해 있다.

트빌리시 오르타찰라 ~ 텔라비 : 소요시간 3시간 / 요금 10라리
오르타찰라 출발 시간 : 08:20, 09:05, 10:35, 11:20(오후 6시까지 1시간 간격으로 있음)
#시그나기에서 텔라비 행 마르쉬루트카는 오전 9시 한 차례 있으며 텔라비에서 시그나기로 오는 마르쉬루트카는 올드 버스터미널에서 15:15 출발한다. 요금 편도 7라리

차량이 있다면 마르쉬루트카와 버스는 다닐 수 없는 Gombori pass를 지나면서 멋진 경치를 감상할 수 있다(소요시간 2시간). 특히 해먹이 있는 오두막 카페 Gio's herbal tea는 이 곳을 지나는 많은 관광객들이 즐겨 찾는 곳이다. 텔라비 인근 와이너리, 알라 베르디 수도원 등을 다니려면 대중교통 이용이 쉽지 않아 렌터카가 있으면 용이하다.

Telavi Attractions

이칼토 수도원
Ikalto Monastery

🕘 09:00~18:00

텔라비 시내에서 비교적 가까운 거리에 위치한 이칼토 수도원은 6세기 시리아의 선교사 중 한 명인 Saint Zenon에 의해 설립된 것으로 알려져 있으며 수도원과 함께 12세기 경 세워진 교육기관으로 아카데미로도 유명하다. 타마르 여왕 당시 조지아의 국민 시인 루스타벨리가 수학했던 곳으로 알려져 있다. 수도원 내에는 3개의 교회가 있는데 Khvtaeba 십자가 모양을 한 교회가 가장 오래된 교회로 알려져 있다. 17세기 페르시아 침략자들에 의해 불타 없어진 것을 복원한 것이라고 한다. 수도원 단지 내에는 폐허 속에 방치된 듯한 옛 건물의 흔적과 함께 전통 와인 제조에 사용했던 크베브리와 군데군데 세월의 흔적을 느낄 수 있는 묘비들을 볼 수 있다.

알라베르디 수도원
Alaverdi Monastery

⏱ 08:00~18:00

수도원의 일부 역사는 6세기 경으로 거슬러 올라간다. 수도사 알라베르델리에 의해 설립되었으며 현재의 성당은 11세기 카헤티의 Kvirike 3세의 의해 세워졌다고 한다. 높이 55미터의 이 성당은 트빌리시의 성 삼위일체 성당이 세워지기 전까지 가장 높은 성당이었다고 한다. 텔라비 시내에서 북서쪽으로 차로 30분 정도를 달리면 넓은 평원 위에 자리한 수도원을 만날 수 있다. 낮은 돌담장의 입구를 지나 높은 성벽으로 둘러싸인 수도원으로 들어서면 성당 주변으로 잘 가꾸어 놓은 듯한 정원을 연상케 하는 포도밭도 있다. 12세기 이곳의 와인 생산량이 70톤에 달할 정도로 주요한 와인 생산지였으나 구소련 시절 생산이 중단되었다가 10여 년 전부터 크베브리 전통 방식과 현대 양조 방식을 병행해 와인을 생산하고 있다고 한다. 성당 입구의 짙은 프레스코화가 매우 인상적이다. 내부로 들어가기 위해서는 복장 규제가 있는 곳이지만 빌려주는 곳이 있으니 크게 신경 쓰지 않아도 된다. 코카서스산맥을 배경으로 넓은 평원에 세워진 수도원의 전경이 특히 아름다운 곳이다.

슈미 와이너리
Shumi Winery

- +995 574 74 23 23
- 10:00~18:00
- www.shumi.ge

※ 그밖에 대표적인 와이너리로는 Twins Old Cellar와 Winery Khareba가 있다.

조지아 와인 최대 생산지인 텔라비 인근 카헤티 지역에는 수많은 와이너리가 있다. 그 중에서도 SHUMI는 고품질 와인 생산자 중 하나이며 접근성이 좋을 뿐만 아니라 품종별로 심어 놓은 포도밭과 아름답게 꾸며 놓은 야외 정원 그리고 작지만 매우 흥미로운 와인 박물관이 있어 외국 관광객들에게 인기가 많은 곳이다. 'SHUMI'는 고대 조지아에서 순수하고 희석되지 않은 와인을 의미했다고 한다. 이곳은 고유한 자체 기술을 사용하여 오크 배럴에서 'ori' 브랜디와 'Khetian Chacha'와 같은 유기농 와인과 'Zigu'라고 불리는 천연 음료를 생산하는 것으로도 유명하다. 전문가의 설명과 함께 고급 품질의 와인을 테이스팅 할 수도 있는데 금액은 15~50라리이다.

디미트리 와인 하우스
Dimitri's Wine House

- +995 350 27 38 69
- 10:00~18:00

개인이 운영하는 와이너리로 전문가들 사이에서는 꽤 잘 알려진 곳이다. 규모는 작으나 박물관만큼이나 많은 와인 관련 소장품들을 주인장의 설명과 함께 가까이서 보고 만져 볼 수있어 다른 대규모 상업적인 와이너리와는 달리 친근감이 가는 곳이다. 지하실에 마련된 와인 저장고에서는 이곳에서 생산된 특별한 와인을 시음 할 수도 있다. 텔라비 시내에서 조금 떨어진 산 중턱에 있어 이곳에서 바라보는 텔라비 시내 전경 또한 이곳의 자랑이다.

알렉산더 참차바제 박물관

Alexander Chavchavadze

- Sopeli Tsinanadali
- 10:00~18:00
- 성인 10라리 / 학생 5라리 / 6세 이하 어린이 무료
- http://tsinandali.ge/en/museum/about-us

슈미 와이너리 방문을 마쳤다면 도보로도 이동 가능할만큼 가까운 위치에 있는 Tsinandali Park 내 Alexander Chavchavadze 박물관도 들러볼 만하다. Alexander Chavchavadze는 러시아 상트페테르부르크 출신이지만 19세기 조지아의 귀족으로 군인이자 작가, 번역가로 당시 가장 교육을 잘 받은 인물로 지금까지도 존경 받는 인물이다. 나폴레옹 전쟁에 참전했던 그는 1818년 수도를 떠나 이곳에 정착하며 궁전을 지었다. 당시 이곳은 조지아의 지적인 삶의 중심지로 문화적, 사회적 저명 인사들이 자주 모였다고 한다. 현재의 모습은 얼마 전 리모델링한 것으로 내부는 당시의 생활상을 엿볼 수 있는 박물관으로 되어 있다. 유럽 스타일의 와인을 처음 생산한 곳으로 조지아에서 가장 크고 오래된 와인 저장고와 박물관이 있으며 조지아에서 처음으로 그랜드 피아노가 이곳에서 연주되었다고 한다. 박물관 주변으로는 아름다운 숲으로 이루어져 있어 잠시나마 산책하기에도 좋은 곳이다. 이곳에서도 와인 테이스팅이 가능하며 입장권이 포함된 5가지 와인 테이스팅 요금은 35라리이다.

Tusheti
투세티

투세티는 조지아 북동부 코카서스산맥에 위치한 유서 깊은 산악 지역으로 러시아의 체첸공화국과 접경을 이루고 있다. 메스티아가 있는 스바네티 지역에 비하면 이곳은 빙하나 만년설의 웅장한 광경을 볼 기회는 적은 편이다. 하지만 이곳에서는 매우 독특하고 이국적인 분위기를 만날 수 있을 것이다. 투세티 지역은 크게 4개의 산악공동체로 이루어져 있으며 가장 큰 마을은 Omalo(오말로)이다. 조지아에서 생태학적으로 가장 손상되지 않은 지역 중 하나로 최근에는 트레킹 장소로도 각광을 받고 있다. 하지만 가는 길이 험난할 뿐만 아니라 도로가 통제되어 1년 중 4개월(6월 초~10월 초) 밖에는 갈 수가 없으니 이 지역 여행을 계획한다면 시기를 잘선택해야만 한다. 최소한 3박 4일의 여정이 필요하며 하이킹 정도로 즐길 수 있는 코스들도 많을 뿐만 아니라 대자연에서 캠핑을 즐기는 여행객들도 자주 볼 수 있다.

Tusheti IN & OUT
투세티 드나들기

투세티 지역으로 가기 위해서는 먼저 트빌리시에서 텔라비 또는 알바니로 마르쉬루트카를 타야 하며 그곳에서는 오말로까지 정규 노선 차량이 아닌 사륜구동 셰어 차량을 이용해야 한다.

01 마르쉬루트카

오말로(Omalo)로 가는 가장 일반적인 방법은 먼저 트빌리시의 메인 버스 터미널 격인 오르타찰라(Ortachala)로 가서 알바니(Alvani)행 마르쉬루트카를 타야 한다. 알바니행 마르쉬루트카는 메인 버스 터미널 빌딩이 아닌 외부 도로변에 위치해 있으며 그곳에 매표소가 따로 있다.

트빌리시 - 알바니
마르쉬루트카 비용 : 15라리
트빌리시 출발 시간 :
09:30, 13:30, 16:10, 19:40
알바니 출발 시간 : 09:00, 14:00

알바니까지는 2시간 30분~3시간이 소요되며 승객은 현지인이 아닌 경우 대부분 오말로로 가는 승객이니 미리 얼굴을 익히고 동행자를 구하도록 하자. 알바니에 하차하면 오말로 행 사륜구동 차량들이 대기하고 있는데 보통 한 차량에 4명 정도가 정원이라 만약 나 홀로 남게 된다면 다른 승객이 올 때까지 한참을 기다리거나 비싼 비용을 지불해야 한다. 오말로에서 알바니로 가기 위해서는 출발 하루 전에 숙소에 부탁하거나 올 때 타고 왔던 운전사의 연락처를 받아 두었다가 연락을 하는 것도 차선책으로 대비해 두는 게 좋다.

알바니→오말로 가는 길

알바니에서 출발한 차량은 잘 포장된 도로를 20여 분 지나 비포장도로를 만나게 되는데 여기서부터는 그야말로 쉽지 않은 코스이다. 이곳에서 부터도 3시간 가량을 가야 한다. 중간중간 정말 갈 수 있을까 생각되는 도로들을 만나게 되며 구불구불 한없이 올라가는 도로에는 가드레일조차 없다. 시속 30km를 넘지 않는 속도지만 심하게 흔들려서 하지 않던 멀미도 할 수 있으니 미리 대비하는 게 좋다. 대자연의 아름다움을 감상할 여유 없이 긴장의 연속이지만 2시간여가 지나면 아바노패스 2,880m 부근 정상에서 잠시 쉬는 시간이 주어진다(종종 렌터카로 직접 운전을 계획하는 여행자들이 있는데 도로 사정이 더 나아지기 전까지는 현지인 차량을 이용할 것을 권한다). 가는 길에는 마땅히 화장실도 없을 뿐 아니라 매점도 없으니 출발 전에 화장실 다녀오는 것과 약간의 간식거리를 준비하도록 하자. 알바니 차량 탑승하는 곳에 작은 슈퍼도 두 개가 있으며 맞은편 건물 뒤쪽에는 허름하지만 무료로 이용할 수 있는 화장실도 있다.

맞은편 슈퍼마켓

🚩 가는 길

갈 수 있는 시기
6월 초~10월 초(최적의 시기 6월 중순~9월 중순)
(오픈되는 시기는 트빌리시의 인포메이션 센터에서 확인할 수 있다.)
차량 요금 : 보통 한 대당 200라리이며 인원수에 따라 1인당 50라리~60라리 정도

투세티 여행 일정 짜기

투세티 지역은 1년 중 방문할 수 있는 시기가 제한적이며 여행 시기를 잘 맞춰야 할 뿐 아니라 중심 지역인 오말로까지 가는 길이 수월하지 않아 아직은 한국 여행객들의 발걸음이 잦은 곳은 아니다. 하지만 최근 투세티를 여행했던 여행자들이 조지아 최고의 명소로 소개하기 시작하면서 주목을 받고 있다. 방문 목적에 따라 짧게는 2박 3일, 적어도 3박 4일의 시간을 할애해야 하는 만큼 출발 전 세심한 계획이 필요하다. 아래는 체류 기간별 가장 일반적인 일정이며 본인의 여행 스타일과 체력에 맞게 계획을 세우도록 하자. 사실 트레킹이 주 목적이 아니라면 마을 간 이동을 차량으로 하고 그 마을 주변을 여유롭게 산책하는 것만으로도 이곳을 방문할 가치가 있다.

트레킹 안내표시

2박 3일

- **1일째** 트빌리시-알바니-어퍼 오말로 (숙박)
- **2일째** 어퍼 오말로 (트레킹) 다틀로 또는 기레비 (차량) -로우 오말로(숙박)
- **3일째** 로우 오말로-알바니-트빌리시

3박 4일

- **1일째** 트빌리시-알바니-어퍼 오말로 (숙박)
- **2일째** 어퍼 오말로 (트레킹) 다틀로 또는 기레비 (숙박)
- **3일째** ① 다틀로 또는 기레비 (트레킹) - 로우 오말로 (숙박)
  ② 다틀로 또는 기레비 (차량) - 오말로 경유-(차량) -쉐나코 (트레킹) - 로우 오말로(숙박)
- **4일째** 로우 오말로-알바니-트빌리시

구간별 거리 및 소요시간

어퍼 오말로
Upper Omalo ~ 다틀로 Dartlo
거리 13㎞ / 소요시간 5시간

다틀로
Dartlo ~ 기레비 Girevi
거리 12㎞ / 소요시간 4시간

로우 오말로
Lower Omalo ~ 쉐나코 Shenako
거리 6㎞ / 소요시간 2시간 30분

쉐나코
Shenako ~ 디클로 Diklo
거리 4.5㎞ / 소요시간 1시간 30분

현지 숙소 예약

오말로, 다틀로, 기레비의 경우 온라인 예약 사이트에서도 예약이 가능하지만 현지 일정이 구체적이지 않다면 현지에 도착해서 구하는 것도 가능하다. 예약 없이 갈 경우 직접 눈으로 확인해 보고 결정할 수도 있다는 장점이 있지만 성수기(7월, 8월)에는 원하는 조건의 숙소를 찾기 어려울 수도 있다. 알바니에서 출발하는 차량 운전사에게 숙소 알선을 의뢰하는 것도 방법 중에 하나이다. 대부분의 숙소가 난방이 안 되는 경우가 많으며 Wi-fi의 경우 숙소 내 일부 지역에서만 가능한 경우가 많다. 최근에는 태양열 시스템을 갖춘 곳도 많이 생겨나고 있으니 이러한 부분들을 사전에 꼭 체크하도록 하자. 대부분 조식은 불포함이나 추가 비용을 지불하면 제공받을 수 있다. 특별히 외부에 먹을만한 곳이 많지 않아 석식도 숙소에 부탁해서 해결하는 경우가 일반적이다. 1일 숙박 예산은 대략 50라리 ~ 70라리 (조식은 10라리~20라리 / 석식은 20라리~30라리)

짐은 어떻게 하면 좋을까?

짧게는 하루에 3시간 길게는 9시간의 트레킹을 하면서 짐을 갖고 이동하는 것은 무리다. 일단 투세티로 떠나기 전 트빌리시에서 해당 일수만큼의 짐만 챙기도록 하자. 그렇다 하더라도 현지에서 장시간 갖고 트레킹 하는 것 또한 쉬운 일은 아니다. 오말로에 숙소를 정해 놓고 차량 이동으로 다른 마을을 다녀온다던가 아니면 오말로에 큰 짐을 맡겨두고 가볍게 떠나도록 하자. 아무리 가깝더라도 항상 마실 물과 간식(초콜릿, 바나나, 사탕 등)은 필수다. 지도는 구글보다는 맵스미(MAPS ME) 앱이 유용하다.

Omalo

오말로

투세티 지역의 교통 중심이자 가장 큰 마을이며 조지아 트레킹 코스 중 난도 있는 5일 여정의 샤틸리까지 가는 출발 지점이기도 하다. 오말로는 어퍼 오말로와 로우 오말로로 나누어져 있다. 거리상으로는 1.5㎞에 불과하지만 어퍼 오말로까지는 경사가 심해 도보로 30분가량 소요된다.

로우 오말로
Lower Omalo

보통 오말로라 하면 Lower Omalo를 지칭한다. 이 마을은 탁 트인 전망으로 게스트하우스를 비롯해서 집들이 널리 퍼져 있는 편이다. 어퍼 오말로에 비해 숙박할 수 있는 곳도 더 많고 조금 저렴한 편이다. 하지만 어퍼 오말로까지 경사가 심해 차로 가도 10분, 도보로는 30분 정도 소요된다. 이 마을 입구 초입에 인포메이션 센터가 있어 다양한 정보를 얻을 수 있다. 1.5㎞ 떨어져 있으며 도보로 20분 정도 소요된다.

어퍼 오말로
Upper Omalo

오말로의 랜드마크처럼 소개되는 케셀로 요새의 코쉬키가 있는 곳으로 로우 오말로에 비해 잘 정돈된 아주 작은 마을이다. 상대적으로 로우 오말로에 비해 숙박시설도 적고 조금 비싼 편이지만 항상 여행객들로 북적이는 와인바 O'dila를 비롯해 카페와 베이커리도 있다. 다틀로 행 트레킹이 목적이고 이곳에 숙박을 원한다면 알바니에서 타고 온 차량의 운전사에게 꼭 어퍼 오말로에 하차해 달라고 얘기해야 한다.

케셀로 요새 Keselo Fortress

13세기 몽골의 침략 시기에 지어진 것으로 알려진 이 요새의 코쉬키는 원래 13개였다고 한다. 몽골과 다게스탄 침략자들로부터 보호되었으나 19세기 러시아로 편입된 후 황폐해졌으며 2차 세계대전 중에 러시아의 붉은 군대에 의해 파괴되었다. 현재는 지난 15년 동안 케셀로 재단에 의해 재건된 7개의 코쉬키를 볼 수 있다.

Dartlo
다틀로

오말로에서 북쪽으로 약 13㎞ 떨어진 곳에 위치한 다틀로는 많은 여행객들이 투세티 지역 전체에서 가장 아름다운 마을로 꼽는 곳이기도 하다. 알라자니강 옆 해발 1850m의 비탈길에 자리 잡은 마을은 독특한 돌 지붕 양식의 토속적 건축물이 인상적이다. 아직은 빈 집도 많아 보이지만 최근에 새롭게 게스트하우스와 카페 등의 편의시설이 생기고 있어 이곳에서의 하룻밤도 추천하고픈 일정이다. 인근에는 제단이 있는 Dano와 다틀로 마을 언덕 위로 코쉬키가 있는 Kvavlo가 있다.

Shenako
쉐나코

오말로에서 가장 가까운 마을로 Diklo 가는 중간에 있으며 오말로에서는 당일치기로도 다녀올 수 있는 곳이다. 투세티 지역에서도 많은 주민이 거주하는 곳 중에 하나로 오래된 사메바 교회는 이 마을의 역사를 보여준다. 가는 길 중간중간 노란색 이정표가 잘 되어있고 목가적 경치를 볼 수 있어 지루하지 않다. 마을 안쪽에는 작은 기념품 가게도 있다.

Shatili

샤틸리

샤틸리는 조지아 북동쪽 러시아와 국경을 접하고 있는 지역으로 유네스코 문화유산 후보에 올라와 있는 국가 유적이 있는 마을이다. 이곳은 투세티 지역과 함께 조지아의 오지 중에서도 오지에 속하는 곳으로 해발 2,700미터의 곰 십자가 고개를 넘어가야만 만날 수 있는 곳이다. 역시나 도로 사정이 좋지 않아 1년 중 방문할 수 있는 시기는 6월~10월로 한정되어 있으며 투세티 지역과 달리 여행객을 위한 인프라 시설이 거의 없는 편에 속한다. 게스트하우스가 몇 군데 있긴 하지만 아직까지는 시설이 매우 열악한 편이다. 그뿐만 아니라 예약은 물론 주인과 상의하여 방문하는 사람들이 기본적으로 먹어야 할 빵과 식재료들을 준비해 가야 한다. 길이 열리면 일주일에 한번 '마르쉬루트카'가 운행하지만 현실적으로 여행객이 이용하기는 쉽지 않다.

샤틸리를 방문하는 길은 험하고 고생스럽지만 코카서스산맥을 넘어가면서 감상하게 되는 웅대한 자연경관과 고산 지대 야생화들을 볼 수 있는 기회를 제공할 뿐만 아니라 샤틸리에 위치한 요새에 도착하면 마치 중세 시대로의 시간 여행을 온 느낌을 받을 수 있다.

공기마저 달콤하게 느껴지는 샤틸리, 고산 지대에서 지내는 망중한, 무공해 청정지역의 기운과 밤이면 머리 위로 쏟아질듯한 별들의 향연, 새소리에 눈을 떠 아침을 맞이하는 물안개 가득한 환상적인 모습들로 이미 유럽인들에게는 많이 알려진 천혜의 트레킹 코스이기도 하다.

샤틸리 요새는 60개의 건물이 이어져 있는 특이한 구조의 요새이다. 건물들이 서로 연결되어 5층 정도의 높이로 건물과 건물은 좁은 통로를 통해 벽과 지붕이 연결되어 있는 독특한 구조를 갖고 있다. 이 요새는 10~13세기에 건축된 것으로 추정되며 평평한 돌 석판을 쌓아 올린 건식 공법으로 19세기 초 러시아의 공격으로 심하게 훼손되었고 오랜 시간 방치되었다가 구소련 시절이던 1950년대 주민들을 강제 이주시켜 거주하게 되면서부터 일부 시설이 복원되어 마을이 다시 조성되었다.

※ 자료제공: 박 철호

Gori
고리

조지아의 중심부에 위치한 Shida Kartli 주도이며 수도 트빌리시로 부터 85㎞ 떨어진 곳으로 스탈린의 출생지로 더 잘 알려진 곳이다.

2008년 조지아가 분리독립을 요구하는 남오세티야를 침공하자 러시아군은 자국민을 보호한다는 명목으로 남오세티야로 진군, 조지아군과 충돌하였으며 결국 남오세티야 남쪽 국경을 넘어 조지아 거점 도시인 고리를 점령함으로써 5일만에 러시아에 항복을 하게 된다. 2008년 베이징 올림픽 개막식 당일 발발한 이 사건은 개막식장에서 당시 푸틴 러시아 총리가 전쟁이 시작됨을 알리는 장면이 TV에 잡히기도 했다. 숙박을 할 만큼의 볼거리가 많지 않으니 오전에 출발하는 1일 투어(므츠헤타,즈바리,고리,우플리스치헤) 프로그램을 이용해서 다녀오는 것도 고려해 볼 만하다.

Gori IN & OUT
고리 드나들기

트빌리시에서 자동차로 한 시간 정도의 가까운 거리여서 기차보다는 마르쉬루트카를 이용하는 편이 좋다.
고리 시내 어디에 내려도 터미널과 그리 멀지 않다.

01 마르쉬루트카

고리로 가는 가장 일반적인 방법은 디두베에서 마르쉬루트카를 이용하는 것이다. 디두베에 도착 후 행선지를 말하면 타는 곳을 알려준다. 요금은 7라리이며 하차 시 운전사에게 지불하면 된다. 소요 시간은 약 1시간 30분.

tip 고리 시내에서 하차를 원하는 곳이 있다면 운전사에게 미리 얘기해 두면 목적지에 내려 준다.

02 기차

기차는 편 수도 적을 뿐더러 최종 도착지가 아니어서 Ozurgeti, Kutaisi, Zugdidi, Poti, Batumi 행을 타고 중간에 하차하여야 한다. 요금은 기차에 따라 8~24라리로 마르쉬루트카보다 조금 비싼 편이며 고리 기차역은 중심에서 약간 벗어나 있어 마르쉬루트카보다 접근성도 떨어지는 편이다. 소요시간 1시간~1시간 10분

→ 트빌리시 출발 시간 : 08:25, 08:50, 17:30 / 고리 출발 시간 : 11:42, 16:22, 22:14

Gori Attractions

스탈린 박물관
Stalin Museum

- Stalin Ave, Gori
- 10:00~18:00
- 박물관 : 성인 15라리
  스탈린 전용 기차 : 5라리
  * 학생(국제학생증 소지자)은 박물관+
  스탈린 전용 기차 15라리

1950년대 초에 건립된 박물관으로 고리 시내 중앙 광장에 위치해 있다. 당시 이 박물관은 역사 박물관이라는 명분으로 건립되었으나 이곳 출신의 구소련 지도자 스탈린을 추모하기 위해 지어진 것이라고 한다. 박물관 앞에는 그의 생가가 낡은 모습 그대로 보존되어 있는데 1879년 태어나서부터 1883년까지 지냈던 곳이라고 한다. 그 뒤로 2층 석조 건물이 스탈린식 고딕양식으로 건축된 박물관으로 스탈린의 어린 시절부터 청년기, 공산당 지도자로서의 활동기 등 연대순으로 분류되어 있으며 스탈린이 사용했던 책상, 의자, 입었던 의복, 개인 소장품들과 세계 각국 인사들로부터 받은 선물 등 실제로 스탈린이 사용하고 소장했던 물건들이 전시되어 있다. 이외에도 스탈린 사후에 만들어졌던 데스마스크 12개 중의 하나가 전시되어 있다. 한편 박물관 밖 왼쪽에 있는 스탈린 개인 전용 객차는 비행기를 싫어했던 스탈린이 1941년부터 사용했던 것으로 얄타 회담 당시 타고 갔던 것으로도 유명하다. 방탄 장치가 장착되어 있는 이 기차는 당시로서는 꽤 안락한 최고급 객실로 무게가 83톤에 달한다고 한다. 1989년 구소련의 붕괴와 조지아의 독립운동으로 폐쇄되기도 했었지만 현재는 이곳의 가장 각광받는 관광명소 중의 하나가 되었다. 시내 중심에 있어 어디에서도 도보 이동이 가능하다.

우플리스치헤
Uplistsikhe

- 🕐 10:00~19:00(4월~10월)
  10:00~18:00(11월~3월)
- 💵 성인 15라리

고리시에서 동쪽으로 약 10㎞떨어진 므츠바리강 기슭에 위치한 고대 암석 동굴도시이다. 기원전 1천 년 전반에 형성되었을 것으로 추정되는 이곳은 4세기 초 새로운 기독교를 받아들이면서 문화의 중심지가 므츠헤타로 넘어가기 전까지는 매우 중요한 지위를 갖고 있었으며 이후 8세기 이후에 시작된 무슬림의 정복 시기에 다시금 조지아의 중요한 도시로 발돋움을 했으나 13세기 몽골의 침략으로 쇠퇴하기 시작했다. 700여 개로 추정되는 크고 작은 동굴형태의 지역이 현재는 150개 정도 남아 있다. 1920년 고리 지진 당시 많은 곳이 소실되었고 방치되던 곳을 2000년대 들어서 유적발굴 및 문화 유산 보호 프로젝트가 진행되면서 현재는 많은 여행객이 찾는 관광명소가 되었다. 매표소를 지나 커다란 바위산 앞의 계단을 올라가면 뒤쪽으로 보이는 므츠바리강을 배경으로 좌우로 탁 트인 모습은 영화 세트장을 연상케 한다. 1시간 정도면 둘러볼 수 있는 곳이지만 해를 피할 수 있는 그늘이 없으니 선글라스 또는 모자, 생수 등을 준비하자. 또한 맑은 날에도 중간 중간 바위틈에 쌓여있는 모래 때문에 미끄러질수 있으니 신발 선택 시 유의하자. 고리로 향하는 도로는 므츠헤타를 지나 카즈베기로 가는 군사도로와 나뉘어지는데 조지아에서 가장 발달된 도로 중 하나로 렌터카 여행 시에도 별 어려움이 없는 구간이다.

고리 버스 터미널에서 우플리스치헤행 버스를 타고 1라리면 갈 수있다(30분 소요). 하지만 유적지 앞까지 가지 않아 마을에 하차하여 걸어야 하는 불편함이 있다. 하차한 곳에서 유적지까지는 1.5㎞정도이며 앞에 보이는 다리를 건너 차도 옆으로 걸어가야 한다. 다리 위에서 보는 전경도 나쁘지 않으니 한 번 시도해 볼 만하다. 돌아올 때 버스 타는 곳은 하차한 곳이 아니라 조금 더 걸어 나와야 한다. 가장 좋은 방법은 고리 시내에서 왕복 택시를 이용하는 방법이다. 1시간 정도 대기해 주는 조건으로 25~30라리 내외로 흥정해 볼 수 있다. 차량이 있다면 입구 앞 주차장까지 갈 수 있다.

Kutaisi

쿠타이시

국제공항이 있는 조지아 제2의 도시

조지아 서쪽에 위치한 쿠타이시는 고대 조지아 왕국의 수도였으며 현재는 트빌리시에 이어 국제공항이 있는 조지아 제2의 도시로서 북쪽으로는 스바네티 지역의 메스티아, 서쪽 흑해 연안의 휴양도시 바투미 그리고 남쪽으로는 보르조미로 갈 수 있는 교통의 요지이기도 하다. 유네스코 문화유산으로 지정된 겔라티 수도원과 쿠타이시를 대표하는 바그라티 성당 그리고 인근에 Okatse Canyon과 프로메테우스 동굴이 있어 많은 여행객의 발길이 잦아지고 있다.

Kutaisi IN & OUT
쿠타이시 드나들기

조지아에서 몇 안 되는 국제선이 취항하는 도시로 교통의 요지답게 열차를 비롯해 다양한 버스 노선이 있어 어디에서든지 접근이 용이하다.

01 항공

Wizz Air를 비롯한 몇몇 LCC(저비용 항공사)가 유럽의 밀라노, 바르셀로나, 프라하, 부다페스트, 베를린, 아테네, 비엔나 등을 운항하고 있어 아직 직항 노선이 없는 조지아 여행 입국 시 트빌리시 대신 차선책으로 쿠타이시로의 도착을 고려해 볼 만하다.

시내로의 이동은 공항 셔틀버스 격인 Gerogian 버스를 이용하면 구시가 관광 인포메이션 센터 앞에 하차할 수 있다. Omnibus Express도 바투미, 고리, 트빌리시로 운행하고 있다.

To City Center 30분소요/15라리
To Batumi 2시간 소요/20라리
To Tbilisi 4시간 소요/25라리
Georgian Bus
www.georgianbus.com/new
Omnibus Express
www.omnibusexpress.ge
공항 홈페이지
http://www.kutaisi.aero

쿠타이시공항

02 버스

조지아의 주요 도시를 운행하는 버스(또는 마르쉬루트카)가 쿠타이시 신시가지에 위치한 Central Bus Station에 도착한다. 시내로 이동하기 전에 다음 행선지의 출발시간과 탑승하는 곳의 위치를 미리 파악해 놓자. 구시가로의 이동은 건너편에서 No.1버스를 타면 쉽게 갈 수 있다. 자신의 목적지에 따라 인포메이션 센터 앞 또는 종점에서 하차해도 된다.

인포메이션 센터 / 1번 버스

02 기차

기차의 이용 빈도는 높지 않고 시간도 더 걸리지만 트빌리시를 오고 갈 때는 추천할 만한 교통수단이다. 현재는 1일 1회 왕복 운행하며 쿠타이시의 기차역은 시내 중심에서 좀 더 가까운 Kutaisi I Railway Station에서 출도착한다.

→ 트빌리시 출발 08:50 - 쿠타이시 도착 14:30
쿠타이시 출발 12:25 - 트빌리시 도착 17:44

Kutaisi Attractions

바그라티 대성당
Bagrati Cathedral

쿠타이시 시내가 한눈에 내려다보이는 언덕에 위치한 이 성당은 11세기 통일 조지아의 초대 왕인 바그라트 3세에 의해 지어졌으며 그의 이름을 따서 바그라티 대성당으로 불린다. 17세기 오스만튀르크의 공격으로 폐허가 되었던 것을 1950년대에 복원하였으며 최근까지도 복원작업이 이루어지고 있다. 1994년에는 유네스코 세계유산에 등재되었으나 역사적인 문화재 보존을 원칙으로 하는 유네스코의 지침에 위배되는 복원 과정에서 2010년 유네스코는 위험에 처한 세계유산으로 등록되었으며 이를 지키지 않은 관계로 2017년에는 세계유산 목록에서 제외되었다. 내부는 그리 화려하지 않지만 각자의 방식으로 기도드리는 시민들의 모습을 볼 수 있다. 이곳을 방문하는 가장 좋은 시간은 해 질 무렵이다. 특히 옥색 지붕이 인상적인 성당 옆으로는 예전 그대로의 허물어진 시타델이 있으며, 특히 이 시간이 되면 광장을 연상케 하는 큰 앞 뜰에 관광객과 현지인들이 하나둘씩 모여든다.

시내 어느 곳에서도 잘 보여 걸어갈 수도 있다. Green Bazaar 뒤 The Chain Bridge를 건너 오른쪽 언덕길을 따라 올라가면 된다.

겔라티 수도원
Gelati Monastery

12세기에 건축된 겔라티 수도원은 쿠타이시 시내에서 북동쪽으로 약 10㎞ 떨어진 곳에 위치해 있다. 조지아 황금기에 탄생한 대표적인 중세 교회 건축물의 하나로 꼽히며 유네스코 문화유산으로 지정된 곳이기도 하다. 부드러운 곡선의 석벽과 균형 잡힌 비율 그리고 블라인드 아치가 특징이다. 내부는 빛이 바래기는 했지만 당시 그대로 원형에 가깝게 잘 보존되어 있을 뿐 아니라 내부에 그려진 프레스코화들을 보면 그 세월의 흔적을 느낄 수 있다. 고개를 들어 천정 중앙 올려다보자. 그곳에 그려진 예수님의 벽화는 사방 어디에서 보든 예수님과 눈이 마주치게 된다. 또한 금박 모자이크로 제작된 천사 미카엘라와 성모 마리아 벽화는 당시 조지아의 금세공 기술을 엿볼 수 있다. 밖으로 나와 뒤편으로 가면 포도주를 담갔던 돌 항아리들의 모습을 볼 수 있다. 이곳에서 와인 아카데미를 운영하는 등 최고의 교육기관으로 수많은 학자들 배출했다고 한다. 이는 당시 이곳이 중요한 문화 중심지였음을 보여 준다.

🚶 시내에서 좀 떨어져 있어 시간이 없거나 일행이 있는 여행자라면 택시를 흥정해서 왕복으로 이동하는 것을 추천한다. 버스의 경우 출발 시간이 한정되어 있어 이용하는데 불편할 수도 있다. 시내 분수광장 옆 Meskhisvili Theatre 건물 뒤편에 겔라티 수도원 행 버스 정류장이 있다. 40분 정도 소요되며 요금은 편도 1라리이다.

➡ 쿠타이시 출발 08:00, 11:00, 14:00, 16:00
겔라티 수도원 출발 08:20, 12:00, 15:00, 17:00, 18:20

쿠타이시 중앙 시장 (Green Bazaar)

이곳은 다른 도시와 달리 시내 중심에 조지아에서 가장 큰 규모의 재래시장이 있다. Green Bazaar라고 불리는 이곳에는 신선한 야채, 과일 천연 유제품을 비롯해 육류 및 견과류 그리고 조지아 전통 과자 등 풍성한 먹거리가 있을 뿐만 아니라 둘러보는 재미도 있다. 가성비 좋은 맛있는 과일들은 여행에 지친 체력을 보충하기에 충분할 것이다.

Borjomi
보르조미

보르조미는 조지아 최대 국립공원인 Borjomi Kharagauli의 동쪽 가장자리에 위치한 휴양 도시이다.
특히 세계적으로 보르조미 광천수로도 유명한 이곳은 제정 러시아 당시 로마노프가의 휴양지로 그리고 구소련 당시에는 엘리트 공산당원들의 요양소로도 인기가 많았다고 한다. 작곡가 차이코프스키도 이곳의 물을 마시면서 요양한 것으로도 잘 알려져 있어 내국인은 물론 외국 관광객들도 많이 방문하는 명소가 되고 있다. 많은 조지아 국민들이 넘버원으로 꼽는 곳이지만, 우리에게는 국내 유명한 국립공원과 비슷한 분위기와 메스티아, 카즈베기 같이 이곳에서만 볼 수있는 자연경관을 더 선호하는 이유로 지금까지는 크게 관심을 받지 못한 곳이다.

Borjomi IN & OUT

보르조미 드나들기

보르조미는 트빌리시를 제외한 도시에서는 교통수단이 하루 1~3회 밖에 운행을 하지 않는다.
보르조미로 들어가는 도로와 합류 지점인 Khashuri까지는 교통편이 많은 편이니 참고하자.

01 마르쉬루트카

트빌리시에서 보르조미로 가기 위해서는 마르쉬루트카를 이용하는 게 일반적이다. 기차도 있지만 교외선으로 소요 시간이 두 배 이상 걸릴 뿐만 아니라 하루에 두 차례밖에 운행을 안 한다. 보르조미에도 작지만 매표소가 있는 Bus Station이 메인 도로인 Shota Rustaveli St.의 마을 끝나는 지점에 있다. 맞은 편에는 큰 슈퍼마켓도 있다.

→ 트빌리시 디두베에서 07:00부터 하루 10여 차례 운행. 요금 : 12라리, 소요시간 : 약 2시간

그 이외의 도시에서는 하루 1~3회밖에 운행을 하지 않기 때문에 사전에 미리 확인해 두는 게 좋다. 시간 맞추기가 어려워 많은 여행객들은 보르조미에서 북쪽으로 30km 떨어진 Khashuri라는 곳까지 이동 후 이곳에서 보르조미 행 마르쉬루트카를 타기도 한다. Khashuri는 바투미, 쿠타이시, 주그디디, 고리, 트빌리시 행 버스들이 지나는 길목에 있다. 하지만 오후 6시가 넘으면 보르조미까지는 택시를 타고 갈 각오를 해야 한다(택시 요금 15~20라리).

tip 보르조미는 일반적으로 숙박을 하기보다는 근처에 있는 바르지아를 가기 위해 잠시 들르는 정도의 도시이다 보니 숙박을 하지 않을 경우 대중교통으로 바르지아를 다녀오기는 쉽지 않다. 트빌리시에서 투어 프로그램을 이용한다면 당일치기로도 가능하다. 8시 반에 트빌리시에서 출발하며 3시간 후 보르조미 도착, 잠시 자유시간 후 바르지아로 출발한다. 가는 길에 레스토랑에 정차, 점심식사 후 바르지아에는 3시경 도착. 1시간 30분 정도 동굴 수도원을 둘러보고 돌아올 때는 바로 트빌리시로 온다(중간에 휴게소 10분 정차). 트빌리시에는 대략 9시 전후에 도착한다.

보르조미

보르조미 센트럴 파크
Borjomi Central Park

- 9 Aprilli St. 50
- 06:00~20:00
- 공원 2라리 / 온천 수영장 5라리

보르조미 시내에 위치한 공원으로 이곳에서 오리지널 미네랄 워터를 맛볼 수 있다. 조지아 어느 음식점이나 슈퍼에서 판매되고 있는 Borjomi 탄산수와는 전혀 다른 맛(미지근하면서 찝찌르한 맛)이지만 건강에 좋다고 하니 마셔보자. Mineral Water Park으로도 불리는 공원 내에는 어린이들을 위한 놀이기구를 비롯해 카페, 레스토랑이 있어 가족 나들이객을 많이 볼 수 있다. 산책로를 따라 올라가다 보면 중간 쯤에 협곡에서 떨어지는 폭포와 옆에 있는 프로메테우스의 동상을 볼 수 있으며 끝까지 가면 이곳의 명물 중 하나인 온천수 야외 수영장이 있다. 시내 인포메이션 센터 옆 다리를 건너 11시 방향의 작은 공원을 가로질러 나간 후 좌측의 삼거리에서 우측 길을 따라 곧장 올라가면 공원 입구가 나온다. 공원으로 가는 진입로에는 호텔, 호스텔 및 각종 기념품점과 식당들이 들어서 있어 우리네 등산 진입로를 연상케 한다.

광천수 마시는 곳

Cable Car

이 공원 입구 바로 오른편으로는 외국 여행객에 인기 만점인 케이블카가 있다. 공원위를 가로질러 반대편 산 중턱까지 이어지는 짧은 구간이지만 보르조미 시내가 한눈에 내려다 보이는 전망 좋은 곳이다. 시간의 여유가 있다면 바로 옆에 보이는 대관람차를 타보거나 이곳에서 1.5km 떨어져 있는 자그마한 Saint Seraphim 성당을 다녀 오는 것도 좋다.

케이블카
- 10:00~21:00
- 편도 5라리

대관람차
- 요금 2라리

보르조미 이모저모

인포메이션 센터
이곳에서 아할치헤 및 바르지아로 가는 투어 및 교통편 예약도 가능하다. 시내에서 Borjomi Central Park으로 가기 위해 건너야 하는 다리 왼편 작은 공원 내에 위치해 있으며 유명한 국립공원 Borjomi Kharagauli visit center는 따로 있어 한산한 편이다.

INKA CAFE
보르조미에서 가장 인기있는 카페 중 하나이다. Central Park 진입로 초입에 위치한 이곳은 커피가 맛있을 뿐 아니라 조지아 음식 및 디저트 메뉴도 다양해서 식사 시간 때 방문해도 괜찮은 곳이다.

📍 9 Aprili st. 2
🕐 10:00~21:00

BERGI
Shot Rustavel st. 메인도로변 인포메이션 센터 대각선 방향에 위치한 이곳은 늦은 시간까지도 손님들이 많은 음식점 중 하나이다. 다양한 가성비 좋은 조지아 음식과 간단하게 맥주와 와인 한 잔 하기 좋은 곳이다.

📍 Shot Rustavel st. 121
🕐 10:00~24:00

차이코프스키 동상
이곳에서 광천수를 마시며 요양했다는 러시아의 유명한 작곡가 차이코프스키의 동상이 마을 중심 Shota Rustaveli 거리에 있다.

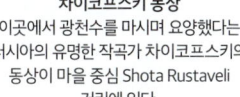

GOLDEN TULIP HOTEL
Central Park 입구에 다다를 때쯤 왼쪽에 보이는 이 특이한 건축물은 19세기 역사적 기념물로 당시 주러 이란 영사를 지낸 Mirza-Reza Khan의 여름 별장이었다고 한다. 현재는 호텔로 사용되고 있으며 실내 곳곳의 디자인들이 매우 독특하며 특별한 곳으로 가성비가 좋아 여행객들에게 인기가 많은 곳이다.

📍 9 Aprili st. 48
🖥 www.goldentulipborjomipalace.com

Akhaltsikhe
아할치헤

조지아 남서부 아르메니아와의 국경 접경 지대인 Samtskhe-Javakheti주의 작은 도시로 바르지아로 가기 위한 관문 도시이다.

예전에는 Lomsia로 알려진 이곳 아할치헤는 12세기 도시 초기 당시 귀족 가문의 이름이라고 한다. 시내 중심 언덕에 위치한 Rabati Castle은 그냥 지나치며 보기에는 아까운 곳이니 잠시 시간을 내어서 둘러 보자.

Akhaltsikhe IN & OUT

아할치헤 드나들기

보르조미를 거쳐야만 갈 수 있는 아할치헤는 트빌리시의 디두베 터미널에서 하루 10여 차례 운행한다.
제법 큰 규모의 아할치헤 터미널은 타 도시와 달리 편의시설이 좋은 것이 특징

01 마르쉬루트카

트빌리시 디두베에서 아할치헤 행 마르쉬루트카는 08:00~19:00까지 10여 차례 운행을 한다.(요금 15라리/3시간 ~3시간 20분 소요). 디두베 지하철역에서 나와 터미널 초입 좌측 주차장에서 출발하기 때문에 찾기 쉽다. 이곳에서 보르조미 행 마르쉬루트카도 출발한다. 아할치헤 터미널은 꽤 넓고 건물내 매표소도 따로 마련 되어 있으니 다음 목적지로의 티켓을 미리 구입하자.

매표소

이곳에서 보르조미까지만 운행하는 마르쉬루트카는 몇편 없다. 이럴 경우 Khashuri 행을 타고 보르조미에 하차 할 수 있다. 트빌리시를 비롯한 다른 도시로 가는 것을 타고 보르조미에 하차 하는 방법도 있지만 우선적으로 최종 목적지 승객을 태우기 때문에 자리가 많이 비어있지 않으면 안 태워 주는 경우도 있다. (아할치헤-보르조미 5라리 / 1시간 소요)

버스 정류소

tip 이곳 터미널 내에서는 마땅히 기다릴만 한 곳이 없다. 맞은편 SMART라는 큰 슈퍼마켓에 내에 있는 베이커리에서는 그래도 맛이 괜찮은 커피를 판매하고 있으며 넓직한 의자도 마련되어 있다. 무료 와이파이 이용도 가능하다. 바르지아 가기전이라면 이곳에서 간단한 음료나 먹거리를 챙기자.

라바티성
Rabati Castle

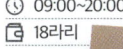 09:00~20:00
18라리

아할치헤 중심으로 접어들면 언덕 위 화려한 성채가 제일 먼저 눈에 들어 온다. 9세기에 Lomisa성으로 지어졌던 것이 오스만 제국 통치 당시 재건되었으며, 현재 건물의 대부분은 17~18세기에 지어졌다. 성채는 매우 잘 보존되어 있고, 내부로 들어서면 잘 가꾸어 놓은 정원을 비롯해 박물관, 레스토랑, 호텔까지 있어 Castle Resort를 연상케 한다. 올라오는 길목은 아담한 호텔 및 카페 레스트랑들이 많아 하룻밤 쉬어 가고 싶은 곳이다. 성채 내부로 들어 가면 일부는 입장권 없이 둘러 볼 수 있지만 제대로 보려면 입장권을 사야한다. 안으로 들어서면 회랑으로 이어지는 황금색 지붕 사원의 물에 비친 모습이 눈을 사로 잡는다. 성벽 위에서 바라보는 성채 내부와 도시 전망이 멋지다. 버스터미널에서 입구까지는 약간 오르막이지만 찾기 쉬워 도보 15분 정도 소요된다. 돌아보는 시간은 최소 1시간 30분 이상이 필요하다.

THEME VISIT MUST

12세기 동굴 도시, 바르지아
Vardzia

12세기에 지어진 동굴 도시로 트빌리시에서 265㎞ 떨어진 조지아 남부에 위치해 있다. Giorgi 3세 당시 처음에는 요새의 목적으로 만들어졌으나 그의 딸이자 조지아의 황금 문화 전성기였던 타마르 여왕이 수도원으로 만들면서 동굴 도시로 발전했다고 한다.

13층 높이에 500m에 달하는 이곳 내부에는 주거지를 비롯 교회, 식당, 목욕탕, 와인 저장고 그리고 수도 시설의 흔적을 찾아볼 수 있어 도시로서의 기능을 했음을 엿볼 수 있다. 1283년에 발생한 지진으로 심각하게 피해를 입기도 했으나 부분적으로 복원되었고 결정적으로 16세기 중반 오스만제국의 침략 이후 도시 멸망이 가속화된 계기가 되었다. 한 역사적 기록물에 의하면 'VARDZIA'는 타마라 여왕이 어린 시절 Giorgi 3세와 함께 사냥을 나갔다 동굴에서 길을 잃었을 때 보내는 신호로 사용했던 말 'var dzia(I am here)'에서 유래되었다고 한다. 쿠라강을 굽어보는 깎아지른 절벽에 만들어 놓은 벌집 모양의 동굴 흔적은 가까이 다가가면 갈 수록 그 규모와 시설에 감탄을 자아내게 한다.

Vardzia IN & OUT
바르지아 드나들기

바르지아를 가기 위해서는 반드시 아할치헤를 거쳐야 한다. 트빌리시에서 아할치헤까지도 3시간 이상 소요되기 때문에 바르지아 행이 하루 3회뿐인 것을 감안하면 그리 쉬운 일정은 아니다. 더욱이 동굴 수도원이 종점이 아닌 하나의 정류장에 불과하기 때문에 돌아오는 시간을 맞추기도 쉽지 않다. 아할치헤에서 바르지아까지는 보통 1시간 30분이 소요되나 마르쉬루트카의 특성상 타고 내리는 승객이 많으면 그 이상 소요된다.

→ 아할치헤 출발
10:30, 12:20, 16:00
바르지아 동굴 수도원 앞 출발
13:00, 15:00, 18:00
요금 7라리

tip 마르쉬루트카를 이용할 경우 돌아가는 버스 시간을 감안하면 둘러볼 시간이 짧게는 40~50분 그렇지 않으면 3~4시간을 그곳에서 보내야하는 불편함이 있다.
이곳을 방문하는 여행객들은 단체여행객들이거나 자가용 또는 택시를 타고 온다. 보르조미나 아할치헤까지 마르쉬루트카로 이동 후 택시를 이용한다면 좀 더 편안하고 여유있는 일정이 될 것이다.
택시 요금(왕복) : From 아할치헤 60~80라리
From 보르조미 100~120라리

바르지아 둘러보기

이곳에 도착하면 유명 관광지답게 매표소와 주차장 주변이 잘 정돈된 느낌이다. 매표소에 가면 입장권과 함께 버스 티켓을 사겠냐고 물어 본다. 이 버스 티켓은 입구에서 동굴 관람이 시작되는 지점까지 운행하는 셔틀버스 티켓이다. 조금 경사진 도로를 따라 걸어가면 15분 정도 소요되는 거리이다.
이곳부터는 표시된 관람로를 따라 천천히 걸으면서 볼 수 있는 구조로 되어있다. 끝나는 지점에서는 아래로 내려와 주차장 쪽으로 걸어 나오면 된다. 중간에 있는 교회 내부 관람도 놓치지 말자. 내부 뿐만 아니라 외벽에도 프레스코화의 흔적들이 선명하게 남아 있다.

🕐 10:00~19:00
🎫 성인 15라리, 셔틀버스 2라리(선택)

Batumi
바투미

조지아의 서쪽 끝 흑해 연안의 휴양 도시로 튀르키예와의 국경에 인접해 있는 항구 도시이자 조지아에서 두 번째로 큰 도시이다.

아자리아 자치 공화국의 수도인 이곳이 바로 조지아를 대표하는 전통음식 중 하나인 하차푸리 중에서도 가장 잘 알려진 돛단배 모양의 아자리아식 하차푸리의 본 고장이다. 카즈베기, 메스티아, 므츠헤타 등 대부분의 지역에서는 경이로운 자연 경관과 조지아 정교회 건축물만을 보아 왔기에 흑해 연안의 현대식 건축물이 즐비한 휴양 도시 바투미가 더 매력적으로 느껴질지도 모른다.

Batumi IN & OUT

바투미 드나들기

조지아 제2의 도시답게 국내선은 물론 몇몇 국제선도 운항하며 트빌리시에서는 고속열차와 같은 기차도 운행하고 있어 편리하다. 하지만 그 외 도시에서는 마르쉬루트카를 이용해야만 한다.

01 항공

조지아항공을 비롯해 터키항공, 시베리아항공 등 10여 개 항공사가 모스크바, 상트페테르부르크, 이스탄불, 두바이, 텔아비브 등 10여 개 도시에 취항하고 있다.
하지만 우리에게는 도시가 한정적이어서 이용 빈도가 그리 높지 않은 편이다. 도심으로 들어가기 위해서는 No.10 버스로도 30분이 채 안 걸린다. 요금은 0.3라리로 무척 저렴한 편이며 택시도 10라리 정도이다.

02 기차

수도인 트빌리시를 오갈 때 가장 유용한 교통수단은 바로 기차를 이용하는 것이다. 하루 두 차례 운행하는 고속열차와 한 차례 운행하는 야간열차가 있다. 고속열차의 시설은 매우 현대적일 뿐 아니라 열차 내 와이파이도 무료로 이용 할 수 있다. 열차 티켓은 현지 역에서 또는 인터넷으로도 구매 가능하다. 바투미 기차역은 도심에서 북서쪽으로 4㎞ 정도 떨어져 있으며 일반 버스도 기차역 바로 앞에 정차하지만 택시를 이용 할 것을 추천한다.

→
기차
트빌리시 출발
08:00, 10:25, 17:05
바투미 출발 08:10, 17:15, 18:20
소요시간 4시간 12분
요금 1등석(75라리),
2등석(35라리)

03 마르쉬루트카

트빌리시 이외의 도시에서는 마르쉬루트카를 이용하게 된다. 바투미 버스터미널은 케이블카 타는 곳에서도 그리 멀지 않은 위치에 있어 큰 짐만 없다면 도보로도 가능한 거리이다. 숙소가 피아자, 유럽광장 또는 Boulevard 쪽이라면 택시를 이용하자. 이곳에서는 국내 도시는 물론 터키, 아르메니아로 가는 장거리 버스도 탈 수 있다.

tip 바투미에서 메스티아로 가기 위해서는 주그디디에서 갈아타야만 한다. 출발 시간에 따라 주그디디 대기시간이 너무 길 수도 있고 도로 상황에 따라 소요 시간이 1시간 이상 더 걸릴 수도 있으니 참고하자.

→
바투미에서 주그디디 행 마르쉬루트카 출발
시간 07:00, 11:00, 12:00, 16:00
(요금 20라리 / 2시간 30분 소요)

주그디디에서 메스티아 행 마르쉬루트카 출발
시간 07:20, 14:30, 18:30
(요금 35라리 / 3시간 30분 소요)

Batumi Attractions

바투미 해양공원
Batumi Boulevard

흑해의 해변가를 따라 조성된 공원으로 흥미로운 조각품과 건축 기념물을 비롯해 녹지로 조성된 공원 내의 산책로는 바투미의 관광명소 중 하나이다. 1881년 프랑스의 한 정원사에 의해 처음 조성된 이곳은 새로 조성된 New Boulevard까지 6Km 이상 뻗어 있다. 이 거리에는 유명 호텔을 비롯해 카지노와 다양한 레스토랑, 카페들이 있어 한가로이 산책하며 휴식을 즐기기에 좋은 곳이다. 힐튼 호텔 20층에 위치한 SKY BAR NEPHELE 야외 테라스에 앉아 감상하는 흑해의 일몰은 조지아 여행의 또다른 묘미를 느끼기에 충분하다. 힐튼 호텔 인근에는 커다란 호수가 있는 5월 6일 공원을 비롯 돌고래쇼로 유명한 Dolphinarium도 있다. 이곳은 어린이는 물론 외국인에게도 인기 만점인 곳이다. 또한 초입의 흥미로운 조각 건축들의 야경 또한 이곳에서 놓치지 말아야 할 볼거리 중 하나이다.

Ali and Nino

'알리와 니노의 상' 조형물은 20세기 초 무슬림 아제르바이잔의 소년과 기독교 국가인 조지아 소녀의 로맨스에 관한 소설의 주인공이라고 한다. 높이 8m의 조형물을 자세히 보고 있노라면 두 사람은 계속 회전하면서 멀리 떨어졌다 가까이 다가갔다 하는 형상이다. 아마도 이루어질 수 없었던 사랑에 대한 표현인 듯 하다. 저녁이면 옆에 있는 대관람차의 화려한 불빛과 어우러져 더욱 더 멋진 모습을 연출한다.

Dolphinarium

구소련 시절이었던 1975년에 처음 문을 연 이곳은 90년대 초부터 20년 간 문을 닫았다가 2011년 795석 규모로 새롭게 오픈한 곳으로 이곳 어린이들과 외국 관광객에 인기 있는 명소 중 하나이다. 돌고래와 함께 수영하는 체험도 가능하다(15분 / 16세 이하 100라리 / 16세 이상 150라리).

돌고래쇼
- 매일 (월요일 제외)
- 16:00 (15라리) / 19:00 (20라리)

Aquarium
- 51 Rustaveli Ave.
- 10:00~18:00
- 입장료 2라리
- dolphinarium.ge

Alphabetic Tower

조지아 알파벳을 나선형 모양의 띠에 새겨 놓은 철골 구조물의 타워로 그 높이는 130m에 이른다. 엘리베이터를 타고 올라가면 바투미의 전체 모습을 조망할 수 있다.
- 12:00~24:00
- 20라리

MEDEA

그리스 신화에 나오는 콜키스왕국의 공주로 황금 양털을 찾아 떠나 이곳에 온 아르고 원정대의 이아손에게 첫눈에 반해 그를 도와 황금 양털을 차지하고 도망쳐 결혼하였다. 황금 양털을 갖고 오면 왕위를 내주겠다던 약속을 지키지 않은 숙부 펠리아스왕을 마법으로 죽이고 코린도스에 정착하게 되는데 여기서 이아손은 메데아를 버리고 코린도스 공주와 결혼한다. 메데아는 여기서 코린도스왕과 공주를 마법으로 살해한다. 이렇듯 그리스 신화에서는 마녀로 표현되는 메데아를 이곳에서는 또다른 의미의 여신으로 여기는 듯 싶다.

바투미 피아자
Batumi Piazza

바투미에서 가장 인기 있는 장소의 하나로 Piazza는 이탈리아어로 광장을 뜻한다. 한눈에 다 들어올 만큼 자그마한 광장이지만 모자이크로 장식된 바닥과 주변의 스테인드글라스 창문을 비롯 화려한 장식의 건물들이 인상적인 곳이다. 저녁에는 라이브 음악이 펼쳐지는 레스토랑과 멜로디 시계탑이 있어 관광객들의 발길이 잦은 곳이다.

아르고 케이블카
Argo Cable Car

🕐 10:00~23:00   🎫 왕복 30라리

도심 인포메이션 센터 옆 케이블카 탑승장에서 해발 250m 높이의 Anuria산 정상까지 총 길이 2,586m인 케이블카를 타면 흑해를 품고 있는 바투미를 파노라마처럼 즐길 수있는 전망대가 나온다. 전망대에는 레스토랑과 작은 기념품 가게가 있다.

유럽 광장
Europe Sqare

📍 29 Memed Abashidze Ave.

Medea 광장이라고도 불리는 이곳은 바투미 여행의 시작점이다. 광장 주변의 몇몇 고딕 양식과 바로크 양식의 건물은 역사적 건축물과 잘 조화를 이룬 모습이다. 메데아 동상 건너편 대로 모퉁이에 크리스마스 트리 지붕 모양의 건물에 있는 천문시계도 놓지지 말자. 주변의 리모델링된 다양한 고급 레스토랑과 포세이돈 분수가 있는 극장 광장으로 이어지는 흥미로운 뒷골목을 보는 것도 바투미 여행의 묘미이다.

SPECIAL interview 7

Batumi Seo
| 인테리어 디자이너, 에어비앤비 호스트

2017년 부터 바투미에서 거주중인 한국인 1호.
현재 바투미에서 에어앤비 호스트와 인테리어 디자인 그리고 통역을 하고 있다는 세오(Seo) 님은 바투미가 흔히들 말하는 메이저급 휴가지가 아니어서 더 많은 기회가 찾아왔다고 한다.

언제 어떻게 이곳에 오게 되었나요?
2017년 1~2월 조지아 전 지역 여행을 시작으로, 바투미에 정착한지 햇수로 6년째 접어들고 있습니다.

이곳에 오시기 전에 어떤 일을 했나요?
인테리어 디자인과 이탈리아어/영어 통역 그리고 해외 무역일 등을 했습니다.

현재 바투미에서 하시는 일은?
2022년 기준 9채의 에어비엔비의 호스트이자, 인테리어 디자이너 그리고 요즘엔 간간이 조지아 와인투어도 계획 중에 있습니다.

에어비앤비와 같은 숙박업을 한 적이 있나요?
생각조차 해본 적 없었던 일을 바투미에서 하고 있습니다. 호스트와 게스트, 세입자와 집주인, 판매자와 매입자… 모든 일이라는 것이 사람을 상대로 하는 일인데, 타지에서 주로 외국인 게스트들을 집으로 맞이한다는 일이 어쩌면 조심스럽고, 한편으로는 흥미로운 감사함 덕에 어느덧 9곳을 운영하게 되었습니다. https://airbnb.com/p/blackseaseo 제 프로필을 클릭하시면 제가 운영하고 있는 숙소들이 나옵니다. 개인적인 예약 요청은 이메일 blackseaduplex@gmail.com 으로 주세요!

여행객에게 소개해 주고 싶은 장소나 꿀 팁이 있다면?
1. 바투미에서는 뭐니 뭐니 해도 흑해죠! 그중 다른 나라보다 훨씬 저렴한 힐튼, 쉐라톤, 라디슨블루등 5성급 호텔 스카이라운지에서 일몰 보기.

2. 바투미 맥도날드
이곳은 사실 바투미 사람들에게 아니, 조지아 전 국민들에게 큰 자랑이자 너무 유명해서 이렇게 굳이 언급하는 것 자체가 의미가 없지 않을까 생각했었는데, 지나고 보니 한국 분들은 대부분 잘 모르고 넘어가셨던 건물이어서 이번 기회에는 꼭 제대로 설명드리려고 합니다. 하버드대 출신 조지아 건축가가 디자인해서 준공 당시엔 올해의 건물로 세계 대회에서 수상한 건물로, 조지아뿐만 아니라 세계에서 손꼽히는 맥도날드 건물입니다. 들어가서 3층 계단 위로 올라가면 특이한 구조의 정원도 꾸며져 있으니 꼭 구경해 보세요.

3. 피시 마켓에서 철갑상어 먹기

한국 분들이 제일 실망하고 간다는 바투미 수산시장입니다. 냉동을 해동해서 팔거나 생물 물고기가 많지 않다는 것과 무엇보다도 장소가 너무 협소해서 그냥 지나치는 곳인데, 한국에서는 보거나 먹기 힘든 철갑상어 구이를 드실 수 있답니다. 수산시장에서 한 마리를 골라 시장 뒤편으로 가면 그릴에 구워줍니다. 그밖에 농어, 돔류, 작은 멸치류 생선들도 한국보다 저렴한 가격에 드실 수 있답니다.

4. 바투미 호파시장의 우족탕

몇 년 전 제가 바투미 호파시장에서 우연히 우족탕집을 발견한 뒤 조지아 술꾼뿐만 아니라 한국 술꾼들에게도 해장과 해장술의 성지가 된 바로 호파시장의 명물 식당. 한국식 곰탕 국물이 여행 중에 생각난다면 적극 추천합니다(메뉴 이름은 하쉬입니다). 우족탕이 비위에 안 맞는 분들은 하쉴라마(갈비탕)를 주문하세요(단, 살짝 짭니다). 간혹 식당에서 한 잔씩 서비스로 주는 짜짜는 주는 대로 다 마시지 마세요. 해장하러 갔다가 무한 반복의 숙취 굴레에 빠지게 될지 모르거든요.

5. 마쿤체티 폭포와 다리.(feat.아자리안 와인하우스)

바투미 시내를 다 둘러보고 시간 여유가 있다면, 교외에 있는 마쿤체티 폭포와 다리를 구경해 보세요. 바투미 버스 정류장이나 짜브짜브 거리에서 케다 방향 77번 마르쉬루트카를 타면 1시간 가량 걸립니다. 택시로는 40분 정도 걸려요. 폭포 근처와 다리 건너편에서는 자연산 송어구이를 파는 식당이 있습니다. 이곳에서 식사를 안 하시고 바투미 시내로 돌아오는 길에 아자리안 와인 하우스에 들러 식사나 와인 시음을 하셔도 좋습니다.

앞으로의 계획이 있다면?

여전히 내일을 모르고 살고 있습니다. 내일이 엄청나게 궁금하지는 않지만, 바라는 것은 오늘보다 내일 더 기분 좋게 많이 웃고 살자. 한국에 계속 있었다면 이렇게나 많이 다양한 좋은 사람들을 만나고 살았을까 싶은 반면에 굳이 안 만나도 됐을 분들도 만나면서 살고 있죠. 현재는 마음 좋고 선한 이웃들이 오셨으면 하는 작은 바람이 하나 있고, 좋은 기억으로 남을 사려 깊은 한국 여행객들 또한 많이 오셨으면 하네요. 타지에서 행복한 마음 가득 안고, 앞으로도 예쁘게 사는 것이 계획이라면 계획입니다.

ARMENIA

아르메니아는 튀르키예, 조지아, 아제르바이잔, 이란과 국경을 접하고 있으며 조지아, 아제르바이잔과 함께 코카서스 3국 중 하나로 알려져 있다. 3국 중 가장 작은 영토를 갖고 있으며 바다가 없는 해발 1000-2000m에 위치한 내륙 국가이기도 하다. 예로부터 아시아와 유럽을 잇는 교통의 요지로 끊임없는 외세의 침략과 제노사이드 등 굴곡진 아픈 역사를 갖고 있기도 하지만 AD 301년 세계에서 가장 먼저 기독교를 국교로 받아들이고 문자를 창제한 유구한 역사와 문화를 가진 국가이기도 하다. 노아가 첫발을 내디딘 땅에서 기적과 경이로움의 숨결을 느껴 보자.

A R M E N I A

BEST 3

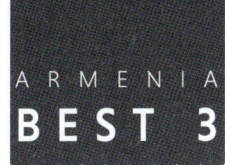

노아의 땅, 아르메니아 Best 3

노아의 땅으로 불리는 아르메니아는 내륙 국가로 작은 나라이지만 다양한 매력이 있는 곳이다. 초기 기독교 국가로 종교적 유산은 물론 어디에서도 보기 힘든 주상절리, 그리고 해발 1,900m에 위치한 세반 호수, 프랑스도 인정한 코냑(브랜디)과 쉽게 접할 수 없는 다양한 전통음식을 맛볼 수 있는 곳이다.

BEST 1

Yerevan

예레반

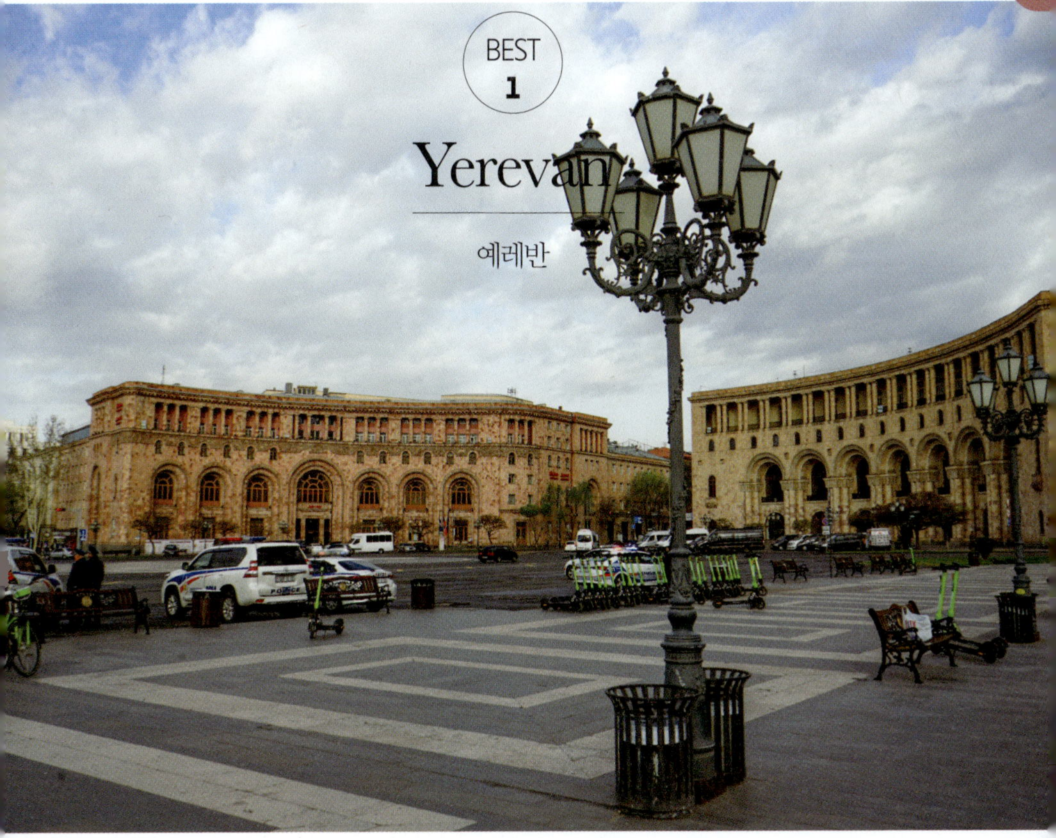

아르메니아 수도인 예레반은 세계에서 가장 오래된 도시 중 하나로 2,800년의 역사를 갖고 있으며, 공화국 광장을 중심으로 펼쳐져 있는 도시는 역사적, 문화적 유산과 소비에트 시대 건축물 그리고 현대적인 건축물들이 어우러져 역동적인 모습을 보여주고 있다. '핑크 시티'로 불리는 이곳에서의 야경을 놓치지 말자.

BEST
2

Tatev

타테브

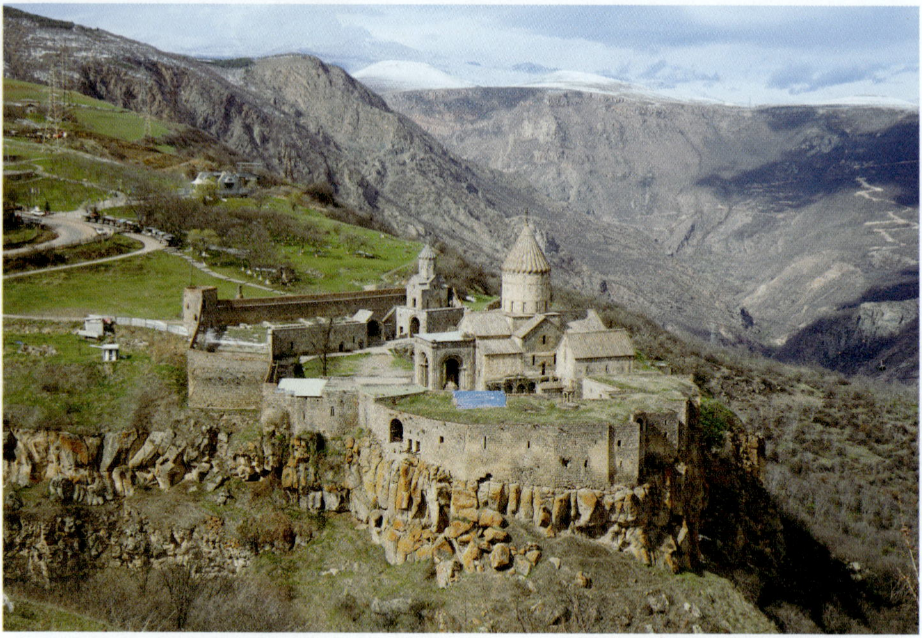

타테브는 현지인들 사이에서도 아르메니아에서 꼭 가봐야 할 곳 No.1으로 추천되는 곳이며, 이곳의 수도원 뿐만 아니라 기네스북에 등재된 케이블카 탑승의 기회도 놓치지 말자.

BEST
3

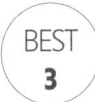

Symphony of Stones

주상절리

가르니 신전 절벽 아래 Azat 강을 따라 펼쳐지는 협곡에는 아르메니아 천연기념물 중 하나인 주상절리가 있다. 마치 이 돌들이 오르간을 닮았다고 해서 'Symphony of Stones'로 불린다. 아르메니아의 명소 중 하나이며 인생샷을 건질 수 있는 곳이기도 하다.

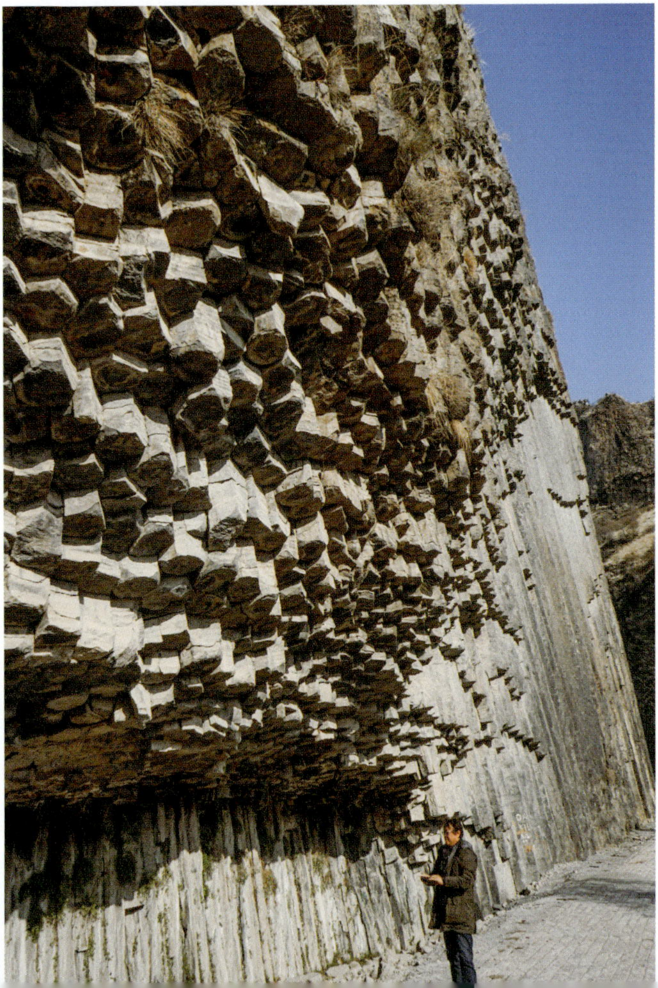

국명 아르메니아

ARMENIA

CAPITAL CITY
Yerevan
수도 예레반

TIME 시차
5h

AREA 면적(약)
29,743 km²

RELIGIONS
종교

93% 아르메니아 사도교회

7% 기타 종교 및 무신교

VOLTAGE
전압

230V / 50Hz

LANGUAGES
언어
아르메니아어
러시아어 통용

GDP
126억 5천만 달러

EXCHANGE RATES
환율
드람(AMD) = 3.7원
(2025년 1월 기준)

VISA
비자
180일 무비자

POPULATION
인구

약 298만명

0   250 million   500 million

SEASON TO TRAVEL
여행 적기

대륙성, 아열대성(남부)
(가을이 비교적 길어 여행하기 가장 좋은 계절)

전형적인 고원 지대 기후로, 봄은 짧은 편이고 여름은 덥고 건조하며, 겨울은 춥고 눈이 많이 내린다. 반면 가을이 비교적 길어 여행하기 가장 좋은 계절이다. 특히 단풍으로 물든 경관이 아름답다. 예레반의 경우 산으로 둘러싸여 있어 사계절 내내 습도가 높지 않아 여름에도 여행하기에 큰 무리가 없다. 일조량이 풍부해 각종 과일이 자라는 데 최적의 조건을 갖추고 있으며 연평균 강수량은 315㎜로 봄과 가을에 강수가 많은 편이다.

아르메니아 디아스포라
아르메니아의 현재 인구는 300만명에 불과하지만, 해외에 거주하는 인구는 600만명 이상으로 알려져 있다. 이는 1차 세계대전 당시 아르메니아인 대량 학살 사건 이후 그리고 구소련 해체와 함께 고국을 떠나 해외로 이주, 디아스포라가 형성되었기 때문이다. 지금까지도 아르메니아 경제는 이들의 후원에 크게 의존하고 있다.

PUBLIC HOLIDAY
공휴일 (2024)

1월 1일, 2일	신년 연휴
1월 4일 ~ 1월 8일	정교회 크리스마스
1월 28일	국군의 날
4월 10일	부활절
4월 24일	아르메니아 대량 학살의 현충일
5월 1일	노동절
5월 9일	승리의 날
5월 28일	공화국의 날
7월 5일	제헌절
9월 21일	독립 기념일

CONTACT
전화 +995

응급상황 및 구급차 103　**경찰** 102
화재 101　**긴급상황** 911

주한공관
아르메니아에는 주한 공관이 없으며 러시아 대사관 관할 지역이다.
영사 업무 및 급한 용무가 있을 시에는 모스크바 소재 러시아 대사관으로 연락을 해야 한다.

긴급연락처(사건사고 등 긴급상황 발생시, 24시간) : +7(495)783-2727

영사콜센터(서울, 24시간) : +822-3210-0404

ARMENIA HISTORY

아르메니아의 역사 중에 기록으로 확인할 수 있는 최초의 국가는 기원전 1270년경의 고대 아시리아 제국으로 알려져 있다. 하지만 아르메니아가 주장하는 고대 건국사는 기원전 2492년 노아의 후손인 하야크가 바빌로니아를 물리치고 세운 하야스탄이다. 본격적으로 역사에 등장한 시기는 기원전 6세기로 알려져 있으며 지정학적으로 여러 민족의 주요한 교통의 요지로 항상 이민족의 침략과 지배가 반복적으로 지속되었다. 특히 오스만, 페르시아 등 주변 이슬람 세력의 영향권에 들었다가, 근대 들어 러시아 및 오스만 제국령으로 분할되었고 20세기 초 오스만 제국령 동부 아나톨리아 지역에서 150만 명으로 추정되는 대량 학살 사건 이후 많은 사람들이 해외로 빠져나가 디아스포라가 본격화되었다. 1918년 아르메니아 민주 공화국으로 잠시 독립하였으나 소련의 붉은 군대에 의해 사라지고 조지아, 아제르바이잔과 함께 자캅카스 소련 공화국으로 편입되었다가 1936년 아르

잘 알려지지 않은 아르메니아 이야기 여덟 가지

1 기독교를 국교로 채택한 첫 국가이다
Trdates 3세 당시인 301년 기독교를 받아 들인 아르메니아는 기독교를 국교로 채택한 첫번째 국가로 알려져 있다. 이는 오늘날 아르메니아인들이 자신들의 정체성을 유지하고 있는 주요 이유 중 하나이다.

3 아르메니아 인구는 국내보다 해외에 더 많다
1915년 대량 학살 사건 이후 수백만 명이 해외로 이주하면서 미국, 러시아 등에서 강력한 공동체를 이루고 있으며, 그 인구는 현 아르메니아 인구 300만 명 보다 많은 약 600만 명으로 추정되고 있다.

2 아르메니아인 대량 학살로 150만 명이 목숨을 잃었다
1차 세계대전 당시인 1915년 오스만 제국(현 튀르키예)에 의해 자행된 아르메니아인 대량 학살로 150만 명이 목숨을 잃었다. 튀르키예는 이 사실을 정치적인 이유로 부인하고 있지만 러시아를 포함한 프랑스, 독일, 이탈리아 등 28개국은 대량 학살로 인정하고 있다.

4 아르메니아 국가 상징은 튀르크예에 있다
아르메니아의 중요한 국가 상징이며 그들이 신성하게 여기는 곳이 바로 노아의 방주가 안착했다고 성경에 전해지는 Ararat산이다. 옛 아르메니아 왕국의 영토였지만 지금은 튀르키예에 속해 있다.

ARMENIA 아르메니아

메니아 소비에트 사회주의 공화국이 되었다. 1991년 소련 붕괴 후 독립하였으며 1988년부터 시작된 나고르노 카라바흐를 둘러싼 아제르바이잔과의 분쟁은 현재까지도 풀어야 할 숙제로 남아 있다.

5 예레반은 세계에서 가장 오래된 수도 중 하나이다
아르메니아 수도인 예레반은 세계에서 가장 오래된 도시 중 하나로 2,800년의 역사를 갖고 있다. 예레반은 '핑크 시티'로도 알려져 있는데 이는 도시의 많은 건물이 장밋빛 화산암을 이용해 지어져 핑크빛을 띠고 있기 때문이다.

7 코카서스에서 가장 큰 호수를 갖고 있다
아르메니아 영토의 5%에 해당하는 세반 호수는 코카서스 지역에서 가장 큰 호수이며, Sevanavank 수도원과 어우러져 아름다운 모습을 보여 준다.

6 아르메니아의 빵은 유네스코 문화유산으로 등록되어있다
라바시는 아르메니아를 대표하는 음식으로 식탁에서 빠지지 않는 얇은 모양의 전통 빵이다. 아르메니아의 문화 표현인 라바시 빵 만들기는 2014년 유네스코 문화유산에 등록되었다.

8 체스는 학교 수업 중 하나이다
아르메니아는 체스 강국으로 잘 알려져 있다. 실제로 유럽 선수권 대회(1999년), 세계 선수권 대회(2011년), 체스 올림피아드(2006년, 2008년, 2012년)에서 남자팀이 우승했다. 여자팀도 2003년 유럽 선수권 대회 우승 경력을 갖고 있다.

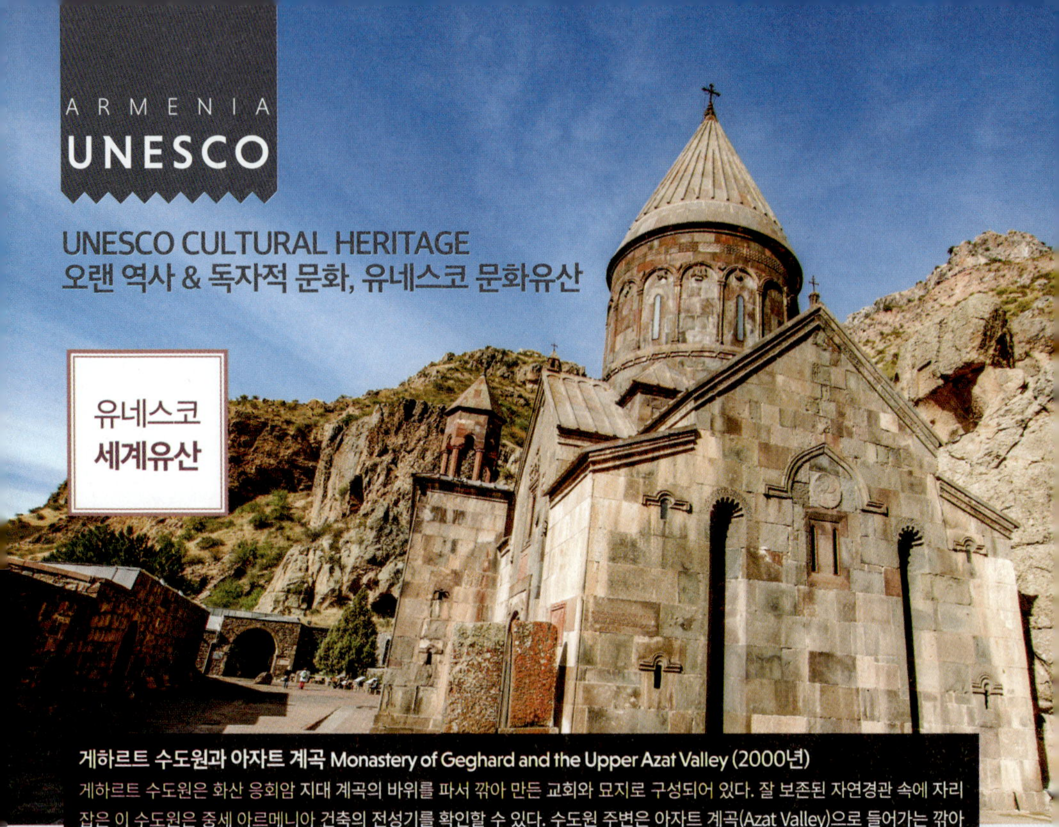

ARMENIA UNESCO

UNESCO CULTURAL HERITAGE
오랜 역사 & 독자적 문화, 유네스코 문화유산

유네스코 세계유산

게하르트 수도원과 아자트 계곡 Monastery of Geghard and the Upper Azat Valley (2000년)

게하르트 수도원은 화산 응회암 지대 계곡의 바위를 파서 깎아 만든 교회와 묘지로 구성되어 있다. 잘 보존된 자연경관 속에 자리 잡은 이 수도원은 중세 아르메니아 건축의 전성기를 확인할 수 있다. 수도원 주변은 아자트 계곡(Azat Valley)으로 들어가는 깎아지른 절벽으로 둘러싸여 있어 자연경관이 매우 훌륭하다. 바위를 파서 깎아 만든 훌륭한 교회와 묘지는 중세 아르메니아의 수도원 건축과 장식 예술을 온전하게 보존하고 있다. 이곳 문화의 혁신적인 특색은 훗날, 이 지역 발전에 엄청난 영향을 미쳤다고 한다. 또한 이곳에는 십자가에 못 박힌 그리스도를 찌른 창, 12세기에 기증받은 사도 안드레아와 사도 요한의 유물, 여러 세기 동안 독실한 방문객들이 기증한 성물들이 보관된 것으로도 더욱 유명하다.

아흐파트와 사나힌 수도원
Monasteries of Haghpat and Sanahin (2000년)

아흐파트 수도원과 사나힌 수도원은 비잔틴 양식의 수도원으로서, 10~13세기에 번성했던 키우리크 왕조(Kiurikian dynasty)의 주요 교육 기관이었다. 사나힌 수도원은 역사적으로 장식가와 서예가의 학교로 널리 알려져 있다. 아르메니아 종교 건축의 절정기를 대표하는 두 수도원은 비잔틴 교회 건축 양식과 캅카스(Kavkaz) 지역의 전통적인 토속 건축 양식이 결합하여 독특한 양식으로 발달한 것이다.

에치미아진의 교회와 성당, 즈바르트노츠의 고고 유적지
Cathedral and Churches of Echmiatsin and the Archaeological Site of Zvartnots (2000년)

에치미아진의 성당과 교회, 즈바르트노츠의 고고학적 유적지는 아르메니아 교회 건축 양식의 변화와 발전을 생생하게 보여 준다. 건물 중앙에 돔이 있고, 십자형 홀이 나 있는 건축 양식은 아르메니아 지방의 건축 및 예술 발전에 상당한 영향을 미쳤다. 에치미아진 대성당은 아르메니아에서 가장 오래된 그리스도교 예배당이다. 성당은 바가르샤파트(Vagharshapat)에 건축되었고 아르메니아 사도 교회의 창시자인 성 그레고리우스가 301년~303년에 걸쳐서 완성하였다. 이곳은 뛰어난 건축 양식을 띠고 있어, 주변 지역의 교회 설계와 건축을 하는 데 있어 커다란 영향을 미쳤을 뿐 아니라 건축 당시부터 아르메니아 교회의 정신과 예술 작품으로서 혁신적인 면모를 두루 잘 나타내고 있다.

유네스코 무형문화유산

코차리, 전통 군무 Kochari, traditional group dance (2017년)

코차리는 축일이나 축제, 가족 예식 등과 같은 다양한 사회적 행사에서 공연되는 일종의 전통 집단무용이라고 할 수 있다. 이 춤은 전통적인 관악기와 타악기 반주에 맞추어 사람들이 서로 손에 손을 잡고 일직선 또는 곡선을 그리며 일제히 움직이고, 발을 구르고, 무릎과 팔을 동시에 접었다 펴기도 하면서 추는 춤이다. 아르메니아 사람들은 코차리를 사회의 공통 정체성과 연대를 상징하는 것으로 받아들인다. 이렇듯 코차리는 역사와 문화 및 민족적 공동 기억을 지속해서 전승하게 해준다. 코차리는 전통 무용으로서 드물게 한 세대로부터 다음 세대로 전승됨이 단 한 번도 중단된 적이 없는 유산이라고 한다.

아르메니아 석비인 하치카르의 십자가석 예술, 상징, 공예 기술 Armenian cross-stones art. Symbolism and craftsmanship of Khachkars (2010년)

하치카르는 아르메니아와 전 세계 아르메니아인 공동체의 장인들이 돌을 깎아 만든 석비(石碑)이다. 추모비로서, 그리고 속세와 신을 이어주는 역할을 하는 성유물 및 기념석으로서 신을 숭배하는 중심 역할을 한다. 하치카르는 보통 응회암 중에서도 질이 가장 좋은 것을 사용하며, 끌, 날카로운 펜과 망치를 사용하여 새긴다. 그런 다음 고운 모래를 사용하여 새겨진 것을 문질러 다듬는다. 그다음 작은 모서리와 거친 표면을 진흙이나 회반죽으로 제거한 뒤 색을 칠한다. 완성되면 소규모 종교의식을 진행하면서 하치카르를 세운다. 축성이 이루어지고 성유를 바르고 나면 하치카르는 신성한 힘을 지니게 되는데 이로써 하치카르는 도움, 보호, 승리, 장수, 추모, 영혼을 구원하는 역할을 한다.

아르메니아의 서사시 〈사순치 다비트〉의 구송 연행

아르메니아의 서사시 〈사순치 다비트(David of Sassoun)〉는 신의 은총을 받으며 악으로부터 자기 고향을 지켜낸 도전적이고 독립심이 강한 소년 다비트에 관한 영웅 서사시이다. 이 서사시는 네 가지 중 하나에 불과하지만 한 민족의 염원과 뿌리 깊은 정서를 극화하여 표현한 전통적인 영웅 설화에 해당한다. 리드미컬한 운율을 지닌 서정적인 소리로 구송되며, 각각의 칸토(canto)는 리듬감 있는 시적 양식으로 노래한다. 흔히 아르메니아의 중요한 전통문화 중 하나로 알려졌으며, 아르메니아 사람들의 종교, 신화, 철학, 우주론, 풍습, 도덕에 관한 전 분야의 지식의 보고이자 백과사전과 같은 역할을 한다. 기차역 앞 분수대에 있는 동상이 Sasuntsi Davit이다.

두둑과 그 음악 Duduk and its Music (2008년)

두둑은 오보에와 같은 관악기의 일종으로 세계에서 가장 오래된 더블 리드 관악기로 알려져 있다. 음색은 따뜻하고, 부드러우며 여린 비음을 낸다. 아르메니아 두둑 음악의 역사는 아르메니아의 티그란대왕 (Tigran, 95~55 BC) 시대부터라고 전해지고 있다. 아르메니아의 두둑 음악은 여러 지방의 전통 노래 및 춤과 함께 어우러져 주로 결혼식과 장례식 등의 행사에서 연주된다. 많은 아르메니아인은 두둑이야말로 아르메니아인들의 온화함, 기쁨 그리고 역사를 가장 잘 표현한 악기라고 여기고 있다. 애잔하고 구슬픈 중저음으로 듣는 사람의 심금을 울리는 두둑의 연주는 중동지역을 배경으로 하는 영화에 많이 등장 한다. 영화 <글레디에디터>와 <패션 오브 크라이스트>의 OST를 연주한 악기가 바로 두둑이다.

아르메니아 문자 예술과 문화적 표현 Armenian letter art and its cultural expressions (2019)

이는 수 세기의 역사를 지닌 아르메니아 문자 예술과 아르메니아 서체, 풍요로운 문자 장식의 문화, 그리고 문자의 다양한 이용에 관한 유산이다. 이 유산은 서기 405년, 메스로프 마슈토츠가 '1문자 1음운'의 원칙에 따라 창제한 아르메니아 알파벳을 기초로 한다. 마슈토츠가 창제한 36개 문자에다 후대에 3개 문자가 추가되었고, 이 모두가 아르메니아어 문자체계로서 오늘날까지 이용되고 있다. 1,600여년이 넘는 기간 동안 살아 있는 유산인 아르메니아 알파벳과 문자 예술은 아르메니아 정체성을 상징하며, 아르메니아 언어 및 영적 문화를 보호하는 주요한 수단 가운데 하나이다. 이런 이유로 과거부터 현재까지 대중은 높은 관심을 지속해 왔다. 전 세계에 퍼져 있는 아르메니아인들을 통합하는 중요한 수단 중 하나로서 여전히 중요한 역할을 하고 있다.

라바시, 아르메니아의 문화 표현인 전통 빵 만들기와 그 의미 및 모양 Lavash, the preparation, meaning and appearance of traditional bread as an expression of culture in Armenia (2014)

라바시는 아르메니아를 대표하는 음식으로 식탁에서 빠지지 않는 얇은 모양의 전통 빵이다. 라바시를 구워내기까지 일반적으로 여러 명의 여성이 공동으로 작업하는데, 이 과정에서 상당한 노력과 협조, 경험과 특별한 기술이 필요하다. 밀가루와 물을 섞어서 이겨 만든 소박한 반죽을 작은 공처럼 빚은 후 얇게 밀고 타원형의 특별한 쿠션 위에서 잘 편다. 그런 다음 원뿔 형태의 전통적인 진흙 화덕의 벽면에 던져서 붙인 채로 굽는다. 라바시는 흔히 이 지역에서 만든 치즈나 채소, 고기 등을 올린 후 말아서 먹으며, 최장 6개월까지 보관할 수 있다. 결혼식에서 라바시는 제의적인 역할을 하는데, 신혼부부의 어깨 위에 올려놓아 다산과 번영을 기원한다. 라바시는 아르메니아의 정체성을 이루는 무형유산으로, 표준화되고 있는 세계 문화 속에서 독창적인 민족문화에 대한 인식의 지평을 넓히는 역할을 하고 있다.

유네스코 세계기록 유산

마슈토츠 마테나다란의 고문서 컬렉션
Mashtots Matenadaran Ancient Manuscripts Collection (1997년)

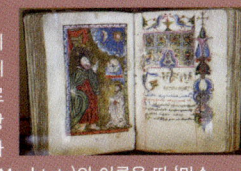

불멸의 아르메니아 알파벳을 창제 (405년)하고 아르메니아 학교를 창립한 메스로프 마슈토츠(Mesrop Mashtots)의 이름을 딴 '마슈토츠 마테나다란(Mashtots Matenadaran)'은 고문서에 관한 학술연구기관으로 이곳에는 약 17,000점의 필사본 컬렉션이 있는데 아르메니아 고대 및 중세 시대의 과학 및 문화, 즉 역사, 지리, 철학, 문법, 법률, 의학, 수학, 문학 등 거의 모든 영역에 관한 필사본이 있다. 특히 세계적 중요성과 고유성 그리고 대체 불가능성의 그리스어, 시리아어로 된 초기 그리스도 교부의 아르메니아어 번역본을 포함한 중세 필사본 컬렉션이 소장되어 있다.

ARMENIA
Restaurant & Bar

Lavash Restaurant

현지인 뿐만 아니라 접근성이 뛰어나 외국 여행객에게도 가장 인기 있는 아르메니아 전통 레스토랑 중 하나이다. 조식 메뉴도 있으며 특히 토니르에서 라바시 굽는 모습을 볼 수 있는 곳이기도 하다.

📍 21 Tumanyan St, Yerevan
🔗 www.yeremyanprojects.com/en/restaurants/lavash

Lumen Coffee

현재 예레반에서 젊은이들과 외국 여행자들에게 가장 인기 있는 커피 전문점으로 실내 공간이 크지 않아 붐비는 시간대를 피해 가는게 좋다.

📍 37 Teryan St. Yerevan
🔗 www.lumencoffee.am

Dargett Craft Beer

이곳은 아르메니아 최초의 Brewpub(Brewery와 Pub의 합성어로, 매장에서 직접 맥주를 제조해 판매하는 형태의 펍)으로 많은 내외국인 모두에게 인기 있는 곳이다. 지하로 내려가면 양조장을 볼 수 있다.

📍 72 Aram Street, Yerevan
🔗 www.dargett.com

Anteb

아르메니아 전통 음식 보다는 중동 요리에 가까운 음식을 맛 볼 수 있는 곳으로 가성비가 좋아 여행객에게도 인기가 많은 곳이다.
📍 30 Yeznik Koghbatsi St, Yerevan

In Vino

전 세계의 다양한 와인과 아르메니아 와인을 경험할 수 있는 와인바이다. 시내에 있어 접근성이 좋을 뿐만 아니라 가성비 좋은 와인과 Cheese Platter를 맛볼 수 있다.
📍 6 Martiros Saryan St, Yerevan

The Green Bean Cascade

예레반의 명소 Cascade 옆에 지리 잡고 있으며 예레반에서 다양한 아침 식사와 커피를 즐길 수 있는 곳으로 이른 시간부터 붐비는 곳이다.
📍 38 Isahakyan St, Yerevan

Tavern Yerevan

가장 전통적인 아르메니아 음식을 맛볼 수 있는 레스토랑으로 예레반에만 네 곳이 있으며 가성비가 좋아 예약이 필요한 곳이다. 주말에는 작은 공연이 펼쳐지기도 한다
🔗 https://www.yeremyanprojects.com/en/restaurants/tavern-yerevan

ARMENIA food

아르메니아 음식은 세계에서 가장 독특하고 전통적인 요리 중 하나여서 우리에게 다소 생소할 수 있다. 현지에서 재배한 신선한 재료를 사용하며 지중해, 중동 및 동유럽의 무역상과 정복자들의 영향을 받은 탓에 독특하고 특별한 맛을 보여 준다. 신선한 허브는 아르메니아 요리에 광범위하게 사용되며, 음식의 풍미는 향신료를 많이 사용하기보다는 재료의 신선도와 품질에 의해 결정된다. 지금까지 맛보지 못한 맛있고 건강한 요리들을 경험해 보는 것만으로도 아르메니아 여행이 즐거워질 것이다.

Lavash 라바쉬

아르메니아의 가장 대표적인 음식 중 하나인 Lavash는 토니르(Tonir)라는 전통 화덕에 구운 얇은 납작 빵으로 모든 식탁에 제공된다. 구운 직후에는 부드럽지만, 시간이 지나면 수분이 증발하여 딱딱해진다. 오랜 기간 저장이 가능하며 다시 먹을 때는 물을 뿌려 부드럽게 만들어 먹을 수 있다. 치즈나 채소, 고기를 넣어 말아서 먹거나 수프에 찍어 먹는다. Lavash는 2014년 유네스코 세계 무형 문화유산으로 등재되어 있다.

Dolma 돌마

Dolma(또는 Tolma)는 Lavash와 함께 아르메니아를 대표하는 가장 인기 있는 전통 음식 중 하나이다. 아르메니아 전통 요리로 간주하고 있으며 주변국에서도 인기가 많은 음식이다. 일반적으로 갈은 고기, 쌀, 허브 등을 넣고 양배추 잎 또는 포도 잎으로 싸서 만든다. 안에 넣은 내용물에 따라 맛도 다를 뿐 아니라 뜨겁거나 차갑게 제공되며 때대로 크림소스나 마늘 소스를 곁들여 먹으며 한 끼 식사로도 충분하다.

Manti
만티

Manti는 남 코카서스, 중앙아시아, 발칸반도 전역에서 인기 있는 만두의 일종이다. 아르메니아 Manti는 일반적으로 삶거나 구운 얇은 반죽에 갈은 양고기 또는 소고기로 만들어지는데 그 크기가 작고 항상 열린 카누 모양으로 만들어지는 게 특징이다.

Eech
에에

Eech는 아르메니아를 대표하는 비건식 bulgur(밀을 반쯤 삶아서 말렸다가 빻은 것) 샐러드이다. Bulgur는 망간, 마그네슘, 철이 풍부한 것으로 알려져 건강식으로 알려져 있다. 조리법은 다양하지만, 일반적으로 bulgur, 토마토, 양파, 피망, 파슬리, 파프리카, 레몬 및 올리브 오일을 곁들여 먹는다. 아르메니아에서는 샐러드 또는 반찬으로 제공되며 라바쉬, 크래커와 함께 먹기도 한다.

Basturma
바스투르마

일반적으로 소고기로 만들어지며 소금에 절인 고기를 건조 및 압착한 후 후추, 칠리 가루, 호로파, 향신료 체멘 등의 혼합물로 고기를 감싸서 다시 건조하는 과정을 거쳐 만들어진다. 바스투르마는 얇게 슬라이스하여 빵과 곁들여 먹거나 샌드위치의 토핑으로도 사용된다.

Ghapama
가파마

속을 비운 호박 안에 삶은 쌀과 잘게 썬 사과, 살구, 자두, 대추, 건포도와 같은 말린 과일을 채워 넣고 전통 화덕인 토니르(Tonir)에 넣어 구워내는 요리이다. 크리스마스와 새해와 같은 축제일에 인기가 있으며 식사로 제공되기도 하지만 달콤한 맛에 디저트 음식으로도 사랑받고 있다.

Khorovats
호로바트

아르메니아식 바비큐 꼬치구이. 그릴이 아닌 숯불 위에 직접 굽는 방식이 샤실릭과 같지만, 보통의 경우 양파, 고추, 토마토 같은 채소는 같은 꼬치에 꽂아 굽지 않는다. 조리법은 일반적으로 소금, 후추, 마늘, 양파, 허브 및 기타 재료가 포함된 혼합물에 약간 기름진 돼지고기가 가장 일반적이며 소고기, 닭고기도 사용한다. Khorovats는 아르메니아어로 '구운'을 의미한다

Harissa
하리사

아르메니아에서 가장 인기 있는 요리 중 하나로 거칠게 간 밀과 조림 닭고기로 만든 일종의 죽이다. 전통적으로 부활절 날과 아르메니아 대학살 당시 무사 레르 저항을 기념하기 위해 제공되었으며, 요리하는 데 많은 시간이 걸리는 매우 의식적인 요리이다.

Khash
카쉬

얼핏 보기에도 우리 우족탕과 많이 닮았다. 아르메니아에서도 전통적으로 겨울철 아침에 뽕나무 보드카와 함께 해장국으로 즐겨 먹었다고 한다. Khash는 마늘, 무, 레몬, 식초, 계피와 같은 다양한 조미료가 함께 나오며 입맛에 맞게 곁들어 먹으면 된다. 한국 식당이 없는 이곳에서 우리에게 가장 반가운 음식이 아닐 수 없다.

Kololik
콜로릭

아르메니아의 대표적인 수프. 소고기 육수로 맛을 내며 다진 양고기, 밥, 양파, 파슬리, 감자 그리고 양념 된 미트볼이 들어간 따뜻한 요리이다. 겨울철이 아니어도 가정에서 매일 즐겨 먹는 요리 중 하나이다.

Gata
가타

Gata는 가장 전통적인 아르메니아의 디저트 음식이다. 전통적으로 토니르라는 화덕에 구워졌지만, 현재에는 오븐에서도 만들어지고 있다. 모양과 크기에 따라 여러 종류가 있다. 특히 여행객들에게 인기 만점인 원반 모양의 Gata는 질감이 더 달콤하고 케이크와도 같다. 관광지 주변의 노점상에서 흔히 볼 수 있다.

Mikado Cake
미카도 케이크

Mikado라는 이름이 일본어처럼 들릴지 모르지만, 이는 정통 아르메니아 요리일 뿐만 아니라 가장 오래된 아르메니아 클래식 케이크라고 한다. 기본적으로 초콜릿 커스터드 또는 캐러멜 버터크림을 바른 여러 개의 얇은 케이크 층으로 이루어져 있다. 케이크 위에 초콜릿 장식이나 코코아를 뿌리기도 한다. 달콤한 디저트를 좋아한다면 강추!

Pomegranate
석류

석류는 살구, 포도와 함께 아르메니아 3대 과일 중 하나이다. 아르메니아고원의 토착 과일로 다산, 풍요, 결혼을 의미하며 국가의 상징으로 간주된다. 석류는 아르메니아의 주식으로 다양한 고기와 생선 요리의 장식으로 사용되며 씨앗과 함께 먹는다. 그뿐만 아니라 석류 주스는 물론 석류 와인도 어디서든지 쉽게 맛볼 수 있다.

ARMENIA SHOPPING

아르메니아 여행 쇼핑 리스트

Spitak Ceramics
토기로 만들어진 이 도자기는 모두 수제품이며 커피세트, 석류와 포도 모양의 꽃병 등 모든 디자인은 아르메니아 전통적 양식으로 표현되고 있다.

두둑
아르메니아의 전통악기 중 하나인 두둑은 오보에와 같은 관악기의 일종으로 세계에서 가장 오래된 더블 리드 관악기로 알려져 있다. 음색은 따뜻하고, 부드러우며 여린 비음을 낸다. 피리와 비슷한 모양을 하고 있지만 연주하기는 쉽지 않다고 한다.

Mountain Tea
아르메니아의 고산지대에서 생산된 백리향, 민트, 블랙베리 등으로 만들어진 티로 풍부한 향과 깊은 맛을 낸다.

꼬냑(브랜디)
구 소련 시절 영국의 윈스턴 처칠은 스탈린으로부터 꼬냑을 선물 받은 후 그 맛에 반하게 되자 스탈린이 매년 365병씩을 보내줬다는 일화가 있을 만큼 유명하다. 프랑스도 인정한 아르메니아 꼬냑(브랜디)의 대표적인 것으로 Ararat와 Noy가 있다.

커피 메이커

손잡이가 달린 뚜껑 없는 작은 주전자에 커피 가루와 물을 넣고 끓여 마시는데, 일반 커피와 달리 깊은 맛과 향을 느낄 수 있다. 1672년 파스칼이라는 이름의 한 아르메니아인이 파리 생제르맹 장터 축제에서 작은 노점을 차리고 잔으로 커피를 팔았는데 이것이 현대적 의미의 최초의 카페로 알려져 있다.

말린 과일 및 견과류

일조량이 풍부해 다양한 종류의 과일이 생산되며, 특히 살구는 아르메니아를 대표하는 과일이다. 굼 마켓 또는 Yerevan City와 같은 대형 슈퍼마켓에서는 선물용 말린 과일 및 견과류를 쉽게 살 수 있다.

전통 의상을 입은 수제 인형 및 마그네틱

기념품 가게와 벼룩시장에서 많이 볼 수 있는 대표적인 기념품으로 특히 마그네틱과 전통 의상을 입은 수제 인형이 인기이다.

석류와인

석류 최대의 생산지인 이란과의 국경 지역에서 재배되는 품질 좋은 석류와 아르메니아 토착 품종의 포도를 섞어 발효시킨 것으로 산도는 거의 없는 편이며 달고 가벼운 느낌의 와인이다.

Grand Candy 초콜릿

대부분 수입품에 의존하는 곳이지만 Grand Candy 초콜릿은 아르메니아산으로 선물용으로 인기가 좋다. 예레반에 10여 개의 Grand Candy 매장이 있다.

SPECIAL interview 1

Avagyan Lia | 한국어 교사

현재 예레반 국립언어대학교에서 한국어 교사로 재직하고 있는 Lia씨와의 인터뷰 내용을 소개합니다.

한국어는 언제 어떻게 배웠나요?
2015년에 아르메니아 예레반 국립언어대학교에 입학해서 아르메니아어와 한국어 통번역학을 전공했습니다. 대학교를 졸업하고 나서 한국 정부 초청 외국인 장학생 프로그램으로 한국에 유학 갔습니다. 처음 1년은 계명대학교 어학당을 다녔으며, 그 후 건국대학교에서 '외국어로서의 한국어교육학' 전공으로 석사과정을 밟았습니다.

한국 생활 당시 아르메니아에서의 생활과 비교했을 때 가장 인상 깊었던 점은?
한국에서 생활하면서 가장 인상 깊었던 점 하나는 24시간 운영하는 카페가 많다는 것입니다. 아르메니아에서는 24시간 운영하는 카페를 찾기가 어려워요. 한국은 치안이 매우 좋고 의료보험이나 복지시스템이 매우 잘되어 있었고 나이 드신 분들이 운동을 많이 한다는 것도 인상 깊었습니다. 한국의 서비스 문화와 배달 시스템은 더 말할 나위도 없습니다. 한국에서 생활하는 데 적응할 필요가 없었습니다. 아르메니아 사람들처럼 한국 사람들도 친절해서 도움이 필요할 때는 늘 도움의 손길을 건네주었습니다. 이 두 나라가 '정' 문화와 '덤' 문화가 있었기에 한국은 제2의 고향이라는 느낌을 많이 받았습니다. 한국은 단점이 딱히 없는 것 같지만 아르메니아와 비교하자면 물가가, 특히 과일이 좀 비싸다고 할 수 있을 것 같습니다.

아르메니아 여행을 계획하는 분들에게 꼭 추천하고픈게 있다면?
아르메니아에서 유네스코 문화유산에 등재된 에치미아진(Echmiatsin)의 교회와 성당, 즈바르트노츠(Zvartnots)의 고고유적지, 아흐파트와 사나힌 수도원(Monasteries of Haghpat and Sanahin), 게하르드 수도원(Monastery of Geghard)과 아자트 계곡(Azat Valley)에 방문하는 것을 꼭 추천해 드리고 싶습니다. 또한 주상절리(돌의 교향곡)와 모험을 추구하는 분들에게 'Yell extreme park'도 추천해 드리고 싶습니다. 이 공원은 여러 종류의 이색적이고 창의적인 활동을 제공하며 공원에 있는 짚라인은 길이가 268m, 135m, 750m, 200m, 375m인 5개 라인으로 구성되어 있다.

하리사(Harisa)라는 음식을 꼭 추천해 드리고 싶습니다. 하리사는 일종의 죽으로 매우 의식적인 요리입니다. 아르메니아 대학살 때 무살레르(Musaler) 근처에 살고 있는 마을 사람들이 무사산으로 올라가 오스만제국과 맞서 싸울 당시 53일 동안 밀과 고기를 끓여서 하리사를 만들어서 먹고 살아남았습니다. 전투 때 돌아가신 분들을 기념하려고 매년 9월 '무사레르 기념비' 근처에서 사람들이 모여 하리사를 만들어 나눠먹습니다. 살구나무로 만들어진 두둑(duduk)이란 전통 악기 음악을 듣고 아르메니아 전통 춤 코차리(Kochari)와 칼춤(Suserov par)을 감상하는 것도 추천해 드리고 싶습니다.

아르메니아인들이 생각하는 한국은 어떤 나라?
아르메니아인들이 생각하는 한국은 기술 분야와 산업이 발달되는 나라입니다. 지난 몇 년간 '한류'의 영향으로 인해 젊은이들 사이에서는 한 번이라도 꼭 여행하고 싶은 나라가 되었습니다.

앞으로의 계획이 있다면?
아르메니아에서 한국과 관련된 사업을 하며 한국을 알리는데 일조하고 싶습니다.

SPECIAL interview 2

김지은 | 피아니스트

지난 3월 31일 예레반의 한 카페에서 모스크바 국립음악원 피아노과를 졸업 후, 피아니스트로 활동하며 현재 예레반 국립음악원 석사과정 준비 중에 있는 김지은 씨를 만나 인터뷰한 그녀의 아르메니아 생활상을 소개합니다.

피아노채널 http://youtube.com/@isadoyakim
러시아어 학습채널 http://youtube.com/@russianWithdora

아르메니아에는 언제 어떻게 오셨나요?

러시아 모스크바에서 6년간의 유학생활을 마무리하던 중 우크라이나 전쟁이 발발하였고, 사태가 안정되기 전까지는 러시아에서 생활하는 것이 위험하다고 판단되어 지난 10월 경 남편과 함께 아르메니아로 오게 되었습니다. 현재 6개월째 예레반 근교도시에서 지내고 있습니다.

짧은 시간이지만 지금까지 아르메니아에서 생활하시면서 느끼셨던 장단점은?

아르메니아는 옛 소련 구성국이었기에, 대부분의 현지인들이 러시아어를 잘 구사합니다. 저도 러시아에서 살았었기 때문에 아르메니아어를 따로 배우지 않더라도 살아가는 데 불편함이 없다는 점이 마음에 들었습니다. 날씨는 대체적으로 온화하고, 물가 및 교통비가 다른 나라들에 비해 저렴한 편입니다. 또한 아르메니아인들은 매우 친절하며, 특별한 '접대문화'가 있기에 외지에서 온 손님들에게 잘 대해줍니다. 덕분에 좋은 친구들이 많이 생겼고, 잘 적응하면서 지내고 있습니다. 단점을 꼽자면, 대중교통을 이용함에 있어 불편함이 있습니다. 수도 예레반의 지하철은 대부분 2~3량이어서, 출퇴근 시간대에는 자리가 충분하지 못해 타기가 매우 힘듭니다. 버스 또한 각 구간에 대한 설명, 정확한 탑승 위치를 알려주는 앱이 없어 현지인들에게 물어보지 않고서는 이용하기가 어려운 편입니다.

장기 체류를 목적으로 아르메니아를 선택하시는 분들에게 당부 하고픈 말씀이 있다면?

아르메니아는 유구한 역사와 문화를 지닌 매력적인 나라입니다. 기회가 된다면 현지인들과 교류하며 아르메니아에 대한 이해의 깊이를 더하는 시간을 가지셨으면 좋겠습니다. 장기 체류를 하게 되신다면 수도인 예레반 이외에 다른 여러 지역을 방문하여 천천히 둘러보시기를 권해드립니다. 바쁜 일상을 잠시 내려놓고 아름다운 자연 풍경들을 보며 재충전하는 시간이 될 것입니다. 한 달 이상으로 거주하기를 원하시는 분들 중에, 수도 예레반의 집값이 많이 올라 높은 월세를 감당하기 힘들어하는 분들이 계십니다. 이 경우 에치미아진, 아르마비르, 메짜모르 등의 근교 지역을 고려해보실 수 있습니다. 예레반에 비해 훨씬 저렴한 가격에 월세를 구할 수 있기 때문입니다.

여행자들에게 꼭 추천하고픈 것이 있다면?

아르메니아에는 흥미로운 박물관, 미술관들이 있습니다. 아르메니아 역사박물관(History Museum of Armenia), 예레반 현대 예술 박물관(Modern Art Museum of Yerevan), 세르게이 파라자노프 박물관 (Sergei Paradjanov Museum), 마르티로스 사랸 생가박물관 (Martiros Saryan House-Museum) 등을 추천합니다. 또한 아르메니아의 대표 작곡가인 코미타스, 하차투리안을 기념하는 박물관도 있는데, 이곳에서 다양한 클래식 음악회가 개최되니 꼭 한 번 방문하여 감상하시면 좋겠습니다. (Komitas Museum-Institute, House-Museum of Aram Khachaturian).

커피 애호가 분들께는 아르메니아식 커피를 추천드립니다. 손잡이가 달린 뚜껑 없는 작은 주전자에 커피가루와 물을 넣고 끓여 마시는데, 깊은 맛과 향을 느끼실 수 있을 것입니다. 또한 아르메니아는 조지아와 함께 세계에서 가장 오래된 와인 생산국으로도 유명한데, 특히 바요츠조르 주 (Vayots Dzor) 에서 생산된 와인이 대표적입니다. 전통음식 중에서는 다진 고기와 채소, 향신료로 만든 속을 포도잎에 싸서 만든 음식인 '돌마'를 꼭 드셔보세요!

앞으로의 계획은?

당분간은 아르메니아에서 학업을 계속 이어나가며, 재능있는 연주자들과 함께 다양한 형태의 연주회를 기획하여 청중 분들께 좋은 음악을 들려드리고자 최선을 다할 것입니다. 또한 아르메니아어와 아르메니아 역사에도 관심을 갖고 조금씩 공부해보려 합니다.

Yerevan
예레반

아르메니아 수도인 예레반은 세계에서 가장 오래된 도시 중 하나로 2,800년의 역사를 갖고 있다. 기원전 8세기 건설된 요새 Erebuni 주변은 왕국의 성채였으며 종교 및 행정 중심지였다.

현재의 이름 Yerevan은 Erebuni에서 변형된 것으로 알려져 있다. 공화국 광장을 중심으로 펼쳐져 있는 도시는 역사적, 문화적 유산과 소비에트 시대 건축물 그리고 현대적인 건축물들이 어우러져 역동적인 모습을 보여주고 있다. 또한 예레반은 '핑크 시티'로도 알려져 있는데 이는 도시의 많은 건물이 장밋빛 화산암을 이용해 지어져 핑크빛을 띠고 있기 때문이다.

Yerevan IN & OUT

예레반 드나들기

아르메니아는 조지아, 튀르키예, 아제르바이잔, 이란과 국경을 접하고 있으나 같은 기독교 국가인 조지아를 제외하고는 인접국가에서 육로 이동이 어려운 상태이다. 그래서 수도인 예레반으로 들어가기 위해서는 보통 항공으로 이동해야 한다.

01 항공

현재 인천공항에서 예레반으로 가는 직항노선은 없지만 두바이를 경유하는 에미레이트항공, 도하를 경유하는 카타르항공, 바르샤바를 경유하는 폴란드항공, 아부다비를 경유하는 에티하드항공 등이 있다.

예레반 츠바르트노츠 국제공항 Zvartnots Ineternational Airport

아르메니아의 관문 츠바르트노츠 국제공항은 예레반 시내에서 서쪽으로 약 12km떨어진 곳에 있어 접근성이 좋아 자동차로 20여분이면 도착할 수 있다. 2008년 공사를 시작해 2011년에 새롭게 단장된 공항은 최고 수준의 보안 및 서비스를 제공하고 있다. 현재 유럽의 주요 도시들(모스크바, 파리, 브뤼셀, 비엔나, 밀라노 등)에서도 항공 이동이 가능하다. 입국장으로 나오면 여느 공항처럼 은행 환전소 및 심카드 판매소 (MTS), 렌터카 회사등 편의시설이 잘 갖추어져 있는 편이다.

공항에서 시내가기

1. 택시
입국장에서 나오면 Taxi라고 쓰여 있는 노란 부스를 볼 수 있다. 이곳에서는 시내까지 기본 5,000드람이다. 초행이고 짐이 많아 택시를 이용해야 한다면 심카드를 구입 후 택시 애플리케이션 'Yandex Go'를 이용하면 조금은 저렴하게 갈 수 있다. 택시 호객하는 사람하고는 절대 흥정하지 않는 것이 좋다.
※ 얀덱스(Yandex) 어플 사용법 (P.95 참조)

2. 공항버스
예레반 시내까지 가는 가장 좋은 방법은 공항버스를 이용하는 것이다. 운행 시간에만 맞출 수 있다면 공항버스를 이용하자. 조금 이른 시간에 도착했다면 첫 출발 시간까지 기다렸다가 가는 방법도 고려해볼 만하다. 입국장에서 나와 Express 라고 쓰여있는 표시를 따라 이동하면 쉽게 찾을 수 있다.

 공항-시내 07:00~22:00 매 30분 / 시내-공항 07:30~22:30 매 30분마다
AMD 300 현금결제

02 기차

아르메니아는 아직 철도가 발달되지 않았을 뿐만 아니라 인접국가에서 예레반으로 들어가는 방법은 조지아의 트빌리시에서 기차를 이용하는 방법 뿐이다.

트빌리시-예레반 구간은 보통 야간열차로 운행을 하며 4인실, 2인실의 침대칸을 이용하게 된다. 기차를 이용 시 장점은 야간으로 이동하기에 이동 시간을 벌 수 있다는 것과 누워서 갈 수 있다는 것이지만, 단점은 다음 날 일정이 좀 힘들 수 있다는 것이다. 예레반의 기차역은 지하철 Sasuntsi Davit역과 연결되어 있다. 아르메니아 철도청 홈페이지 https://www.railway.am 에서 영어 버전이 클릭되지 않을 경우 https://ticket.ukzhd.am/login.aspx?ReturnUrl=%2f 로 들어가서 회원가입 후 로그인 하자.

※ 구체적인 예약 방법은 조지아편 P.96 참조

03 미니버스 (마르쉬루트카)

인접국가 중 육로를 이용해 들어 갈수 있는 방법은 조지아 트빌리시에서 미니버스를 타고 가는 것이다. 많은 외국 여행객들은 낮에 이동 할수 있는 이 방법을 더 선호하는 편이다.

트빌리시에서 예레반행 미니버스를 탈 수 있는 곳이 여러군데 있지만 지하철 Avlabari역 앞 광장에 있는 COMFORT ARMENIA 회사에서 운행하는 미니버스(또는 7인승 벤)를 가장 많이 이용한다. 예레반에서는 Central Bus Station(Kilikia Bus Station)에서 트빌리시 행 미니버스를 탈 수 있다. 국경을 통과하는 관계로 혼잡도에 따라 짧게는 6시간에서 7시간 까지도 걸릴 수 있다. 성수기에는 하루 전에 예약하는 게 좋다. 국경에 도착하면 모두 하차 후 걸어서 출입국 심사를 마치고 나와 타고 왔던 차를 다시 타면 된다. 미리 환전을 못하고 왔다면 국경 은행 환전소에서 소액이라도 꼭 환전을 하는게 좋다.

→
트빌리시 출발 09:00, 11:00, 13:00, 15:00 / 예레반 출발 08:30, 10:30, 13:00, 15:00, 17:00

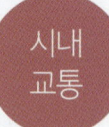

시내 교통

예레반 시내는 공화국 광장을 중심으로 도보 여행이 가능하다. 하지만 지하철, 버스, 택시 등의 대중 교통비가 조지아보다 조금 더 저렴해서 적절히 이용하면 보다 효율적인 여행을 할 수 있다.

지하철 Metro

예레반 지하철은 노선이 하나뿐이라 이용하는 데 큰 어려움은 없다. 배차 시간이 길고 관광지로의 접근성이 떨어져 자주 이용하게 되지 않는다. 하지만 열차를 이용하거나 코르 비랍으로 대중교통 이용 시에는 지하철역 Sasuntsi Davit에 하차하면 된다. 요금은 100드람이며 매표소에서 일회용 플라스틱 토큰을 구매해서 개찰구에 넣고 들어가면 된다. 에스컬레이터의 속도가 엄청 빠르니 꼭 염두해 두자.

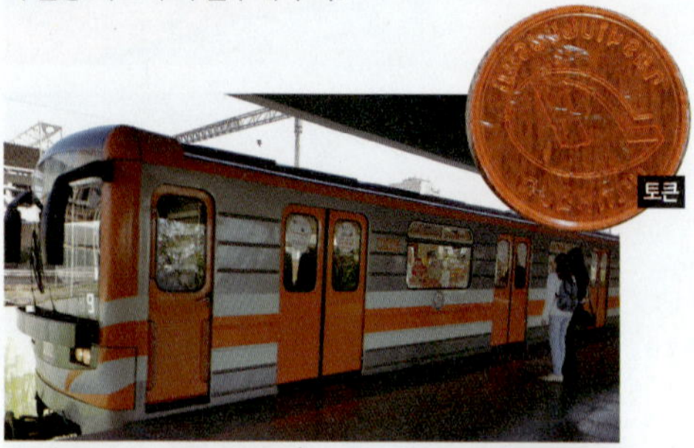
토큰

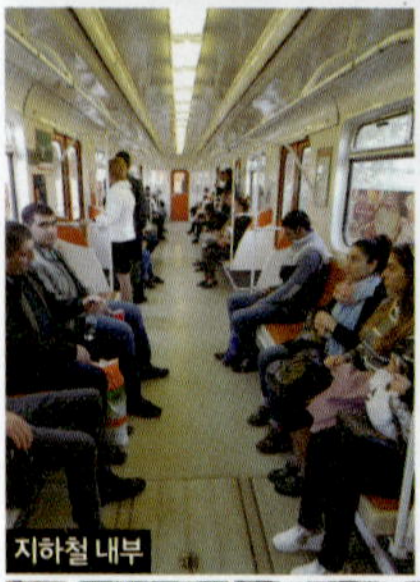
지하철 내부

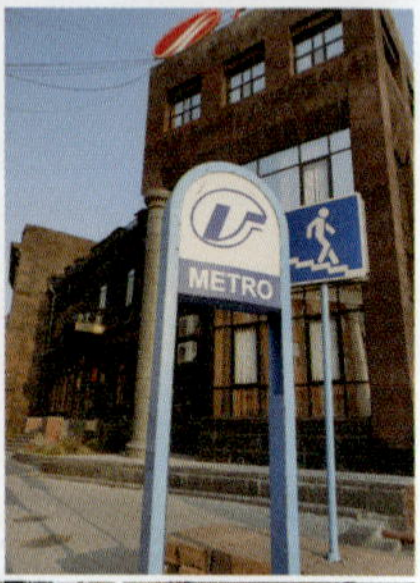

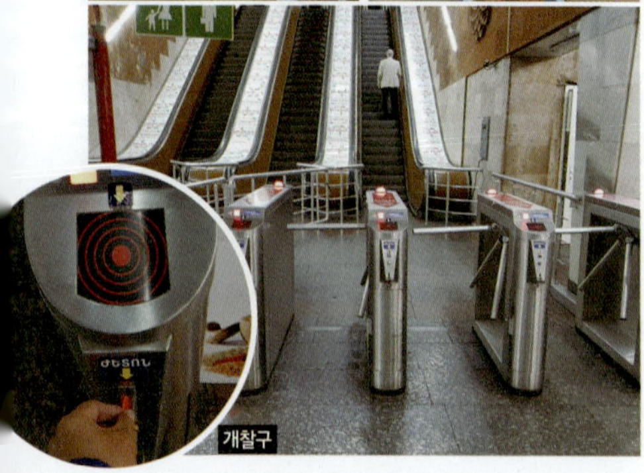
개찰구

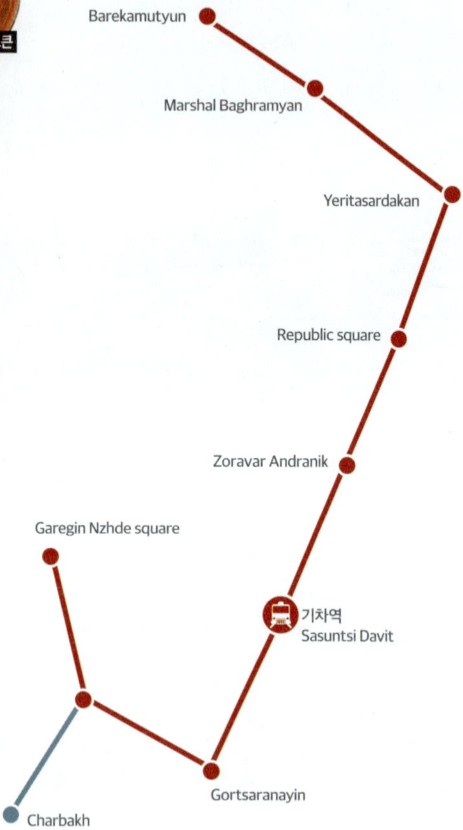

🚌 버스

예레반 시내를 다니는 대중교통으로는 일반버스와 트롤리버스 그리고 마르쉬루트카라고 불리는 봉고형 미니버스가 있다. 예레반 시내를 거미줄처럼 구석구석 연결하고 있어 현지인 대부분이 버스를 자주 이용한다. 하지만 여행객에게는 지하철과 달리 목적지가 아르메니아어로만 쓰여 있어서 이용하기가 수월하지는 않다. 하지만 구글맵에서 지원되지 않는 교통정보가 Yandex Maps and Navigator라는 앱에서는 가능하다. 버스정류장 표시를 클릭하면 그곳에 정차하는 버스 번호와 도착 시간이 표시되며 버스 번호를 클릭하면 노선도를 확인할 수 있다. 버스 요금은 100드람으로 저렴한 편이며 요금은 하차시 버스기사에게 직접 지불한다.

Yandex Maps and Navgator

미니버스

트롤리버스

버스

🚕 택시

예레반은 택시 비용이 저렴해 짐이 있거나 일행이 있다면 택시 타는 것을 추천한다. 다만 정차해 있는 택시 기사와는 흥정하지 않는 것이 좋다. 반드시 'Yandex Go'라는 택시 애플리케이션을 이용하자. 간혹 거스름돈이 없다고 하는 경우도 있으니 탑승 전 잔돈을 준비해 두는 것이 좋다.

ONE WAY TOUR

예레반에서 근교 관광지로의 여행 시 대중교통이 전혀 없는 것은 아니지만, 그렇다고 쉽게 이용할 수 있는 것도 아니다. 현지 여행사에서 운영하는 프로그램을 이용하는 것도 고려해 볼만하다. 가이드의 설명도 들을 수 있어 짧은 시간에 여러 곳을 방문하고자 하는 여행자에게는 안성맞춤이다. 대부분 프로그램은 차량과 가이드 비용이 요금에 포함되어 있으며 입장료는 별도로 현장 지불해야 한다. 이러한 그룹 투어 이외에도 프라이빗 투어 진행도 가능하며 가이드가 없는 경우 3인 기준 25,000 AMD~30,000AMD 정도이다.

인기있는 투어 프로그램
1. Garni Geghard Azat canyon Symphony of Stone : 10시 출발 – 1day 6,900AMD (입장료 불포함)
2. Khor Virap, Noravank, Areni, Birds Cave : 10시 출발 – 1day 8,500AMD (입장료 불포함)
3. Tatev Monastery, Viewpoint of Harsnadzor, Noravank, Areni : 8시 출발 – 1day 11,000AMD
   (케이블카 비용 불포함 편도 5,500AMD, 왕복 7,000AMD/ 월요일 운휴)

📍 16 Ghazar Parpetsi St, Yerevan https://onewaytour.com

트빌리시 ↔ 예레반 이동하기

1. 기차

기차로의 이동은 야간열차만 가능하며 야간 이동은 시간을 활용할 수 있고 숙박을 해결할 수 있다는 장점이 있지만 늦은 시간 출입국심사가 이루어져 잠을 설칠 수 있다. 또한 이틀에 한 번 운행하니 일정을 잘 조율해야 한다. 조지아 출국심사는 모두 열차에서 내려 심사대에서 이루어지며 아르메니아 입국 시는 열차 내에서 여권검사만으로 끝난다. 열차 내 화장실에는 샤워실도 있으며 침대에는 미니 개인 금고 및 전원코드도 있어 편리하다. 온라인 예약은 아르메니아 철도청 홈페이지에서만 왕복 구간 모두 가능하다.

미니 개인 금고

2. 미니밴

여행자들이 가장 선호하는 방법은 'COMPORT 2012' 회사에서 운행하는 12인승 미니밴으로 차종은 대부분 구형 벤츠 스프린터이다. 출입국 심사와 중간의 휴게소 휴식(약 30분~40분) 포함 6시간~6시간 30분 정도 소요된다. 조지아의 경우 본인 짐을 모두 갖고 심사대로 이동하여야 하며 아르메니아의 경우 여권만 챙겨서 심사대로 이동하면 된다. 출입국 심사를 마치고 나오면 타고 왔던 차량을 확인 후 탑승하면 된다. 가급적 하루 전이라도 사무실을 방문하여 예약을 해두는 게 좋다.

📄 50라리 또는 8,000드람

미니밴

휴게소

트빌리시 사무실 및 타는 곳	예레반 사무실 및 타는 곳
📍 위치는 14 Dusheti St.로 지하철역 Avlabari 에서 도보 2분	Central Bus Station내에 있으며 이곳 시내버스 정류장 이름이 Kilikia이다.
🕐 출발 시간 : 09:00, 11:00, 13:00, 15:00, 17:00, 19:00	🕐 출발 시간 : 08:30, 10:30, 13:00, 15:00, 17:00, 19:00

3. 비행기

두 도시 간의 항공 이동은 비용면에 있어서 부담되어 많이 이용하지는 않지만 40분이라는 짧은 비행시간은 큰 장점이기도 하다. 현재 Aircompany Armenia와 FLYONE 항공사에서 운항하며 저가 항공사인 FLYONE을 이용한다면 저렴한 가격에 이용할 수 있으니 차선책으로 고려해 볼 만하다.

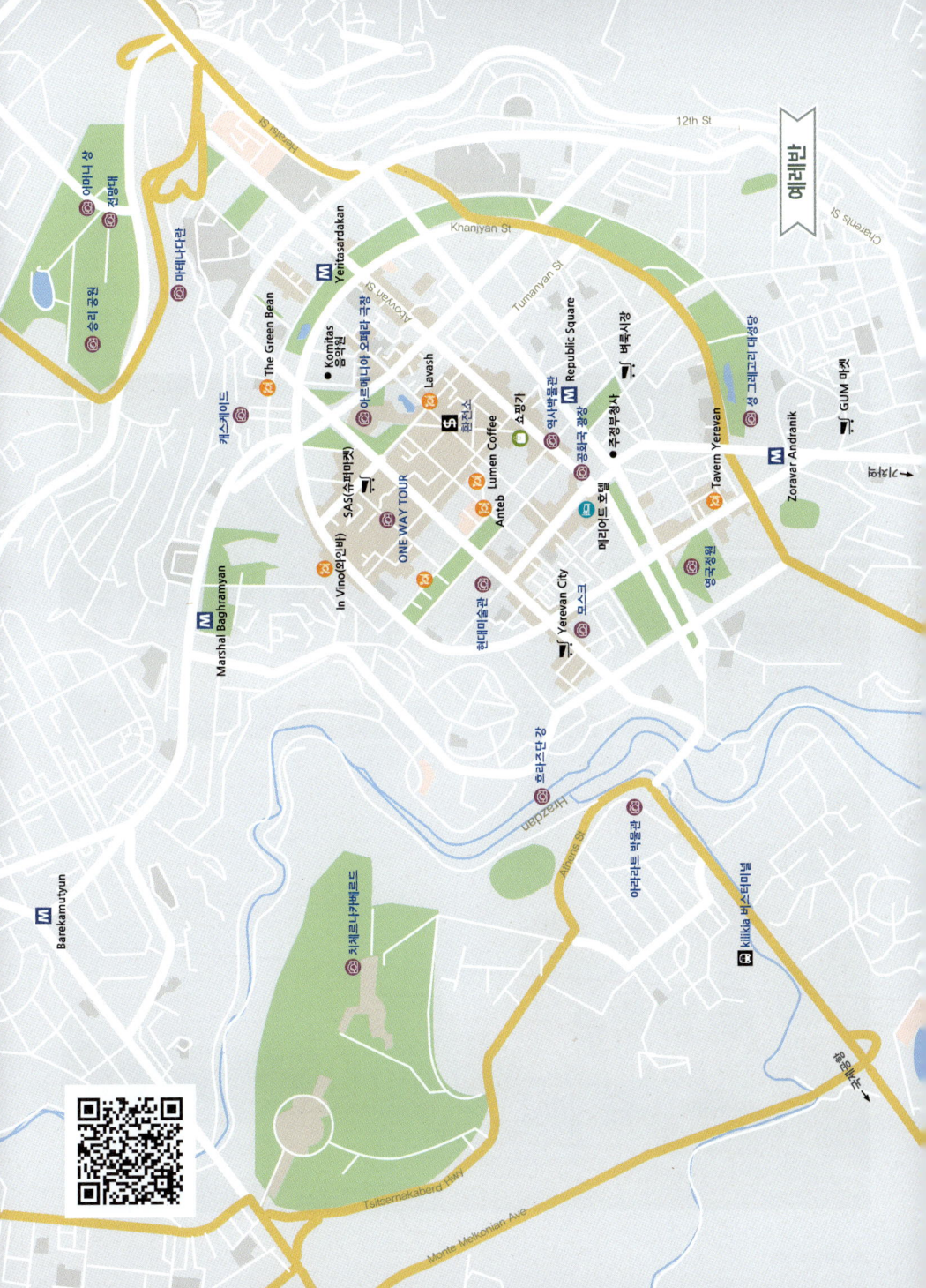

Yerevan Attractions

공화국 광장
Republic Square

예레반 시내 중앙에 있는 공화국 광장은 교통의 중심이자 여행의 출발점이기도 하다. 광장을 둘러싸고 있는 국립 역사박물관, 시계탑이 인상적인 정부 청사, 메리어트 호텔 등은 신고전주의 양식 건물로 분홍색과 흰색 응회암 건물들로 이루어져 있어 그 아름다움을 더한다. 특히 저녁 무렵 국립 역사박물관 앞에 있는 음악 분수는 또 하나의 볼거리를 제공한다. 주변의 건물들은 1950년대에 완성되었으며 소비에트 시절 이곳에는 중앙에 레닌 동상이 세워지며 레닌 광장으로 불리었다. 1991년 독립 후 레닌의 동상을 철거하며 광장의 이름도 바뀌었다고 한다.

아르메니아 국립 역사박물관
National History Museum of Armenia

- 4 Republic Square, Yerevan
- 화요일~일요일 11:00~18:00 (일요일은 17:00까지)
- 월요일, 공휴일 및 기념일
- 1,000 AMD
- https://historymuseum.am

공화국 광장의 한쪽을 차지하고 있는 흰색 응회암 건물인 국립 역사박물관은 1921년 문을 열었다. 40만 점 이상의 고고학, 민족학, 화폐 및 기타 수집품을 기반으로 선사시대부터 현재까지 아르메니아의 문화와 역사에 대한 깊이 있는 모습을 보여 주고 있다. 내부는 냉방이 안될 뿐만 아니라 좁은 공간으로 좀 답답한 느낌이다. 소장품 중 35%는 고고학 관련 항목으로 이루어진 특징을 갖고 있다. 또한 이 건물에는 아르메니아 내셔널 갤러리도 함께 있으니 같이 방문해 볼 것을 추천한다. 특히 국립 역사박물관 앞 음악 분수 공연이 펼쳐지는 저녁 무렵 주변 야경 감상을 놓치지 말자.

펄풀락 PULPULAk

펄풀락은 아르메니아와 나고르노카라바흐 공화국에서 흔히 볼 수 있는 공공 분수대(식수대)이다. 펄풀락은 아르메니아 문화의 중요한 부분으로 인식되고 있으며, 최초의 펄풀락은 1920년대에 예레반의 거리에 나타났고 시간이 지남에 따라 매우 인기를 얻고 있다. Pulpulak은 사람들의 만남의 장소로도 인기가 많다. 펄풀락 이라는 단어는 구어체로 물이 웅웅거리는 소리 '풀풀'에서 파생되었으며, '수원'을 의미하는 'ak'(ակ)이 접미사라고 한다. 펄풀락은 보통 높이가 1미터에 달하는 작고 물이 흐르는 석조 기념물로, 종종 산의 샘물이 공급되기도 한다. 일부 펄풀락은 죽은 이들을 기리기 위해 세워지기도 한다. 이러한 곳에서는 행인들의 추모하는 모습을 종종 볼 수 있다.

아르메니아 국립
오페라 및 발레 극장

Armenia National Opera and Ballet Theatre

- 📍 54 Tumanyan Str., Yerevan
- 🕐 티켓 오피스 11:00~20:00(Intermission 13:00~15:00)
- 🌐 http://www.opera.am

오페라 극장으로 불리는 이곳은 고전적인 아름다움과 웅장한 무대를 갖고 있는데 1,400석 규모의 아람 카타투리안 콘서트 홀과 유명 작곡가인 알렉산더 스펜디아리안의 이름을 딴 1,200석 규모의 오페라 및 발레 극장으로 구성되어 있다. 역사상 어려웠던 시기인 1930년대에 첫 문을 열었으며, 아르메니아인들의 오페라 극장을 갖고자 하는 의지가 담겨져 있는 곳이기도 하다. 현재의 모습으로 완성된 것은 1953년이다. 오늘날 국제적인 수준에 도달한 오페라 및 발레 스타들이 이곳에서 공연하고 있으며 최고의 전성기를 누리고 있다. 예레반을 방문한다면 최고 수준의 공연을 저렴하게 관람할 수 있다는 것을 잊지 말자. 티켓은 홈페이지에서 해당 공연의 좌석 여부와 금액 확인 후 구매도 가능하며 극장 매표소 또는 시내 키오스크에서도 살 수 있다. 금액은 공연에 따라 다르지만 보통 5,000AMD ~ 20,000AMD이다. 극장 뒷 편으로는 예레반의 명물 캐스케이드가 있다.

캐스케이드
Armenia National Opera and Ballet Theatre

아트센터 내부 에스컬레이터

캐스케이드는 석회암으로 만들어진 118미터의 거대한 계단이다. 이곳은 양쪽 계단을 사이에 두고 중앙에 다섯 곳의 고저 차를 둔 폭포 및 분수 조각 공원으로 이루어져 있을 뿐 아니라 제일 꼭대기에서는 저 멀리 아라라트산을 감상할 수 있는 명소로 많은 현지인과 관광객들이 자주 찾는 곳이다. 하지만 아래에서 보는 멋진 모습과는 달리 정상에 올라가면 아직도 위쪽으로는 공사가 중단된 모습으로 남아 있어 아쉬움을 더 한다. 왼쪽 계단 1층에는 미국계 아르메니아인으로 이곳 캐스케이드 복합 단지를 지금의 모습으로 발전시킨 Gerard Cafesjian의 이름을 딴 Cafesjian 아트센터가 있으며 내부 에스컬레이터가 있어 계단 꼭대기까지 편하게 이동할 수 있다. 계단으로 올라가면서 볼 수도 있지만 에스컬레이터를 타고 올라가 내려오면서 중간중간 폭포 조각 공원을 관람하도록 하자. 캐스케이드로 가는 길은 조각 공원으로 조성되어 있으며 이곳에는 세계적인 조각가 페르난도 보테로의 작품들이 있어 눈길을 끄는 곳이다. 또한 한국인 조각가 지용호 씨의 작품 'Lion 2'도 전시되어 있으니 잘 찾아보자. 사자의 갈기를 용맹스럽게 잘 표현하고 있는 이 작품의 소재는 놀랍게도 타이어라고 한다. 공원 양쪽으로는 카페와 레스토랑들이 있어 쉬어가기 좋은 곳이다. 또한 이 조각 공원 입구에는 이곳을 설계한 아르메니아의 가장 유명한 건축가인 알렉산더 타마니안(Alexander Tamanyan) 기념비가 캐스케이드와 멋진 조화를 이루고 있다. 오페라 극장도 그의 작품 중 하나이다.

알렉산더 타마니안

Lion 2

어머니 동상
Mother Armenia statue

예레반 시내 어디에서도 잘 보이는 기념비적 조각상인 어머니 동상은 캐스케이드 언덕 너머 승리공원에 자리 잡고 있으며 예레반 시내를 한눈에 조망할 수 있는 멋진 전망대도 있다. 승리공원 내에는 어린이 놀이동산이 있어 가족을 동반한 현지인들을 많이 볼 수 있다. 구리로 만들어졌다는 어머니 동상의 높이는 22미터이지만 아래 현무암으로 지어진 건물까지 하면 전체 높이는 51미터에 달한다. 이 건물 내부는 제2차 세계대전을 다룬 군사 박물관이었으나 오늘날 전시 공간의 상당 부분은 나고르노-카라바흐 전쟁 관련 물품들이 전시되어 있다. 한 손에 칼을 들고 있는 이 동상은 힘을 통한 평화를 상징한다고 한다.

마테나다란
Matenadaran

- Mashtots Avenue 53, Yerevan
- 화요일~토요일 10:00~16:50
- 월요일, 일요일 및 공휴일
- 성인 1,500AMD
- https://matenadaran.am

 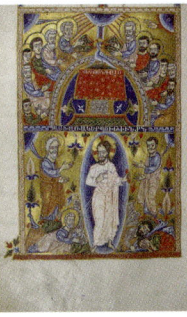 

예레반의 랜드마크 중 하나인 이곳의 정식 명칭은 아르메니아 알파벳 창제자인 메스로프 마슈토츠의 이름을 딴 "Mesrop Mashtots Institute of Ancient Manuscripts"(메스로프 마슈토츠 고문서 연구소)이다. Matenadaran은 matean(책 또는 양피지)과 daran(저장소)의 합성어이다. 작은 궁전을 연상케 하는 이곳은 예레반에서 가장 넓은 도로인 Mesrop Mashtots Ave의 북쪽 가장자리 작은 언덕에 있으며 회색 현무암으로 지어진 건물 앞 정면에는 Mesrop Mashtots와 그의 제자 Koryun의 동상이 있다. 현재 이곳에는 약 2만 3천여 점의 필사본과 두루마리 그리고 또 다른 50만 개의 기록 문서, 법령, 정기간행물 등이 보관되어 있다. 1959년 처음 설립될 당시에는 아르메니아 교회의 국유화된 컬렉션 만5천여 점을 기반으로 하고 있었으나 이후 컬렉션의 수가 꾸준히 증가되었으며, 대부분은 아르메니아 디아스포라 개인의 기부에서 비롯되었다고 한다. 이곳에서 가장 중요한 컬렉션으로는 라자르 복음서(9세기), 에치미아진 복음서(10세기), 무그니 복음서(11세기)가 있다. 또한 1512년 베네치아에서 출간된 것으로 알려진 최초의 아르메니아 책도 볼 수 있다.

벼룩시장 Vernissage flea market & GUM market

예레반 시내에는 Northern Ave.의 쇼핑몰 이외에도 여행객들에게 인기 만점인 마켓이 두 군데 있다. 하나는 벼룩시장이라 불리는 Vernissage flea market으로 지하철역 Republic Square 인근에 있으며, 지하철역을 나와 왼쪽 공원을 지나 Aram St. 와 Buzand St. 사이에 있어 찾기 쉽다. 이곳에서는 구소련 시대의 골동품부터 마그네틱, 전통 인형 등 각종 기념품과 수공예품은 물론 전통 악기인 두둑도 살 수 있다. 선물용 기념품을 사기에 안성맞춤인 곳이다. 반면 또 다른 마켓은 아르메니아 전통 시장 형태의 굼 마켓으로 지하철역 Republic Square에서 한 정거장 아래에 있는 Zoravar Andranik 역 인근에 있다. 이곳에서는 주로 말린 과일, 견과류 등 식료품을 판매하는 곳으로 한 번쯤 구경 삼아 가볼 만하다.

예레반 브랜디 컴퍼니 ARARAT

아르메니아도 오랜 와인의 역사를 갖고 있지만 포도주를 증류한 아르메니아의 브랜디는 프랑스의 코냑만큼 맛과 품질이 좋기로 유명하다. 아르메니아 브랜디는 여러 차례 블라인딩 테스트에서 프랑스의 코냑을 제치고 1등을 차지하기도 했다. 1887년 부유한 길드 상인이었던 Nerese Tairyan에 의해 설립된 이 회사는 구소련 당시엔 국유 기업이 되었다가 독립 후 1999년 프랑스 회사에 매각되었다고 한다. ARARAT은 현재 전 세계 50개국 이상에서 인정받는 현대적인 글로벌 브랜드가 되었다. 1940년대 후반 흐라즈단 강 옆 언덕에 새롭게 건설된 공장에는 ARARAT MUSEUM이 있어 관광객들이 많이 찾는 곳이다. 이곳에서는 Tour 프로그램을 운영하고 있으며, 아라라트의 역사와 함께 재미있는 일화들을 소개하고 있다. Tour 마지막에는 3잔의 코냑 시음 시간도 주어진다. 영어로 진행되는 Tour는 11:30 한차례 뿐이며 10:00와 15:00 Tour는 러시아어로 진행된다. 사전에 전화 또는 홈페이지에서 예약할 수 있다. 브랜디(코냑)는 일반적으로 식후에 마시는 술로 식후 소화를 돕고 혈중 콜레스테롤을 낮춰주는 것으로 알려져 있다.

📍 2 Admiral Isakov Ave, Yerevan
🕘 월~토 09:00 ~ 18:00
🚫 일요일   https://araratbrandy.com

치체르나카베르트
Tsitsernakaberd

🚩 시내 중심에서 그리 멀지 않지만 지하철 Barekamutyun 역까지 이동 후 버스를 타고 이동해야 한다. 택시로 이동을 추천(요금 700~800 AMD)
※ 목적지 선택 시 이곳 Parking lot으로 설정하자.

아르메니아 슬픈 역사의 현장인 이곳은 20세기 초 아르메니아인 대량 학살로 사망한 150만 명을 추모하기 위해 세워진 Armenian Genocide Memorial complex로 1967년에 완공되었으며 그 이후 예레반 건축의 중요한 부분이자 순례지이다. 예레반 시내가 한눈에 내려다보이는 언덕 위에 자리 잡고 있으며 주변 경관과 함께 엄숙한 분위기를 자아낸다. 국가적 부활을 상징하는 44미터의 기념비와 원을 이루고 있는 12개의 석벽(잃어버린 12개의 지역을 상징) 안에는 사망자들을 추모하는 영원의 불꽃이 있다. 기념비로 향하는 공원 왼쪽 벽에는 당시 학살과 추방된 곳으로 알려진 도시와 마을 이름이 적혀 있으며 추모 벽 뒤에는 대량 학살에서 생존한 사람들의 고통을 덜어주기 위해 헌신한 사람들을 기리는 명판이 부착되어 있다.

아르메니아 대량 학살 (Armenian Genocide)

19세기 말부터 20세기 초까지 오스만 제국에 의한 아르메니안 집단 학살 사건으로 나치 독일이 유대인을 탄압한 홀로코스트보다 먼저 일어났던 사건이다. 오스만 제국은 발칸 전쟁(1912년~1913년)에서의 패배로 유럽의 영토를 잃음과 동시에 이슬람교도들의 반기독교 감정이 고조되었으며 1차 세계대전에서 독일과 동맹을 맺으면서 연합군인 러시아의 배후에 아르메니아인들이 있을 거로 의심하면서 추방과 학살이 시작되었다. 자국 내에 있는 아르메니아인들의 추방은 조직적으로 이루어졌으며 대량 학살이 이루어졌다. 하지만 당사자인 오스만 제국(현 튀르키예)은 전쟁 중에 일어났던 일로 집단학살을 인정하지 않고 있으며, 지금까지도 정치적인 이유로 논란과 비판이 끊이지 않고 있다.

예레반 근교

아르메니아는 수도인 예레반을 중심으로 꼭 가봐야 할 명소들이 대부분 근교에 있어 모두 당일치기 여정이 가능하다. 교통편만 잘 활용한다면 1~2곳, 현지 투어회사 프로그램을 이용한다면 3~4곳도 가능하다. 타테브 같이 대중교통으로 이동이 어려운 곳은 투어회사 프로그램을 이용할 것을 추천한다.

근교
1

Cathedral of Echmiatsin

에치미아진 대성당

공사중인 대성당

Kilikia Bus Station에서 203번 미니버스 탑승. 약 40분 소요

세계에서 가장 오래된 성당으로 알려진 이곳은 아르메니아 교회 건축 양식의 변화와 발전을 생생하게 보여 준다. 건물 중앙에 돔이 있고, 십자형 홀이 나 있는 건축 양식은 아르메니아 지방의 건축 및 예술 발전에 상당한 영향을 미쳤다. 성당은 바가르샤파트(Vagharshapat)에 건축되었고 아르메니아 사도 교회의 창시자인 성 그레고리우스가 301년~303년에 걸쳐서 완성하였다. 예레반에서 서쪽 18km에 있는 이곳은 옛 수도이기도 했던 종교도시로 정식 이름은 바가르샤파트였으나 1945년 이후 에치미아진으로 불리고 있다. 뛰어난 건축 양식을 띠고 있어, 주변 지역의 교회 설계와 건축을 하는 데 있어 커다란 영향을 미쳤을 뿐 아니라 건축 당시부터 아르메니아 교회의 정신과 예술 작품으로서 혁신적인 면모를 두루 잘 나타내고 있다. 이곳에서 도보로 30분 거리에는 세계문화유산으로 등재된 즈바르트노츠 유적지가 있다. 대성당 내부의 초기 프레스코화는 18세기에 복원되었으며, 대성당 뒤편에 있는 박물관 내에는 예수님의 옆구리를 찌른 로마 병사의 창과 노아의 방주에서 떼어 왔다는 돌판 위의 십자가를 비롯해 각종 종교적 예술품들을 소장하고 있다. 이곳을 방문하는 사람들이 처음으로 맞이하게 되는 곳은 2001년 아르메니아 건국 700주년을 기념하여 대성당을 방문한 교황 요한 바오로 2세의 방문 기념비로 대성당으로 들어가는 출입구로 사용되고 있다. 교황과 성 그레고리우스가 만나는 형상이 조각되어 있다. 이곳으로 들어가면 대성당을 비롯 신학교와 기숙사 건물이 있다. 그리고 십자가가 새겨진 다양한 하치카르는 1915년~1923년 터키인에 의한 아르메니아 대학살 추모비이다. 17세기에 지어졌다는 한 쪽의 건물에는 꽤 괜찮은 전통음식점인 Agape Refectory도 있다.

로마병사의 창

교황과 성 그레고리우스

전통음식점 Agape Refectory

근교
2

Khor Virab

코르 비랍

대부분의 관광객은 투어를 이용해 오지만 대중교통을 이용해서 방문할 수도 있다. 예레반 기차역과 연결된 지하철역인 Sasunti David에 하차하여 광장 쪽으로 나오면 광장 중앙에 Sasunti David 동상이 보인다. 동상을 지나 오른쪽으로 가면 작은 공터에 주차한 여러 미니버스를 볼 수 있다. 이곳에서 483번 미니버스를 타면 된다. 소요 시간 약 40~50분. 단, 하루에 두 차례만(11:00, 15:30) 운행하니 시간적 여유가 없다면 투어 회사의 프로그램을 이용하는 편이 좋다. 돌아오는 편은 Khor Virab에서 13:20, 17:20에 출발한다.

예레반에서 남쪽으로 약 35km 떨어진 Ararat 평야에 있는 코르 비랍은 '깊은 구덩이'라는 의미로 성 그레고리가 13년 동안 갇혀 지냈다는 지하 감옥 위에 세워진 수도원이자 많은 순례객이 방문하는 곳이다. 아르메니아의 Trdates 3세는 기독교를 포교하던 그레고리를 이곳 지하 감옥에 가두고는 심한 병을 앓게 되었는데 13년 동안이나 살아 있는 그레고리를 보고 놀란 나머지 풀어주자 병이 나았다고 한다. 그 후 왕은 세례를 받고 기독교를 받아들이며 301년 세계 최초로 기독교를 국교로 공인하게 된다. 지금도 철제 사다리를 통해 지하 감옥을 방문할 수 있다. 이곳의 원 예배당은 642년에 지어졌으며 현 교회는 1662년에 지어진 것으로 알려져 있다. Ararat 평원 내 Pokr Vedi 언덕에 있는 이곳은 푸른 목초지와 포도밭으로 둘러싸여 있으며 아르메니아의 상징인 Ararat 산을 배경으로 멋진 풍광을 자랑한다. 수도원 위 언덕으로 올라가면 만년설의 아라라트산과 아담한 수도원이 한눈에 들어온다. 왼쪽 저 멀리 아래 평원에는 작은 동상이 보이는데 이는 19세기 오스만 제국에 저항했던 전설적 영웅 게보르크 차부시(Gevork Chavoush)이다.

Mount Ararat

튀르키예 동쪽 끝 아르메니아와 이란, 아제르바이잔 국경지대에 걸쳐 있는 이 산은 대 아라라트와 소 아라라트 두 개의 성층화산으로 이루어져 있으며 대 아라라트는 그 높이가 해발 5,137미터에 이른다. '아라라트'의 어원은 고대 아시리아인들이 불렀던 우라르투라고 한다. 첫 등정은 1829년 독일 학자인 Friedrich Parrot과 아르메니아의 저명한 작가 Khachatur Abovian 외 2명으로 알려져 있다. 우리에게는 성경에 나오는 '노아의 방주'가 머물렀던 곳으로 잘 알려져 있다. 현재는 튀르키예 땅이지만 아직도 아르메니아의 주요 국가 상징이며 국장 한 가운데에는 아라라트산 위에 노아의 방주까지 새겨져 있을 만큼 아르메니아인들에게는 신성한 산으로 여겨지고 있다.

근교
3

Garni Temple
가르니 신전

공화국광장에서 22번 버스를 타고 정류장 MegaMall, Mercedes saloon에서 하차 후 벤츠매장을 돌아 건너편 Gai Bus Station에서 미니버스 266번 탑승. 가르니까지는 약 40분 소요

주상절리 Symphony of Stones

가르니 신전 절벽 아래 Azat 강을 따라 펼쳐지는 협곡에는 아르메니아 천연기념물 중 하나인 주상절리가 있다. 그 어느 곳에서도 볼 수 없는 이 장엄한 주상절리는 아주 오래전 바다였을 것으로 추정되며 화산암이 붕괴한 결과라고 한다. 높이 50m에 달하는 현무암 기둥으로 육각형과 오각형의 모양을 띠고 있어 더욱더 신비스러운 모습을 보여 주고 있다. 마치 이 돌들이 오르간을 닮았다고 해서 'Symphony of Stones'로 불린다. 아르메니아의 명소 중 하나이며 인생샷을 건질 수 있는 곳이기도 하다. 가르니 신전 입구 옆으로 난 길을 따라 절벽 아래로 내려가는 방법도 있으나 그 경사가 꽤 가팔라서 사고의 위험이 있으니 가르니 마을에서 사륜구동 차량을 이용하거나(10분 소요) 마을을 따라 도보로 가는 것을(35분 소요) 추천한다.

입장료 200드람

이곳은 예레반 동쪽 약 28km 떨어진 가르니 마을에 있는 이오니아식 신전으로 Azat 강 계곡과 Gegham 산이 내려다보이는 절벽에 위치해 있다. 입구로 들어서면 일직선으로 뻗은 작은 정원 뒤로 우뚝 서 있는 신전의 모습이 마치 그리스의 파르테논 신전을 연상케 하며 주변 풍광과 어우러져 묘한 분위기를 연출한다. 아르메니아가 기독교를 받아들이기 전인 1세기경 Tridates 1세가 태양신 미르의 신전으로 지어진 것으로 알려져 있다. 하지만 일부 학자들에 의하면 이곳이 왕릉이었을 것이라고 주장하는데, 이교도들에 의해 파괴되지 않고 남아 있었던 것도 무덤이었기 때문에 가능했을 것이라는 것이다. 17세기에 지진으로 붕괴되었던 것을 1975년 최종적으로 재건한 모습이며 신전 옆으로는 아주 오래전 사람들이 거주했던 흔적이 남아 있다. 특히 목욕탕으로 추정되는 목욕탕 바닥은 그리스 신화에 나오는 신들을 소재로 한 모자이크로 장식되어 있다. 가르니 신전 뒤 절벽 아래로 내려가면 1km 이상 펼쳐진 주상절리를 볼 수 있어 인근의 게르하트 수도원과 함께 돌아보는 일정을 잡으면 좋다. 대부분의 외국 관광객은 이 세 곳을 함께 방문하는 현지 투어프로그램을 이용하지만 대중교통으로도 다녀올 수 있다.

입장료 1,500드람

근교
4

Geghard Monastery
게하르트 수도원

미니버스 266번은 가르니를 지나 Goght가 종점이다. Goght는 가르니와 게하르트 수도원 중간에 있는 작은 마을이다. 이곳에서 하차 후 택시를 이용 도착 후 30분 정도 대기 시킨 후 Goght까지 되돌아오거나 가르니 신전 방문 전이라면 가르니에서 하차하는 조건으로 사전에 운전기사와 요금을 협상토록 하자.

YEREVAN 예레반 근교

2000년 유네스코 세계유산에 등재된 게하르트 수도원은 화산 응회암 지대 계곡의 바위를 파서 깎아 만든 동굴 교회와 묘지로 구성되어 있다. 본 예배당은 13세기 초에 지어졌으며 순례자들의 예배 장소로 사용되었다고 한다. 정문 위에는 사자가 황소를 공격하는 형상의 부조가 있는데 이는 Proshian Princes의 힘을 상징한다고 한다. 본 예배당 위쪽에 있는 가비트 성당 내부는 4개의 원형 석조 기둥으로 받쳐져 있으며 중앙 천정은 돔의 형태로 되어 있다. 동굴 수도원의 입구와 외벽에는 석조 십자가인 하츠카르가 있으며 내부는 여러 개의 홀로 되어 있고 중앙 천정은 환기와 채광을 위한 창이 있다. 13세기 후반 완공된 자마툰 동굴 교회 역시 원형의 돔 형태로 울림이 좋아 이곳에서는 종종 성가대의 모습을 볼 수 있다. 잘 보존된 자연경관 속에 자리 잡은 이 수도원은 중세 아르메니아 건축의 전성기를 확인할 수 있다. 수도원 주변은 아자트 계곡(Azat Valley)으로 들어가는 깎아지른 절벽으로 둘러싸여 있어 자연경관이 매우 훌륭하다. 바위를 파서 깎아 만든 훌륭한 교회와 묘지는 중세 아르메니아의 수도원 건축과 장식 예술을 온전하게 보존하고 있다. 처음에는 동굴 사원을 뜻하는 아이리방크(Ayrivank)로 불렸으나 창을 뜻하는 게하르트로 변경되었다. 이곳에는 십자가에 못 박힌 그리스도를 찌른 창, 12세기에 기증받은 사도 안드레아와 사도 요한의 유물, 여러 세기 동안 독실한 방문객들이 기증한 성물들이 보관된 것으로도 더욱 유명하다. 창은 현재 에치미아진 박물관으로 옮겨 보관되고 있다. 주차장에서 수도원으로 올라가는 입구에는 Gata라는 전통 빵과 각종 기념품을 판매하는 현지인들이 관광객들을 맞이하고 있다.

근교
5

Sevan Lake

세반 호수

예레반 시내에서 북부버스터미널(Northern Bus Station)로 이동 Sevan 또는 Dilijan행 미니버스를 타면 된다. Sevan행을 타면 Sevan마을에서 하차 후 택시를 이용해야 하지만 Dilijan행을 타고 세나반크(Senavank)에서 하차 후 걸어갈 수 있다. 25분 정도 걸어야 하지만 걸으면서 바라보는 세반 호수 또한 나쁘지 않다. 물론 제일 좋은 방법은 예레반에서 택시를 타거나 투어 프로그램을 이용하는 것이다.

YEREVAN 예레반 근교

예레반 북동쪽 75km 지점에 있는 세반 호수는 아르메니아 영토의 5%를 차지할 만큼 큰 곳이다. 해발 1,900m의 고도에 있으며, 최대 깊이 80m로 내륙 국가인 아르메니아에서는 '아르메니아의 바다'로 불리기도 한다. 너무 커서 호수 전체를 볼 수 있는 지점은 인근 아르타니쉬 산 뿐이라고 한다. 이곳은 세반 반도에 있는 Sevanavank 수도원 때문에 많은 관광객이 찾는 명소이기도 하다. 현재 수도원이 위치한 반도는 구소련 시절 섬이었던 곳이 인공배수로 인해 수위가 낮아지면서 생긴 곳이라고 한다. 수도원은 Ashot 1세의 딸인 Mariam 공주에 의해 874년에 세워졌다. 당시 수도원은 주로 죄를 지은 Etchmiaszin의 수도사들이 있던 곳으로 매우 엄격했다고 한다. 이곳은 멀리서 봐도 한눈에 들어오는 오래된 두 개의 교회가 있는데 둘 다 모두 팔각형 탬버가 있는 십자형 평면 구조로 되어 있다. 그중 하나는 '거룩한 사도'를 의미하는 Srup Arakelots이며 다른 하나는 '신의 거룩한 어머니'를 의미하는 Surp Astvatsatsin이라고 한다. 관광객들은 낡고 오래된 수도원의 모습보다는 비슷하게 생긴 두 개의 교회가 잔잔한 세반 호수를 배경으로 하는 아름다운 모습에 더 관심이 많아 보인다. 조지아의 트빌리시에서 예레반으로 가는 길에 이곳을 지나지만 이곳 Sevan에서 숙박하지 않을 거라면 예레반 도착 후, 투어 또는 대중교통을 이용해 다녀오는 것이 좋다.

예레반 시내 → 북부버스터미널
시내버스 No.46, No.259, No.253, No.261 100드람 / 미니버스 N0.270, No.258, No.275 100드람
택시 약 1,000드람

북부버스터미널 → 세반
미니버스 세반행 출발 시간 09:00, 10:00, 12:00, 14:00, 16:00 (출발시간별 요금 상이 약 1,500드람)

북부 버스 터미널

THEME VISIT MUST

타테브
Tatev

타테브 수도원은 현지인들 사이에서도
아르메니아에서 꼭 가봐야 할 곳 No.1으로
추천되는 곳

수도 예레반에서 남동쪽으로 250㎞ 지점에 있으며 아제르바이잔과 이란 국경과도 가깝다. 하지만 이곳까지는 대중교통이 없어 렌터카를 이용 직접 운전을 해서 가거나 택시를 이용해야 하는 불편함이 있다. 차로 이동만 왕복 9시간이 걸리는 곳인 만큼 짧은 아르메니아 일정에서 쉽게 선택하기 어려워 아직은 한국 여행객에게는 많이 알려지지 않은 곳이다. 하지만 현지 여행사의 일일 그룹투어 프로그램을 이용한다면 저렴한 비용으로 알차게 다녀올 수 있다. 대표적인 회사로 One Way Tour, Hyur 등이 있다. 투어 일정에는 타테브 수도원과 함께 3~4곳이 포함되어 있으나 회사별로 계절별로 다를 수 있으니, 본인의 일정에 맞게 선택하도록 하자.

- 11,000 드람 (2023.4 기준)
- 투어 소요 시간 : 08:00 ~ 22:00
  포함 내역 : 가이드, 교통편, 와인 시음
  ※ 가이드 설명은 대부분 러시아어로 이루어지니 신청시 영어 가이드 유무를 확인하자.

① 투어 출발 시간 및 장소
- 출발 08:00
- 출발 Yerevan Komitas State Conservatory (오페라 하우스 건너편)

② 아라라트 뷰 포인트
예레반을 출발한 차량은 1시간 후쯤 아라라트 산이 잘 보이는 곳에 정차

3 Noravank 수도원

첫 번째 도착지인 Noravank 수도원은 아레니 마을을 지나 아마구 강이 만든 좁은 협곡 맞은편에 자리 잡고 있어 주변 풍광이 아름답기로도 유명하다. 13세기에 지어진 것으로 알려진 이 수도원 본당인 S. Astvatsatsin 교회와 S.Karapet, S.Grigor Chapel로 이루어져 있다. 가장 웅장한 S. Astvatsatsin 교회는 Burtel Orbelian 왕자를 기리기 위해 지어졌으며 유능한 조각가이자 화가인 Momik의 걸작이자 마지막 작품이라고 한다. 특이한 구조의 이 교회의 입구는 2층으로 외부로 돌출된 양쪽 계단으로 올라가야 한다. 1층은 Orbelian 가족의 무덤으로 사용되고 있다. 또한 이 수도원 교회의 외벽 부조물들은 아르메니아의 우수한 예술성을 엿볼 수 있다. *화장실 유료

4 휴게소 도착

자유롭게 점심 식사 (미리 준비해 온 음식을 먹거나 이곳에서 주문해서 먹기)
※ 이후로는 예레반에 도착할 때까지 마땅히 먹을 곳이 없으니, 물과 간식거리를 꼭 준비하자. *화장실 무료

5 Halidzor 케이블카 탑승장 도착

케이블카 탑승은 선택사항으로 요금을 지불한 손님과 가이드만 하차 후 케이블카를 타고 타테브로 이동하며, 원하지 않을 경우 차를 타고 타테브까지 이동하게 된다. 2010년에 건설된 케이블카는 두 계곡을 가로지르며 타테브와 할리드조르 사이를 운행하는데 높이가 320미터, 길이가 5,752미터로 논스톱으로 왕복할 수 있는 가장 긴 케이블카로 기네스북에 올라가 있으며 케이블카의 수익금은 타테브 수도원 복원 사업에 사용된다고 한다.

- 케이블카 편도 5,500드람 / 왕복 7,000드람 (돌아가는 시간을 지정하지 않으면 9,000드람)

※ 현지투어 이용 시에는 편도만 탑승

6 Tatev 수도원

케이블카를 타고 도착하면 바로 앞에 타테브 수도원의 전경이 펼쳐진다. 보로탄 강 협곡의 절벽 꼭대기에 자리 잡은 이 수도원은 9세기에 성 바울과 베드로 교회가 지어졌으며 정치, 경제, 교육, 문화 활동의 중심지로 아르메니아 역사에서 중요한 역할을 하였다. 그 후 성 그레고리 교회와 성모 마리아 교회 그리고 종탑, 식당, 도서관 등이 수도원 단지 내에 지어졌으며 1931년 지진으로 성 바울과 베드로 교회, 종탑이 파괴되었으나 성 바울과 베드로 교회는 재건되었지만, 종탑은 현재까지도 파괴된 채로 남아 있다. Gavazan이라 불리는 8미터 높이의 기둥은 성삼위일체를 기리는 기념물로 꼭대기에는 하치카르 십자가로 장식되어 있다. 이 기둥의 주요 목적은 지진에 대한 조기 경고 신호를 제공하는 것이었다고 한다.

7 뷰 포인트

수도원에서의 가이드 설명 후 약간의 자유시간이 주어지며 다시 차로 5분 정도 이동, 이 투어의 하이라이트라 할 수 있는 타테브 수도원의 멋진 풍경을 담아낼 수 있는 뷰 포인트로 이동.

8 Areni Winery 방문

모든 투어를 마치고 돌아오는 길에 Areni Winery 방문. 이곳에서는 3종류의 와인을 선택해서 무료 시음할 수 있으며 와인 저장 창고 관람 및 구입도 가능하다. Areni는 지역 이름이면서 아르메니아의 대표적인 레드와인용 토착 품종으로 아르메니아의 피노 누아라 불릴 만큼 유명하다.

9 예레반 도착

처음 출발했던 장소 (오페라 하우스 맞은편) 도착

조지아와 아르메니아 여행 준비

조지아와 아르메니아 여행을 준비함에 있어 각종 서류 준비부터 항공권 예약, 환전, 현지 심카드 구입 등 꼭 필요한 정보를 비롯해 출입국 안내와 준비물 및 현지 경비 예산 세우기 그리고 기본적인 현지 언어까지 출발 전 알아두면 좋을 내용들을 소개한다.

Travel Style

🔍 여행 스타일

진정한 여행은 혼자 여행하는 것이라는 어느 여행 전문가의 말이 있지만 일반인들에게 그리 쉽지만은 않다. 여행은 목적지, 연령, 체력 등 여러가지를 고려해 본인에 맞는 스타일을 선택해야 한다. 1989년 여행자유화가 시작되어 30년의 세월이 흐른 지금, 여행의 목적 및 여행의 패턴도 그만큼 다양해졌다. 아직까지 중장년층에게는 여전히 패키지 상품이, 그리고 20, 30대의 젊은층의 경우 패키지가 아닌 자유여행이 자리잡아 가고 있다. 여행을 계획함에 있어 다양한 여행 스타일을 알아보고 나에게 맞는 것을 잘 선택하여 후회 없는 여행이 되도록 하자.

패키지

동일한 날에 정해진 프로그램에 따라 일정 인원 이상이 가이드와 함께 여행하는 것으로 일반 여행사에서 판매하는 여행 상품이 여기에 속한다. 모든 일정이 짜여져 있기 때문에 개인 행동이 제한되며 일부 쇼핑센터 방문과 옵션이 요구되기도 한다. 하지만 준비 기간 없이 가볍게 떠날 수 있으며, 전용 차량으로 움직여 짧은 시간에 많은 관광지를 돌아 볼 수 있고, 가이드의 관광지 설명을 들을 수 있는 장점이 있다. 2018년, 2019년 대한항공 전세기가 운행되면서 많은 여행사에서 패키지 형태의 상품을 선보이고 있다.

세미 패키지 또는 단체 배낭

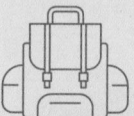

세미 패키지와 단체 배낭은 동일한 날에 정해진 프로그램에 따라 여행한다는 점에서 패키지와 비슷하지만 단체 배낭의 경우 현지 가이드 대신 인솔자(투어컨덕터 TC)가 출발부터 동행을 하며 호텔 찾아가기, 도시간 이동, 도시별 오리엔테이션, 위급상황 시 대처 등의 도우미 역할을 한다. 그 외에 현지 도시 내에서의 일정은 자유 일정이며 한 팀의 출발 인원은 최소 10명 이상인 경우에 가능한 형태이다. 세미 패키지는 패키지와 단체 배낭의 중간 형태로 필요에 따라 차량, 현지 가이드가 제공된다. 최근 여행의 트렌드가 변화하면서 짜여진 일정에 얽매이기 보다는 자유시간을 선호하는 여행객의 증가로 앞으로는 자유여행과 함께 가장 많이 선택할 수 있는 형태이다.

자유여행

항공권 구입부터 숙박 예약은 물론 모든 것을 본인이 스스로 철저히 준비해서 떠나는 여행의 형태이다. 출발 전 세부 일정을 정하지 않고 현지에서도 자유롭게 일정을 변경할 수 있다는 장점이 있는 반면 오랜 준비 기간이 필요하며 잘못하면 현지에서 우왕좌왕 하거나 예상치 못한 일로 낭패를 볼 수도 있다. 현지에서의 시행착오를 사전에 예방하기 위해서는 출발 전에 모든 예상 가능한 상황들을 염두해두고 철저히 준비하는 것이 좋다. 조지아는 천편일률적인 패키지 상품보다는 현지에서 자유롭게 여유로운 시간을 보낼 수 있는 자유여행 형태가 적합해 보인다.

조지아와 아르메니아 여행자를 위한 궁금증 FAQ

여행 시 가장 좋은 계절은 언제인가요?
여행하기 가장 좋은 시기는 야생화로 가득한 트레킹 코스를 걸을 수 있는 5월, 6월과 포도 수확의 계절인 9월, 10월이라고 할 수 있다. 지역의 특성상 북부 코카서스산맥 쪽으로는 더위를 피할 수 있는 여름도 여행의 적기라 할 수 있으며 겨울철에는 어디에서도 볼 수 없는 설경을 감상하며 스키를 즐길 수 있다. 다만 트빌리시를 중심으로 한여름에는 35도 이상으로 올라가는 경우도 많아 햇볕을 피할 수 없는 트레킹은 피하는 것이 좋다.

어느 정도의 일정이 좋은가요?
아직까지는 직항이 없는 관계로 현지 일정만을 감안한다면 최소 4박 이상이 필요하며 여행의 목적이나 선호하는 여행 스타일에 따라 많이 달라진다. 조지아 여행을 계획하고 있다면 최소한 일주일 정도의 시간을 투자할 것을 추천한다. 최근 '조지아 한달살기'를 목적으로 가는 여행객들이 많아지고 있는 것을 보면 새로운 여행지로서 그 가치를 인정받고 있다고 할 수 있다.

치안 상태는 어떤가요?
여행지에서 일어날 수 있는 일반적인 상황만을 놓고 말한다면 아직까지는 '매우 안전한 편'이라고 말 할 수 있다. 이는 몇 년 전 새로운 정부가 대폭적인 공무원 교체와 함께 처우 개선을 보장하면서 경찰의 부정 부패가 척결되었으며 현재는 적어도 국민 위에 군림하는 모습을 볼 수 없을 뿐만 아니라 국민들로부터 신뢰받고 존경받는 직업이라고 한다. 이러한 것을 증명이라도 하듯 조지아의 경찰서는 모두 유리 건물로 되어 있다. 최근 트빌리시의 경우 여행객이 증가하면서 불미스러운 일들이 발생하곤 하는데 이는 주로 택시운전사들의 부당 요금 청구와 같은 사기범죄이며 적어도 살인, 강도와 같은 강력 사건들은 많이 발생하지 않는다고 한다. 그래도 안전이 최우선이기에 항상 방심하지 않는 마음가짐이 필요하다.

현지 언어를 사용한다고 하는데 여행하기 어렵지 않나요?
조지아와 아르메니아는 자국 문자와 언어를 가진 나라들 중 하나이다. 러시아에서 독립하기 전까지는 러시아어를 사용했기에 40대 이상은 영어를 거의 구사하지 못한다고 봐야 한다. 하지만 현재 20~30대는 영어 구사가 가능한 사람도 많다. 특히 관광지 내의 레스토랑, 카페에서는 영어 메뉴는 물론 영어를 능숙하게 하는 직원들도 많다. 그렇다 하더라도 여행의 대부분이 대중교통을 이용해 도시를 벗어난 지역인 경우 다소 어려움이 있을 수 있는 것이 사실이다. 의사소통의 어려움은 그들의 친절함을 경험해 본다면 그리 큰 문제가 아니라는 사실을 깨닫게 될 것이다.

현지 교통편 예약이 가능한가요?
현재 두 나라 여행 시 가장 애로사항이 도시 간 이동 시 교통편이다. 열차의 경우 출발 전 온라인 예약이 가능하지만 그 이용 빈도는 낮은 편이며 '마르쉬루트카'라는 미니버스또는 합승택시를 이용해야 하는데 출발 전 예약은 어렵다. 물론 일부 정규 노선편인 경우 현지에서 미리 티켓 구매는 가능하다. 가장 이용 빈도가 높은 마르쉬루트카의 경우 어느 정도 인원이 모여야 출발하는 시스템으로 출발 시간이 잘 지켜지지 않으니 인내심을 갖고 기다려야 한다.

렌터카 여행도 가능한가요?
조지아를 가장 알차게 여행하는 방법은 일정 중 일부 구간을 렌터카로 여행하는 것이다. 글로벌 렌트카 회사의 경우 출발 전 국내에서도 예약 가능하며 트빌리시 공항이나 시내에서도 쉽게 예약 이용할 수 있다. 지역 특성 및 도로 사정상 승용차보다는 사륜구동(4WD) 차량을 이용할 것을 권한다. 단, 도로 상태 및 현지인들의 운전 습관이 좋은 편이 아니라 방어 운전을 해야 하며 특히 초보 운전자인 경우는 렌터카 이용을 자제하는 편이 좋다.

여자 혼자 여행 가도 될까요?
두 나라 여행 시 게스트하우스나 호스텔에서 혼자 여행하는 여행객을 만나기는 어려운 일이 아니다. 물론 동행이 있는 경우보다는 그 비율이 훨씬 적지만 치안이 비교적 안정적인 지역이어서 크게 문제 될 일은 없다. 동양인을 만날 기회가 적은 국가들이어서 매우 친절한 편이다. 하지만 지나친 관심을 갖는 사람은 주의하도록 하자.

Travel Preparation

🔍 자유여행의 준비 과정

'아는만큼 보인다'라는 말은 여행에서 불변의 진리로 통한다. 특히나 자유여행의 경우 더더욱 그러하기 때문에 여행의 질과 만족도를 높이려면 출발 전에 많은 준비가 필요하다. 실제 여행 기간보다 훨씬 오랜 시간의 준비 과정을 거쳐야 하는데, 이를 번거롭게 여기기보다는 여행의 기대와 셀렘을 높여주는 즐거운 과정이라 생각하고 투자하자.

D-90
여행지 선정 및 항공권 예약

세계는 넓고 갈 곳은 많다. 그중에서 여행지를 선택하는 과정에는 여러 요인이 있을 수 있는데, 계절과 날씨 그리고 나의 여행 성향(휴양형 또는 관광형)과 목적 등이 있을 수 있다. 남들이 다 가니까 간다는 식보다는 그동안의 간접경험(TV, 서적, 인터넷 등)을 통해 얻은 지식으로 나만의 특별한 여행을 만들 수 있는 곳을 찾는 것이 매우 중요하다. 여행 목적지가 정해졌다면 바로 항공권 예약을 해야한다. 갑작스럽게 여행 계획이 잡힌 경우가 아니라면 항공권은 하루라도 빨리 예약하는 것이 좋다. 항공권 예약은 세부 일정이 정해져 있지 않더라도 출발/도착 날짜와 인/아웃 도시만 정해져 있다면 가능하다. 또한 해외여행이 처음이라도 여권 없이 우선 예약도 가능하다. 단, 예약 시의 영문 이름과 동일하게 여권을 만들어야 한다. 항공사와 항공권 종류에 따라 출발일 기준으로 정해진 날짜까지 발권(구입)해야하는 경우도 있지만 저렴한 항공권일수록 예약 시점에서 2~3일 내로 발권(구입)을 해야하는 경우가 많다. 대개의 경우 발권 후에는 변경, 환불의 경우 많은 수수료가 발생하므로 발권 전에 충분히 조건을 숙지해두어야 한다. 짧은 여행일수록 인/아웃 도시의 결정은 매우 중요하다. 예를 들어 조지아와 아르메니아를 여행한다면 트빌리시 왕복 항공권보다는 트빌리시 IN, 예레반 OUT으로 구입하는 것이 여러모로 더 경제적이다.

D-60
정보 수집 및 일정 짜기

출발일과 여행 기간이 정해졌다면 이제 현지에서의 구체적인 세부 일정에 대한 준비를 하자. 타 국가도 마찬가지지만 깊이 있는 여행을 위해서는 그 나라의 역사와 문화의 이해가 선행되어야 한다. 관련 도서와 인터넷 등을 통해 수집하고 공부하자. 아울러 방송매체의 다큐멘터리나 여행지가 나오는 탐방 프로그램 및 영화 등을 통한 간접 경험은 많은 도움이 된다. 인터넷 검색 시에는 가능한 세부 키워드까지 검색해야 더욱더 좋은 정보를 얻을 수 있다. 대부분의 사람들은 제한된 기간 내에 너무 많은 것을 보려고 무리하게 일정을 잡는 경우가 많은데 일정 짜기에서는 아주 중요한 포인트만 여유롭게 해놓는 것이 좋다. 왜냐하면 현지에 가면 의도치 않은 일들이 벌어지기 때문인데, 많은 것을 보려고 꼼꼼히 준비했음에도 불구하고 현지에서 여행 일정을 다 소화하지 못할 경우 초조함으로 무리할 수 있다. 반면 여유로운 일정인 경우 상대적으로 더 많은 것을 경험했다는 만족감을 얻을 수 있다. 그렇지만 준비 과정에서는 가능한 한 많은 정보 수집과 학습은 분명 필요하다.

D-45
숙소 예약

본인의 여행 스타일과 주머니 사정을 고려하여 예약한다. 예전과 달리 현재 코카서스3국 대부분의 도시에는 호텔, 호스텔, 게스트하우스 등이 잘 갖추어져 있어 그만큼 선택이 폭이 넓다. 자유여행자에게는 무엇보다도 숙소의 위치가 가장 중요함을 명심하자. 현지 일정에 유동성이 있는 자유여행자의 경우 도시별로 3~4개의 예상 가능한 곳을 미리 메모해 두고 위치 등을 꼭 확인해 둘 필요가 있다.

D-30
각종 서류 준비

해외에서 신분증 역할을 하는 가장 기본인 여권 발급부터 국제학생증, 필요하다면 국제운전면허증 등을 미리 미리 준비 한다. 물론 여행자보험에 가입하는 것도 잊지 말자.

D-7
준비물 체크 및 환전

여행 준비물을 생각 없이 챙기다 보면 사실 현지에 갖고 가서는 전혀 사용하지 않는 것들이 의외로 많다. 현지 사정에 맞게 사전 조사를 충분히 한 후, 준비물 체크리스트를 만들어 미리 미리 준비하도록 한다. 자유여행이 아닌 여행사의 상품을 이용하는 경우에는 여행사에서 진행하는 오리엔테이션에 꼭 참석하여 준비사항 및 여행 일정에 대한 안내를 받도록 하자. 코카서스3국은 모두 자국의 화폐를 사용한다. 하지만 국내에서는 환전이 되지 않으니 미국달러 또는 유로화를 준비한다. 인천공항에 있는 은행 환전소보다 시내은행의 환율이 더 좋으니 출발 2~3일 전에 해두도록 한다.

D-Day
출발

출발 전에는 잠을 설치게 마련이니 사전에 미리 공항가는 방법을 알아두고 적어도 출발 3시간 전 공항에 도착하도록 한다.

알아두면 유용한 사이트 및 앱

가마르조바 조지아
조지아 여행을 준비하는 여행객의 오아시스와도 같은 네이버 카페

맵스미 maps me
지도 어플로 데이터 없이 GPS만으로도 사용 가능한 것이 특징이며 특히 조지아와 아르메니아에서는 구글맵보다 훨씬 유용하게 사용된다.

얀덱스 택시 yandex Go
러시아 최대 포털 얀덱스 회사의 택시 어플로 전지역에서 사용 가능하지는 않지만 트빌리시, 예레반에서 만큼은 바가지 요금 없이 택시를 이용할 수 있다.

조지아 철도청
조지아 국내 열차를 예약 및 구입 가능한 앱으로 영어 버전을 지원하고 있어 유용하다.
www.railway.ge

환율조회
wise.com/kr/currency-converter/gel-to-krw-rate
wise.com/kr/currency-converter/amd-to-krw-rate
조지아 라리 및 아르메니아 드람의 실시간 환율을 조회할 수 있는 사이트

날씨 조회
www.yr.no
변화무쌍한 조지아에서 정확한 날씨를 예측하기란 쉽지 않다. 구글보다는 이곳 기상 정보 사이트가 더 정확한 편이다.

조지아어 번역기
www.translate.ge
조지아어 ⇄ 영어 단어와 문장을 번역해주는 번역기로 영어가 전혀 통하지 않는 산악 마을과 게스트하우스에서 유용하게 쓰일 수 있다.

부킹닷컴
호텔은 물론 호스텔 및 게스트하우스도 예약이 가능하다.

트빌리시 버스 앱 Tbilisi Transport
트빌리시에서 운행하는 버스 노선 정보앱. 배차 간격 및 실시간 운행 정보 뿐만 아니라 환승 정보까지도 제공하고 있어 유용하다.

바닐라스카이 항공 www.vanillasky.ge
조지아 내 일부 도시를 운항하는 항공사로 트빌리시에서 메스티아를 저렴한 가격에 다녀올 수 있다. 예약만 할 수 있다면 가성비 최고의 방법이다.

트레킹 정보
www.caucasus-trekking.com
조지아 내의 모든 트레킹 정보를 확인 할 수 있는 곳. 초보자부터 전문가 코스까지 한 눈에 볼 수 있다.

렌터카 정보
글로벌 렌터카 회사인 Avis는 트빌리시 자유 광장에 Office가 있을 정도로 가장 대표적인 업체이다. www.rentalcars.com의 경우 Avis를 비롯 여러 글로벌 업체들의 공급 차량들을 한번에 볼 수 있어 비교 검색이 가능해 편리할 뿐만 아니라 한국어 서비스도 지원되고 있다.

고트립
https://gotrip.ge/en/
조지아에서 운전기사가 딸린 승용차를 렌트하는 곳. 하루에 여러 곳을 방문할 예정이라면 택시나 렌터카보다 유리할 수 있다. 트빌리시 공항 도착 후 시내로 이동 시에도 이용할 수 있다.

Airline Ticket

🔍 항공권 구입하기

여행 기간이 짧을수록 항공료가 차지하는 부분이 커지게 마련이다. 항공권의 요금 체계는 너무나도 복잡하고 다양하기 때문에 일반인들이 이해하기 어려운 부분이 많다. 항공사들은 탑승률을 높여 이익을 극대화하기 위해 다양한 할인 요금을 제시하고 있으니 이를 잘 이해하고 활용한다면 좀 더 저렴한 항공권을 구입할 수 있다.

할인 조건의 이해

우리가 일반적으로 알고 있거나 여행사에서 제시해주는 항공권은 모두가 할인 항공권이다. 아주 특별한 경우 외에는 정상 요금을 사용하는 일이 거의 없다. 할인율은 승객의 나이나 신분 및 유효기간, 도중 경유 횟수 등에 따라 적용된다.

단체 할인

단체 할인 항공권이란, 보통 2인/4인/10인 이상의 구성원이 왕복 여정을 함께 여행하는 경우를 말한다.

유효기간에 따른 할인

항공권에는 최소 체류 기간과 최대 체류 기간의 유효기간이 있는데, 할인을 받는 항공권들은 이런 유효기간들의 제한을 받는다. 정상 가격의 항공권의 최대 체류 기간은 1년이지만, 할인된 항공권들의 최대 체류 기간은 7일/21일/1개월/3개월/6개월 등으로 짧은 편이다. 반면, 할인 항공권들은 현지에 최소한 머물러야 하는 일수를 정해놓고 있는데, 지정된 기간안에는 귀국할 수 없는 최소 체류 기간제도 있다.

부킹 클래스별 할인

항공사는 일등석, 이등석, 일반석의 좌석별로 요금을 운영하고 있으며, 같은 일반석의 경우라도, 예약 클래스에 따라서 요금을 달리 운영하고 있다. 예약 클래스 안에 항공권 유효기간, 구입기간, 출발기간 등의 모든 할인 사항이 압축되어 있다.

출발 시기별 할인

항공 운임은 1년 중 여름/겨울 성수기와 그 외의 시즌인 비수기 및 준성수기로 나뉘어 운영한다. 여름/겨울방학이나 휴가 시즌은 1년 중 가장 항공 요금이 비싸고, 할인 정책도 거의 없지만 그 외의 비수기 시즌은 다양한 할인율을 적용하여 항공권을 판매한다.

항공권 (Electronic-Ticket)

e-ticket으로 불리는 전자항공권은 여행 일정 등을 포함한 여행자의 모든 정보를 항공사의 데이터베이스에 저장한 후 전산으로 관리하는 시스템으로, 항공권 분실 부담도 없고, 체크인 절차도 단축시킬 수 있어 매우 편리하다. 우리나라는 2006년 도입 후 순차적으로 시행되어 현재는 전 항공사가 전자항공권으로 발행한다.

항공권 구입 시 유의사항
항공권은 여권상의 영문 이름과 동일하게 구입해야 하며, 이름이 다를 경우 비행기 탑승이 거절될 수 있다. 기본적으로 직항으로 가는 것보다 여러 지역을 경유하는 항공권이 더 저렴한 경우가 많지만, 경유지의 공항세가 추가되기 때문에 직항편보다 세금이 더 비싼 경우도 있다. 따라서 최종적인 항공 요금을 비교한 후 구입해야 한다.

항공권의 규정
항공권은 출발 및 구입 시기, 유효기간, 환불 여부 및 출귀국 날짜 변경, 귀국 지역 변경에 따라서 다양한 규정이 있으며, 이 규정에 따라 항공 요금도 차이가 있다. 할인 항공권들의 경우 요금이 저렴한만큼 위의 규정이 엄격하게 적용되고, 정상 요금의 항공권들은 비싼만큼 규정의 제약이 덜하기 때문에, 무조건 저렴한 요금의 항공권을 구입하는 것보다는 자신의 여행 일정에 맞는 항공권을 구입하는 것이 중요하다.

항공권 출발 및 구입 시기
1년 중 성수기 비수기 시즌에 따라 가격 차이가 나지만, 출발일 기준 언제 구입하는지에 따라서 할인율이 적용될 수 있다.

항공권 유효기간
항공권은 최대 현지에서 체류할 수 있는 기간이 7일~1년까지 다르게 적용되며, 보통 할인이 많이 된 항공권일수록 최대 체류할 수 있는 유효기간이 짧다.

환불 규정
항공권을 구입한 후, 부득이한 사정으로 출발 전 취소 하거나 출발 후 귀국편을 이용하지 않게 될 경우 환불을 하게 되는데, 이 경우 구입 당시 할인 정도에 따라서, 환불 여부가 정해져 있다. 일반적으로 할인이 많이 된 항공권일수록 환불 금액이 적으므로 항공권 구입 시 이 부분을 명확하게 확인 후 구입해야 한다.

날짜 및 귀국지 변경
여행 일정이 변경되어 구입 시 지정한 귀국 날짜나, 지역을 변경해야 할 경우가 있는데, 모든 항공권이 변경할 수 있는 것은 아니다. 구입한 항공 요금의 규정에 따라 변경이 가능하거나, 불가한 항공권들이 있으니 이 부분도 명확히 확인 후 구입해야 한다.

항공사 선택

현재 국내에서 조지아를 비롯한 코카서스 3국으로의 직항편은 없는 상태여서 경유편을 이용해야 한다. 가장 많이 이용하는 항공사로는 터키항공(이스탄불 경유), 카타르항공(도하 경유), 아랍에미레이트항공(두바이 경유), 에어아스타나(알마티 경유), 폴란드항공(바르샤바 경유)이다. 항공사 선택 시에는 가격도 중요하지만 한국 출발 시간 및 현지 도착 시간 그리고 경유지 환승 시 대기 시간 등을 고려하여 선택할 필요가 있다. 또한 항공사에서 운영하는 경유지 프로그램을 잘 활용하면 보다 알찬 여행이 될 수 있다.

터키항공 이스탄불 경유 시 무료 환승 호텔 및 무료 시티 투어

최근 트빌리시로 입국 시 가장 많이 이용하는 항공사 중에 하나는 이스탄불을 경유하는 터키항공이다. 항공사에서는 이스탄불에서 환승 시 연결 시간이 12시간 이상인 이코노미 클래스 승객(단, 짧은 환승 연결 편이 없는 경우에만 적용. 예를 들어 연결 편이 3시간인 환승 항공편이 있는 경우 자의적으로 12시간 이상인 연결 편을 예약한 경우에는 제공되지 않음)에게는 무료 호텔 서비스를 제공하고 있다.

또한 무료 시티 투어 서비스도 제공하고 있는데 둘 중에 하나만 선택할 수 있다. 장시간의 비행과 또 오랜 시간의 대기 시간을 감안하면 무료 시티 투어보다는 무료 호텔 서비스를 신청하는 편이 좋다. 호텔은 항공사에서 제휴 맺은 호텔들의 객실 상황에 따라 랜덤으로 정해주는 방식이라 운이 좋다면 호텔 체크인 후 개별적으로 시내 관광지를 둘러볼 수도 있다. 호텔 컨디션도 나쁜 편이 아니며 공항에서 호텔 간 왕복 교통편과 호텔식 식사도 제공받을 수 있어 서비스를 적극적으로 이용해 볼 만하다. 서비스 이용은 항공권 구입과 동시에 할 수도 있으며 만약 출발 전 못하였다면 이스탄불 공항에서 할 수도 있다.

이스탄불 공항에서 무료 숙박 신청하기

1. 이스탄불 도착 후 입국심사 및 세관검사대 통과 후 입국장으로 나온다
2. Meeting point 4라고 쓰인 표지판을 찾는다.
3. 표지판 앞쪽에 터키항공 HOTEL DESK로 이동, 번호표를 뽑고 기다린다.
   (HOTEL DESK 오른쪽에 투어 신청할 수 있는 곳이 있음)
4. 데스크에 탑승권을 보여 준다.
5. 잠시 대기 후 터키항공 직원의 안내를 받으며 호텔 셔틀버스 타는 곳까지 간다.
6. 셔틀버스 탑승 후 호텔에 도착하면 공항행 셔틀버스 탑승 시간을 알려 준다.

Identification

🔍 신분증과 증명서

해외에서 자신의 신분을 증명할 수 있는 여권을 비롯 상황에 따라 국제학생증과 운전면허증이 필요할 수 있으며 여행자보험 가입은 필수이다.
방문하는 국가의 비자 유무도 꼭 확인하자.

여권

여권은 해외에서 나의 신분을 증명할 수 있는 유일한 수단이다. 공항에서 탑승 수속 시 그리고 출입국심사 시는 물론 현지에서 환전이나 호텔 및 호스텔 체크인 시 반드시 필요하다. 여행 중 여권을 분실하거나 도난을 당한다면 정상적인 일정을 소화할 수 없으므로 잘 보관하자.

한눈에 보는 전자여권 발급 절차

여권용 사진 촬영 3.5cm X 4.5cm (6개월 이내 촬영한 사진 1매)

여권 발급 지자체 방문 (구청, 시청, 도청의 여권과 / 신분증 지참 필수)

여권 발급 신청서 작성 (접수처 및 PDF 다운로드 가능)

지문등록 (본인 확인)

여권 서류 심사 (신원조사)

여권 발급 완료 (등기 및 직접 수령)

발급 수수료

	구분		면 수	전자여권
전자여권	복수여권	10년	58면	53,000원
			26면	50,000원
	단수여권	1년	-	20,000원

※ 외교부 여권 안내 홈페이지 : www.passport.go.kr

국제학생증 ISIC, ISEC

국제학생증을 일컫는 ISIC는 International Student Identity Card의 줄임말로 말 그대로 자신이 학생임을 국제적으로 증명하는 카드이다. 조지아를 비롯한 코카서스3국에서도 일부 박물관, 미술관 등의 입장료가 할인된다. 영문으로 표기된 학교 학생증도 인정해주는 곳이 있지만 국제적으로 공인된 학생증은 ISIC와 ISEC(International Students & Youth Exchange Card) 두 종류가 있다. 이 지역에서는 ISIC가 더 유용하다. 신청은 온라인으로 가능하며, 만일 재학 중인 학교가 ISIC 발급 제휴 대학이라면 학교에서 안내에 따라 발급받을 수도 있다.

ISIC www.isic.co.kr
전국 168개 대학 캠퍼스와 한국국제학생교류회 그리고 KISES 홈페이지에서 신청 가능 / 비용 : 유효기간 1년 17,000원 / 2년 34,000원

ISEC www.isecard.co.kr
국제학생교류센터로 공인 발급 대리점, 우리은행에서 발급해주며 온라인 신청도 가능
비용 : 유효기간 1년 15,000원 / 2년 25,000원

국제교사증 ITIC

학생들을 위한 국제학생증처럼 교사들을 위한 국제교사증은 교사임을 증명하는 카드다. 국제교사증은 교육과 관련된 박물관이나 미술관 등의 입장료가 할인되는데 국제학생증만 할인되는 곳도 있다. 신청 시에는 학교명이 표기된 교사 공무원증 또는 재직증명서로 신분을 증명해야 한다.
www.itic.co.kr (ISIC 홈페이지에서도 신청 가능)
비용 : 유효기간 1년 17,000원 / 2년 34,000원

국제운전면허증

여행 일정에 렌터카 운전이 포함되어 있다면 국제운전면허증 발급은 필수다. 참고로 해외에서 국제운전면허증으로 운전할 경우 한국면허증과 여권을 동시에 지참해야 한다. 이를 어길 경우 무면허 운전으로 처벌받을 수도 있다. 발급은 전국 운전면허시험장이나 경찰서, 지방자치단체 217개소에서 가능하다. 여권 발급 신청 시 국제운전면허증도 동시에 발급신청 할 수 있다.

도로교통공단 운전면허서비스 dl.koroad.or.kr
준비물 : 본인 여권, 운전면허증, 6개월 이내 촬영한 3.5cm X 4.5cm 사진 1매
유효기간 : 발급일로부터 1년 / 비용 : 8,500원

비자

비자란 국가 간 이동 시 입국을 허가하는 사증을 말한다. 한국과 조지아 그리고 아르메니아는 비자면제협정이 체결되어 현재 여행 목적 시 무비자로 입국이 가능하지만 아제르바이잔의 경우 비자가 필요하다. 조지아의 경우 360일 무비자로 체류가 가능하며 아르메니아는 연 180일을 초과하지 않는 한도 내에서 가능하다. 아제르바이잔의 경우 공항으로 입국 시에는 공항에서 도착비자를 발급받을 수 있으나 육로 입국 시에는 사전에 e-visa를 받아야만 입국이 가능하다.

아제르바이잔 비자 (유효기간 30일)

공항에서 도착비자 받기
입국심사대 가기 전 visa발급 창구 또는 무인비자발급 기계에서 가능. 비용은 현금 U$30이며 사진은 필요 없음. 비자는 여권 사증란에 붙여주는 것이 아닌 인쇄된 종이를 주는데 출국 시까지 잘 보관해야 한다. e-visa는 아래 비자 신청 사이트에 접속 후 신청하면 된다. 신청서 작성 후 회신 메일로 결제를 할 수 있는 링크를 보내준다. 결제를 완료하면 3일 정도 후에 발급된 비자를 메일로 보내주니 여유있게 신청하도록 하자. evisa.gov.az/en

여행자보험 가입

여행 중 발생할 수 있는 사고나 도난에 대비해 가입하는 보험이다. 비용이 크지 않으니 만약의 경우를 대비해 가입하는 것이 좋다. 여행 중의 불의의 사고나 식중독 등의 질병, 휴대품 도난 등 예기치 못한 상황이 발생했을 경우 유용하다. 도난의 경우에는 현지 경찰서에서 도난증명서(Police Report)를 발급받아야 귀국 후 보상받는다. 현금과 같은 유가증권은 보상받을 수 없다. 여행자보험 가입은 보상액이나 조건에 따라 다양한 가격이 있으니 꼼꼼히 따져보고 선택하자. 특히 코로나19로 인한 보상여부 및 치료비 한도를 꼭 확인하도록 하자.

Accommodations

🔍 숙소 예약하기

개별 자유 여행객은 호텔, 호스텔, 게스트하우스 등 다양한 형태의 숙박 시설을 갖추고 있어 자신의 예산에 맞춰 선택 할 수 있다. 우리와 다른 국가의 여행자와는 여행 스타일이 다를 수 있으니 아무리 좋은 평점에 저렴한 숙소라 하더라도 자유여행의 특성상 위치를 최우선적으로 고려해야 할 것이다.

호텔

현지 물가를 감안하면 호텔비는 다소 비싸다고 느껴질 수 있다. 수도인 트빌리시와 예레반, 그리고 흑해 연안의 휴양지인 바투미에는 유명 해외 호텔 체인이 꽤 많다. 그외 도시에서는 5성급 호텔을 찾아보기 힘들며 객실 수가 20개 미만인 중저가 호텔들이 주를 이루고 있다. 늘어나는 관광객 수요에 맞춰 최근에 신축 호텔들이 생기고 있으나 아직까지 성수기에는 단체 여행객의 수요에 공급이 따라가지 못하는 실정이다.

호스텔 및 게스트하우스

다른 유럽 국가들에 비해 호스텔 수는 그리 많지 않으며 트빌리시와 예레반을 제외하면 대부분 게스트하우스가 더 많을 뿐아니라 가성비도 좋은 편이다. 게스트하우스의 경우 주인이 거주하는 민박집 형태로 객실이 3~5개 정도인 경우가 많아 가족같은 분위기를 느낄 수 있다. 물론 이름은 게스트하우스이지만 호텔에 버금가는 시설을 갖춘 곳도 있다. 호스텔과 게스트하우스를 선택할 시 객실 내 샤워실 유무와 조식 포함 유무를 잘 확인하고 본인의 예산과 여행 스타일에 따라 예약하는 것이 중요하다. 출발 전 충분히 알아본 후 미리 예약을 하고 가는 것도 좋지만 트빌리시와 예레반을 제외하면 현지 도착해서 직접 눈으로 확인하고 결정하는 것도 한 방법이다. 성수기를 제외하면 현지에 도착해서 숙소를 구하는데 큰 어려움은 없지만 그만큼 발품을 팔아야 하며 도착 시간이 늦은 밤이라면 사전에 반드시 예약을 하고 가는 게 좋다.

Travel Expenses

🔍 여행 경비

여행을 준비하면서 목적지와 여행 일정을 결정하는데 가장 큰 비중을 차지 하는 것이 여행 경비이다. 어렵게 계획을 세웠다 하더라도 경비의 부담으로 원하는 일정을 소화하지 못한다면 여행의 만족도가 크게 떨어질 수 있으니 여행 계획 단계부터 꼼꼼하게 준비해 불필요한 지출을 줄이고 효율적인 지출 계획을 세워야 한다.

출발 전 경비

여행 경비 중 가장 큰 비중을 차지하는 항공권 비용을 줄이는 방법이야말로 경비를 줄 일 수 있는 방법이다. 항공권의 경우 항공권을 구입하는 시기와 종류에 따라 차이가 크니 전문가의 도움을 받아 최적의 항공권을 구하도록 하자.

항목	내용	경비
항공권	항공사 및 출발 시기, 조건에 따라 차이가 많다	80~150만 원
숙소	숙박 형태 및 숙소의 위치, 시설에 따라 가격 차가 크다.	게스트하우스(도미토리 기준 1~2만 원 / 호텔 5~10만 원/ 1일 1인 기준)
여권	일반/복수여권 신규 발급 시	인지대 53,000원(58면)
국제학생증	학생인 경우 ISIC 필수	17,000원
여행자보험	여행 기간과 보상 정도에 따라 다르다	2~3만 원

여행 중 현지 경비

현지 여행 중 경비는 여행 일정과 성향에 따라 개인차가 클 수 밖에 없다. 무조건 비싼 여행이 좋은 것만은 아니지만 그렇다고 무조건 적은 경비로 다녀오는 것도 좋은 것은 아니다. 비싼 항공료를 지불하고 어렵게 마련한 시간이기 때문에 소기의 여행 목적을 달성하고 후회 없는 여행이 되기 위해서는 어느 정도는 비용 지출을 감수해야 한다. 예를들어 비싼 입장료를 아끼기 위해 밖에서 건물만 보고 오는 것은 대표적인 실수이자 큰 손해다. 다만, 효율적으로 계획해서 원하는 것은 충족하되 경제적으로 비용을 지출하는 것이 중요하다. 현지에서 사용하는 비용은 사전에 준비를 잘한다면 아낄 수 있는 부분이 많이 있기 마련이다. 여행 기간과 일정에 따라 크게 다르기 때문에 여행 중 경비를 일률적으로 산출하기는 매우 어렵지만, 기본적인 현지 물가 정도를 파악하는 수준으로 이해하면 좋을 듯 하다.

항목	내용	비용
교통비	다른 물가에 비해 대중교통비(택시 포함)는 저렴한 편이다. 시내 교통 외에 근교 여행 또는 다른 도시로의 여행인 경우는 별도로 책정해 둬야 한다.	3,000원/1일
입장료	주로 박물관 입장료가 대부분이다(성인 기준).	1회 평균 5천 원
식비	어디서 무엇을 먹느냐에 따라 큰 차이가 난다.	일반 음식점 5,000원~1만 원 고급 레스토랑 15,000원~2만 원
기타	음료 및 간식 등 소소한 비용도 염두해 두자.	5,000원/1일

Accommodations

짐 꾸리기

짐 꾸리기를 시작했다면 이미 여행을 시작했다고 봐야 한다.
집 떠나면 고생이라는 말이 있듯이 혹자는 이때가 가장 설레이는 순간이라고 한다.
짐은 필요한 것들로만 가볍게 하는 것이 제일 중요하다. 그리고 출발 하루 전에 모두 준비하겠다는 생각은 금물이다.
아무리 바빠도 2~3일 전부터 체크 리스트를 만들어 차근차근 준비할 것을 당부한다.

 가방 선택

짐을 꾸리면서 가장 고민되는 순간이 어떤 크기의 어떤 가방을 선택하냐 할 때이다. 배낭여행이라고 해서 꼭 배낭을 준비할 필요는 없다. 배낭과 캐리어의 장단점이 있으니 어느 하나가 있다면 굳이 새로 살 필요는 없다. 다만 개인적으로는 10일 이내의 짧은 여행이라면 캐리어를 권하는 편이다. 적당한 캐리어에 매일 소지품을 갖고 다닐 수 있는 작은 배낭 또는 옆으로 메는 가방 하나를 준비하도록 하자.

배낭

젊은 배낭여행자들의 숙소인 호스텔에 가보면 대부분 외국 여행자들은 캐리어 보다는 배낭을 선호하는 걸 알 수 있다. 하지만 이는 서양인들과의 신체적 구조의 차이도 있고 여행 기간에도 차이가 있어 무조건 따를 필요는 없다. 배낭을 이용하면 양손이 자유롭긴 하지만 본인의 체중에 비해 너무 무겁다면 며칠 못 가서 후회할 수도 있다. 또한 매번 여러 곳의 잠금 장치로 번거로울 수도 있다. 배낭을 구입한다면 위에서 꺼내는 것 보다는 옆으로 짐을 꺼낼 수 있는 지퍼식이 좋다.

캐리어

캐리어의 단점은 계단을 이용할 때와 보도블럭 같은 고르지 못한 길을 갈 때이다. 바퀴가 4개 달린 것을 구입하면 힘이 덜 들 수도 있다. 하지만 바퀴가 하나라도 고장이 난다면 난감한 상황에 처하게 되니 구입 시 바퀴 상태를 꼭 확인해야 한다. 또한 본인의 신체 조건에 맞는 크기의 캐리어를 선택해야함은 물론이다. 그리고 천으로 된 것보다는 자물쇠 기능이 부가된 하드케이스를 구입하는 것이 좋다. 캐리어 자체의 무게도 큰 차이가 있으니 처음부터 고려해야 할 사항 중 하나이기도 하다.

옷

짐을 꾸리다 보면 옷이 차지하는 비중이 가장 클것이다. 남자의 경우는 덜 하지만 여자의 경우 짐의 80% 이상이 옷으로 가득 찬 경우를 흔히 볼 수 있다. 짐을 꾸렸을 때의 무게는 10Kg 내외가 가장 적당하다. 이 무게를 넘는다면 무조건 옷부터 하나씩 빼도록 하자. 여행 중 멋지게 차려입고 싶은 마음도 있겠지만 패키지 여행이 아닌 이상 너무 많은 짐은 여행을 힘들게 할 수 있다는 것을 명심하자. 또한 너무 튀는 옷차림은 소매치기의 표적이 될 수 있다. 입고 가는 옷 이외에 속옷, 티셔츠, 양말은 3~4벌, 그리고 가디건 또는 점퍼 정도이다.

 세면도구

어떤 숙소에 묵느냐에 따라 준비할 것이 다르다. 호텔에 머무를 예정이라면 기본적인 욕실용품(수건, 비누, 샴푸)은 다 비치 되어 있지만 게스트하우스의 경우에는 모두 다 준비를 해야 한다. 수건은 매일매일 주는 것이 아니기 때문에 여분의 수건을 준비하도록 한다. 그리고 치약, 칫솔은 반드시 준비해야 할 것들이다. 여행용 세면도구 세트를 준비하는 것도 좋다.

 비상약

언어가 안 통하는 곳에서 적절한 약을 구하기란 쉽지 않으니 비상약은 가급적 다양하게 조금씩이라도 준비하도록 한다. 만약 일행이 있다면 종류를 나눠서 준비하면 좋다. 기본적으로 종합감기약, 해열제, 진통제, 지사제, 연고, 일회용밴드 등은 꼭 챙기는 것이 좋다.

 선글라스, 모자, 우산

평소에 선글라스 착용을 잘 하지 않더라도 여행 중에는 꼭 준비하는 것이 좋다. 모자 역시 햇빛 차단은 물론 머리를 감지 못하는 상황에서라면 유용하게 사용 할 수 있다. 우산은 계절을 감안하여 준비하되 가급적 부피가 작은 것으로 준비한다. 우산이 번거롭다면 현지에서 구입하거나 일회용 우비를 준비하는 것도 한 방법이다.

 신발

패키지 여행이 아닌 자유 여행의 경우 생각보다 훨씬 많이 걷게 된다. 신발은 무조건 가장 편한 운동화를 선택해야 하며 해외여행이라고 새롭게 신발을 사는 것 보다는 신던 것 중 가장 편한 신발이 제일이다. 여름철이라면 가벼운 스니커즈 정도도 괜찮다. 그리고 간단한 슬리퍼 같은 것은 현지에서도 쉽게 구입 할 수 있으니 너무 여러 종류의 신발을 준비할 필요는 없다. 겨울철이라면 방수가 되는 방한화는 필수이다.

 화장품

화장품은 가급적 적은 용량의 샘플용 정도만으로 준비하자. 여름에는 기온이 올라가도 습하지는 않아 그늘이라면 그렇게 덥지는 않다. 하지만 햇빛이 강함으로 자외선 차단제가 필요하다. 겨울철에도 눈에 반사되는 빛 때문에 준비하는 것이 좋다.

 전대 (여행용 복대)

최근에는 시중에 다양한 종류의 전대(여행용 복대)를 판매하고 있는데 가급적 바지 안쪽에 넣어 보이지 않게끔 할 수 있는 얇은 것이 좋다. 주머니에는 가급적 그날 쓸 정도의 현금만을 보관하고 그 외는 전대에 보관하도록 하자. 여름철에는 가벼운 옷차림으로 땀이 차거나 착용이 불편할 수 있으나 카드나 현금, 더군다나 여권을 분실한다면 여행에 큰 차질이 생기므로 전대 착용을 게을리 하지 말자.

 etc 기타 유용한 물품들

휴대폰 사용을 위해서는 여분의 배터리와 충전기 그리고 카메라에 따른 부속품도 잊지 말자. 겨울철 코카서스 산악지역으로 여행을 한다면 방한복(털모자, 목도리, 장갑, 방수 기능의 방한화)은 필수! 아울러 미니 핫팩도 유용하게 사용된다. 그 외에 부피가 작은 것으로 면봉, 손톱깎기, 일명 맥가이버칼 등도 없으면 아쉬울 때가 있으니 준비하면 좋다. 또한 다양한 크기의 지퍼백을 준비하면 젖은 물건을 넣거나 물건을 쉽게 찾을 수 있다. 현지 음식만을 먹으면서 여행하기란 쉽지 않다. 튜브 고추장 하나 정도 준비한다면 언제 어디서든 한국 음식의 맛을 살릴 수 있다.

Camera
🔍 카메라 선택과 사진 촬영

미러리스 VS DSLR

카메라를 선택할 때 가장 고민되는 부분이 요즘 주목받고 있는 미러리스 카메라를 살 것인지, 기존의 DSLR 카메라를 구입할지이다. 미러리스 카메라는 소형 디지털 카메라와 DSLR 카메라의 장점을 한데 모아 만든 것으로, 휴대성을 높이고 무게를 줄였지만 결과물은 수준급을 지향하고 있다. DSLR처럼 렌즈를 교환할 수도 있고 특정 브랜드의 마니아층도 생겨났다. DSLR 카메라는 보통 작가용으로 인식되는 경향이 있으나, 보급기로부터 중급기, 전문가용 기기로 나누어져 있어 가격 차이가 크다. 물론 DSLR 카메라의 가장 큰 장점은 고화질의 수준 높은 사진. 하지만 장기간의 여행이라면 카메라의 무게와 부피가 단점이다. 이런저런 장단점이 있지만 어떤 이는 스마트폰 카메라 하나면 그만일지도 모른다. 그래서 사진을 위한 카메라의 선택은 여행자의 몫이다.

렌즈는 무엇을 살까요?

렌즈는 밝기와 화각이 중요하다. 렌즈의 밝기는 F3.5, F5.0과 같이 수치로 표기되는데 이 숫자가 낮을수록 밝은 렌즈라는 뜻. 렌즈가 밝을수록 어두운 곳에서도 선명하게 사진을 찍을 수 있다. 다음은 화각. 유적지나 자연 경관은 크고 넓은 배경이 많아 광각 렌즈가 유리하다. 화각 환산 시 35mm 이하의 광각 폭을 가진 렌즈라면 충분하다.

사진 잘 찍는 법

❶ 빛의 방향을 잘 보자
사진은 빛으로 그리는 그림. 멋진 건물을 찍었는데 어두컴컴하게 나왔다면 역광을 의심하고 노출 정도를 조정하거나 자동 역광 보정 기능을 이용해도 좋다. 인물을 찍을 때 햇빛이 너무 정면으로 비치면 인상을 찌푸릴 수 있으니 45도 방향이 좋다. 코카서스의 멋진 자연 경관을 찍을 때는 해를 등지고 찍으면 실패할 확률이 줄어든다.

❷ 야경을 찍을 때
야간에는 빛의 양이 적어 피사체를 바르게 찍기 힘들다. 삼각대를 사용하는게 가장 좋지만 삼각대 대신 올려 놓을 수 있는 곳을 찾아 타이머를 이용해서 찍어보노록 하자. ISO 감도를 올리거나 야간 모드를 활용해 보는 것도 좋다.

카메라 이것만은 주의하세요

첫째, 비, 물, 모래, 먼지로부터 최대한 보호하기
둘째, 절대 떨어뜨리지 말것. 충격주의!
셋째, 강제 작동 금지! 작동이 안 될 시 배터리부터 체크하기
넷째, 넥스트랩, 핸드스트랩을 이용해 분실 방지하기

Check List
여행 준비물 체크 리스트

구분	준비물	세부 사항	체크 V
필수	여권	잔여 유효기간 6개월 확인, 사본 1매, 여권용 사진 2매	
	항공권	예약 사항 확인 및 메모, E-Ticket 출력	
	국제학생증	현지 명소 입장 시 할인	
	국제운전면허증	여행 중 운전할 때는 대한민국 면허증도 필수 소지	
	여행자보험	인터넷 가입 및 공항에서도 가능	
	환전	유로화 및 방문국 화폐에 맞춰 환전	
	신용카드	VISA, MASTER 등 국제 브랜드로 발급	
	국제현금카드	ATM 사용 가능 여부 확인	
의류	바람막이	날씨 변화에 대비한 방수 및 방풍 바람막이 혹은 점퍼	
	티셔츠	긴소매, 짧은 소매 계절에 따라 선택	
	바지	긴바지, 짧은 바지 계절에 따라 선택	
	트레이닝복	숙소용 편한 복장	
	속옷	야외 활동에 편한 속옷으로 준비	
	양말	3~4개 준비, 부족하면 현지에서 구입해도 무방	
	단정한 복장	뮤지컬, 오페라, 고급 레스토랑 등 입장 시 필요	
위생용품	세면도구	칫솔, 치약, 샴푸, 비누, 샤워타올, 수건 등	
	화장품	스킨, 로션, 선크림 등	
	위생용품	면봉, 손톱깎이, 빗, 면도기 등	
	세면가방	공용 샤워실을 이용할 경우 세면도구를 담아 이동	
	여성용품	현지에서도 구입할 수 있지만 기존 사용 제품 준비	
카메라	카메라 본체와 렌즈	정상 작동 여부 확인	
	카메라 가방	부피가 크지 않으면서 안전한 것으로 선택	
	베터리	충전기와 추가 배터리	
	메모리카드	포맷 상태 확인 및 추가 메모리카드	
상비약	종합감기약	처방전 필요 없이 약국에서 구입	
	기타 약	소화제, 진통제, 해열제, 지사제, 밴드, 연고 등	
전기	콘센트, 충전기	USB, 핸드폰 충전기	
계절	우산, 우비	접이용 우산 및 비닐 우비	
	선글라스, 모자	강한 햇볕을 대비한 용품	
기타 선택	MP3	음악 감상용	
	외장하드, USB	사진 백업용	
	시계	손목 시계 및 알람용 시계	
개인 선택 추가			

Currency Exchange

🔍 환전하기

원화를 들고 나가 현지에서 환전할 수 있으면 좋겠지만 조지아를 포함한 코카서스3국의 경우 모두 각국의 현지 화폐를 사용할 뿐만 아니라 원화 환전은 불가능하다. 미국달러 또는 유로화로 환전 후 현지에서 현지 화폐로 재환전을 해야 한다.

여행 출발 전 환전하기

환전은 일정에 따라 자신의 여행 경비를 산출하고 그것에 맞춰 하면 된다. 미국달러와 유로화는 시중은행 어디에서도 환전 가능하지만 조금이라도 환율 우대를 받기 위해서는 주거래 은행을 방문하거나 인터넷 환전을 이용하자. 보통 국제현금카드와 신용카드도 함께 가져가니 너무 많은 금액을 현금으로 가져갈 필요는 없다. 평소 자신의 씀씀이를 고려해 환전할 금액을 정하자.

환전하기 전 나의 성향을 알아볼 것

① 평소 건망증으로 물건을 잘 두고 다니며 여행 중 돈을 잃어버릴 것이 걱정되는 사람은 약간의 현금과 국제현금카드나 신용카드를 준비하자.
② 평소에 물건을 잘 챙기고 돈을 잃어버리는 일이 거의 없으며 신용카드가 있다면 예상 경비의 70~80%는 현금으로 환전하고 현지에서 적절히 신용카드를 사용하자.
③ 위 두 가지를 절충해 현금과 국제현금카드를 준비한 후 추가 사용 시에는 신용카드를 쓴다.

가급적 공항 환전을 피하자

시간이 없거나 미처 은행에서 환전하지 못했을 때 이용하는 공항 환전소. 공항 내에 국내 시중 은행이 운영하는 환전소가 있다. 하지만 공항 내 환전소는 환전 수수료가 높은 편이라 가급적 피하는 것이 좋다. 정확하게 말하자면 공항 내 환전소는 외환 고시 환율에서 환율 우대가 없다는 뜻이다. 다만 공항 환전을 하더라도 손해에 너무 마음을 쓰진 말자. 고액 환전이 아니라면 엄청난 손해는 아니므로 필요한 최소한의 금액만 환전하는 것이 바람직하다. 가장 현명한 방법은 출발 전 미리 시중 은행을 방문하여 환율 우대를 받는 것임을 잊지 말자.

서울역에 방문할 일이 있다면 고려할 서울역 환전센터

서울역에도 환전소가 있다. 시중 3개 은행의 환전소가 영업중이며, 높은 환율 우대로 인기가 많다. 은행마다 환율 우대 적용률이 다르고, 1인당 환전 최고 금액이 정해져 있으니 사전에 확인해 보는 것도 좋다. 서울역 환전센터에서는 현금으로만 환전이 가능하고, 각 환전소의 영업시간 내에 찾아가야 한다. 참고로 환율 우대만을 목적으로 일부러 서울역 환전센터에 들르지 말자. 고액이 아닌 소액 환전이라면, 우대받는 금액이 고작 서울역까지 이동하는 교통비와 비슷할 수 있다. 따라서 서울역을 들를 일이 있는 사람이 이용하면 가장 좋다.

◆ KB국민은행 서울역 환전센터 : 서울역 지하 2층 공항철도 티켓오피스 앞
◆ 우리은행 서울역 환전센터 : 서울역 2층 대합실 쪽

현지에서 환전하기

국내에서 조지아와 아르메니아 화폐를 환전할 수 없기 때문에 제일 먼저 환전할 수 있는 곳은 트빌리시 공항일 것이다. 타 국가의 경우 공항 환전소의 환율이 좋지 않지만 트빌리시의 공항은 시내와 비슷하기 때문에 공항 환전도 나쁘지 않다. 다만 공항 내 환전소들도 환율이 차이가 있으므로 한 번 쯤 비교 후 환전을 하는 것이 좋다. 시내의 경우 은행이나 사설 환전소(Exchange)들이 많아 환전하는데 큰 어려움은 없다. 사설 환전소의 경우 수수료가 있는 곳과 수수료 없음 표시(No Commisson)가 있는 곳이 있으니 환전 금액에 따라 비교 후 환전하는 것이 좋다. No Commisson이면서 환율이 좋은 곳도 있으므로 여행중에 미리 위치를 파악해 두면 도움이 된다. 아르메니아 예레반의 경우 일부 슈퍼마켓(SAS) 내에도 환전소가 있다.

신용카드만 사용할 수 없나요?

여행 경비 대부분을 신용카드로 해결하는 것이 불가능한 일은 아니다. 지하철 티켓부터 음식점, 박물관, 마켓 등 대부분 신용카드 결제가 가능하지만 산악 마을 쪽으로 가면 카드를 받지 않는 곳들이 제법 있다. 또한 아주 소액이나 작은 상점 등에서는 카드보다는 현금 결제하는 것이 좋다. 현금도 고액권은 거스름돈이 없다는 이유로 받지 않는 경우가 있으니 소액권을 미리 준비해 두는 것이 좋다.

조지아 화폐 이야기

조지아 화폐 단위는 라리(Lari)이며 표기는 GEL로 한다. 지폐로는 1, 2, 5, 10, 20, 50, 100, 200이 있으며 동전은 1, 2라리 그리고 '테트리'라 불리는 1, 2, 5, 10, 20, 50 이 있다. 현재 지폐 1, 2는 동전으로 대체되어 사용되지 않는다. 또한 20, 50, 100 지폐는 구권과 신권이 같이 사용되므로 미리 지폐 모양을 확인해 두어야 현지에서 당황하지 않는다. 50라리 이상은 고액권에 해당하므로 간혹 거스름돈이 없어 사용 못할 수도 있으니 작은 단위의 지폐를 항상 준비해 두자. 또한 며칠만 지나면 동전이 많아지므로 동전지갑을 준비하면 좋다.

1라리

앞면
니코 피로스마니

뒷면
트빌리시 전경
사슴은 그의 작품

2라리

앞면
자카리아 팔리아슈빌리
그의 곡 '아베살롬과
에테리' 악보
Zakaria Paliashvili

뒷면
트빌리시 소재
자카리아
팔리아슈빌리
오페라 극장

5라리

앞면
Ivane Javakhishvili
이반 야바키슈빌리

뒷면
Ivane Javakhishvili
야바키슈빌리
이름을 딴
트빌리시 대학
건물, 지도 및
목공예품

10라리

앞면
Akaki Tsereteli
아카키 체레텔리
꽃

뒷면
David Kakabadze
의 작품
'이메레티-나의
어머니와 포도 덩굴'

20라리

앞면
Ivane Javakhishvili

뒷면
18세기 트빌리시
모습과 트빌리시를
건설한 바흐탕
고르가살리의 기마상
King Vakhtang
Gorgasali

구 20라리

앞면
Ila Chavchavadze
일리아 차프차바제,
그가 발견한 '사카르트
벨로스 모암베'와
'이베리아지'의 모습

뒷면
18세기 트빌리시
모습과 트빌리시를
건설한 바흐탕
고르가살리의 기마상
King Vakhtang
Gorgasali

50라리

앞면
타마르 여왕,
바르지아 동굴
수도원

뒷면
12세기경 그려진
궁수자리의 모습

구 50라리

앞면
타마르 여왕과
날개 달린 동물

뒷면
12세기경
그려진
궁수자리의 모습

100라리

앞면
쇼타 루스타벨리

뒷면
오페라 하우스

구 100라리

앞면
쇼타 루스타벨리

뒷면
12세기 세워진
마트빌리 수도원에
새겨진 부조상
'사자굴속의 다니엘'

200라리

앞면
Kakutsa
Chololashvili
카쿠차
콜로카슈빌리

뒷면
소쿠니 시의
모습

297

아르메니아 화폐 이야기

아르메니아 화폐 단위는 드람(Dram)이며 표기는 ֏ 이다. 지폐로는 50, 100, 500, 1000, 2000, 5000, 10000, 20000, 50000, 100000권이 있으며, 동전은 10, 20, 50, 100, 200, 500이 있다. 지폐 50, 100, 500은 동전과 병행 사용하였으나 2018년부터 지폐 발행이 중단되었다. 구권과 신권 모두 병행 사용되고 있으며 ֏50,000과 ֏100,000권은 통용량이 거의 없어 ֏20,000이 가장 큰 화폐 단위라고 보면 된다.

동전

구 50드람 — 아람 하차투리안

구 100드람 — 빅토트 함바르트숨얀

구 500드람 — 알렉산더 타만야

구 1000드람 — 예기셰 차렌츠

구 5000드람 — 투만얀

구 10000드람 — 아베티크 이사하캰

| 구 20000드람 | 파르티로스 사르얀 |

| 2000드람 | 티그란 페트로샨(체스마스터) |

| 구 50000드람 | 에치미아진 성당 |

| 5000드람 | 윌리암 사로얀(극작가) |

| 구 100000드람 | 아브갈 5세 |

| 10000드람 | 코미타스(작곡가) |

| 1000드람 | 파루이트 세박(시인) |

| 50000드람 | 그리고르 루사보리치(성직자) |

Smart Phone

🔍 스마트폰 준비하기

디지털 기기의 보급으로 해외 여행 트렌드도 많이 변화했다. 그중 대표적인 것이 바로 현지에서 스마트폰을 사용하는 것. 조지아에서도 대부분 숙소나 카페등 다양한 곳에서 Wi-Fi를 사용할 수 있지만, 한국처럼 데이터 이용 없이는 여전히 불편한 것이 사실이다. 이제 현지 어디에서나 인터넷을 사용하면서, 한국의 지인과 실시간으로 연락할 수 있는 방법에 대해 알아보자.

로밍 Roaming

로밍이란, 가입자의 통신 회사로 이용할 수 없는 지역에서 다른 회사의 망과 설비를 통해 똑같은 서비스를 이용할 수 있도록 만들어 주는 것을 말한다. 쉽게 말하면 조지아 통신 회사의 설비를 대신 이용하고, 요금을 지불하는 것. 로밍 서비스의 장점은 편리하다는 것이지만 이용 요금은 상상을 초월할 만큼 비싸다는 것. 그래서 한국 통신 회사들은 인터넷만을 사용하기 위한 데이터로밍 상품을 내놓고 있어 사용해 볼 만하다. 일주일 이내의 단기 여행이라면 데이터 로밍을 이용하는 것도 고려해 볼만하다.

- SKT로밍센터 www.sktroaming.com 현지에서 +82 2 6343 9000 (무료)
- KT로밍센터 roaming.olleh.com 현지에서 +82 2 2190 0901 (무료)
- LG로밍센터 lguroaming.uplus.co.kr 현지에서 +82 2 3416 7010 (무료)

현지 심카드 SIM Card

심카드란 가입자 식별 모듈 카드를 말하며, 흔히 우리가 부르는 유심USIM은 심카드에 다른 부가 기능을 더한 것이다. 조지아를 일정 기간 이상 다녀올 생각이라면 현지 통신 사업자가 판매하는 심카드 구입을 고려해 보자. 현지에 도착해 국내에서 사용하던 심카드를 빼내고, 그 자리에 해외 심카드를 꼽은 후 간단한 개통 절차를 거치면 된다. 요금제와 사용 기간, 음성과 데이터 양에 따라 심카드의 가격이 달라진다. 단, 현지 심카드를 이용하면 한국 전화번호가 아닌 현지 전화번호를 따로 발급받는 것임을 기억하자.

심카드 구입

조지아에서도 비교적 쉽게 심카드를 구입할 수 있다. 대표적인 통신사로는 여행객들이 가장 선호하는 Magti를 비롯 Geosell, Beeline 등이 있다. 트빌리시 공항으로 도착 시 입국장 1층에서 Magti와 Beeline 매장을 쉽게 찾을 수 있다. 시내 루스타벨리 거리나 기차역 등에도 매장이 있으며 작은 기념품 가게 등에서도 구입할 수 있다. 가급적이면 해당 매장에서 하는 것이 좋다. 요금제도 다양해 선택의 폭이 넓을 뿐 아니라 심카드 교체 후 세팅 등의 문제가 있을 때 직원의 도움을 받을 수 있기 때문이다. 교체 후에는 그자리에서 인터넷이 활성화 되는지 확인 후 이동하자. 일정 기간 사용하고 잔액(발란스)을 확인 후 부족 시에는 필요한 금액만 충전도 가능하다. 충전은 매장뿐만 아니라 지하철 역 또는 길거리에 있는 충전 기계를 이용할 수 있어 편리하다. 아르메니아 대표적 통신사로는 MTS 와 Beeline이 있다.

| 막티 Magti | 빌라인 Beeline | MTS |
| www.magticom.ge | www.beeline.ge | www.mts.am |

심카드 충전하기

통신사 상관 없이 심카드 잔액을 충전할 수 있는 충전용 기계들이 곳곳에 있어 구입했던 통신사 매장을 가지 않더라도 쉽게 충전할 수 있어 편리하다.

① 화면에 우측 상단에 있는 국기를 클릭(언어선택)
② 국기 표시 아래로 각 통신사 로고를 보고 해당 통신사 클릭
③ 자신의 휴대폰 번호 클릭
④ 원하는 만큼 동전 또는 지폐 투입

전화 이용 방법

현지에서 자신의 스마트폰으로 전화를 이용해야 할 때가 있다. 현지에서 예약할 때 사용하거나, 한국의 지인에게 음성으로 안부를 전할 때도 통화를 한다. 현지 심카드를 구입한다면 선택하는 요금제에 따라 다르겠지만 일정 시간의 국제전화를 무료로 사용할 수 있는 상품도 있다. 그러나 전화하는 방법을 몰라 이용하지 못한다면 무용지물. 간단하게 알아두면 좋은 음성전화 사용법을 알아보자.

한국으로 전화거는 방법
국가별 국제전화 접속번호+우리나라 국제번호 82+지역번호(앞 0 빼고)+전화번호
예 : 한국 핸드폰으로 전화 걸 때 00-82-10-1234-5678

Departure

🔍 출국하기

이제 드디어 출국한다. 인천국제공항에서 출발해 경유지를 거쳐 도착하기까지 12시간 이상을 공항과 비행기 안에서 보내야 한다. 출국과 환승, 입국 수속 등의 사항들이 앞으로 펼쳐질 상황이다. 사실 크게 어려운 일은 아니다. 하지만 해외로 처음 떠나는 사람이라면 꼼꼼히 살펴보고, 여행의 시작에서부터 실수하는 일을 사전에 방지해 기분 좋은 여행을 시작하자. 특히 자신이 이용하는 공항 터미널 정보를 사전에 잘 확인하도록 하자.

인천국제공항 가는 길

철도로 인천국제공항 가기

❶ 인천국제공항 역 KTX
지방 대도시나 수도권 KTX 역 인근 거주자라면 인천국제공항역까지 운행하는 KTX를 이용할 수 있다. 경부선, 호남선, 전라선, 경전선에서 이용할 수 있다. 인천국제공항 행 KTX를 예매할 때는 체크인, 보안 검색, 출국 심사, 항공기 출발 시간 등을 고려해 적어도 최소한 3시간 전에 도착하도록 하는 것이 좋다. KTX는 인천 검암 역을 지나 인천국제공항 제1터미널, 그리고 제 2터미널로 연결되고 있다.

❷ 공항철도 A'REX
공항철도는 서울역과 인천국제공항 간을 연결하는 철도를 말한다. 서울에서 인천국제공항 역 간 거리는 약 58km로 직통열차는 무정차로 43~45분, 일반 열차는 공항철도 12개 역에 모두 정차하는 통근형 열차로 58~60분 가량 소요된다. 이는 열차 순수 운행 시간으로 공항 이용객은 시간을 잘 고려해 탑승하도록 하자.

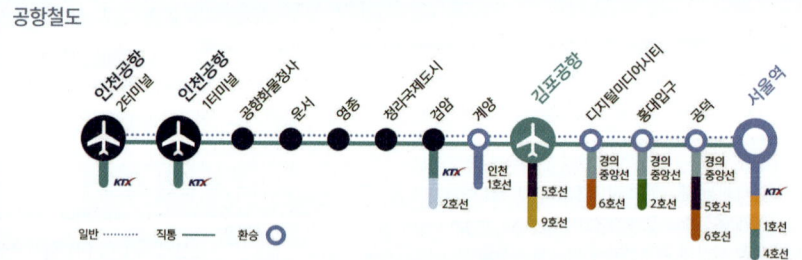

구분	소요 시간	운임	운행 간격
교통비	43~45분	어른 9,000원 / 어린이 7,000원	평균 35분
입장료	58~60분	어른 T1 4,150원 / T2 4,750원 (선후불 교통카드 기준)	구간별 7~12분

버스로 인천국제공항 가기

인천국제공항을 이용하는 여행자들이 가장 많이 이용하는 교통수단은 버스이다. 김포공항, 삼성동 도심공항터미널, 강남 버스터미널을 비롯해 서울 시내에서만 35개의 노선이 인천국제공항으로 연결되어 있다. 경기도와 인천 노선을 비롯해 전국 주요 도시에서 50여 개의 직행 노선이 운행되고 있어 편리하게 이동할 수 있다. 한편 일반 공항 리무진의 경우 인천국제공항 1터미널 도착 후 2터미널로 이동하며, KAL 리무진의 경우 출발지 → 2터미널 → 1터미널 순서로 이동한다. 공항 버스 도착은 1터미널 3층 출국장, 2터미널 B1 버스 터미널이다.

승용차로 인천국제공항 가기

차량을 이용해 인천국제공항이 있는 영종도로 들어가는 길은 영종대교와 인천대교 두 가지가 있다. 영종대교로 이어져 있는 공항 고속도로는 올림픽대로나 강변북로를 달려 방화대교 남·북단에서 진입할 수 있다. 이 길은 김포공항 IC에서도 진입할 수 있으며 외곽순환 도로와 노오지 JCT에서 만난다. 한편, 공항으로 연결되는 또 다른 도로인 인천대교는 길이가 18.4km로 국내에서 가장 긴 다리이며 세계에서 5번째로 긴 사장교이다. 이 도로는 제2, 제3 경인고속도로와 직접 연결되어 있어 경기도 남부 지역이나 지방에서 경부, 영동, 서해안 고속도로를 통해 이동하는 경우 빠르게 인천국제공항까지 갈 수 있다. 한편 인천국제공항 제2 터미널로 이동하는 경우 영종대로 방면 공항입구 JCT에서 분기, 인천대교 방면 공항신도시 JCT에서 분기해 이동하면 된다.

인천국제공항 고속도로 요금

구분	경차	소형	중형	대형
인천공항 영업소	1,600원	3,200원	5,500원	7,100원
북인천 영업소	950원	1,900원	3,200원	4,200원

인천대교 통행 요금

차종	경차	소형	중형	대형
요금	2,750원	5,500원	9,400원	12,200원

인천국제공항 한눈에 보기

터미널 별 이용 항공사
❶ T1(제1 터미널)
아시아나항공과 대부분의 외국 국적 항공사
(제2 터미널을 이용하는 일부 외항사 제외)
❷ T2(제2 터미널)
대한항공, 에어프랑스, KLM 네덜란드항공, 델타항공

터미널 간 이동 방법
두 터미널 사이는 무료 순환버스를 이용해 이동할 수 있다.
T1 → T2 : 3층 중앙 8번 출구에서 승차,
약 15분 소요(5분 간격 운행)
T2 → T1 : 3층 4, 5번 출구 사이에서 승차,
약 18분 소요(5분 간격 운행)

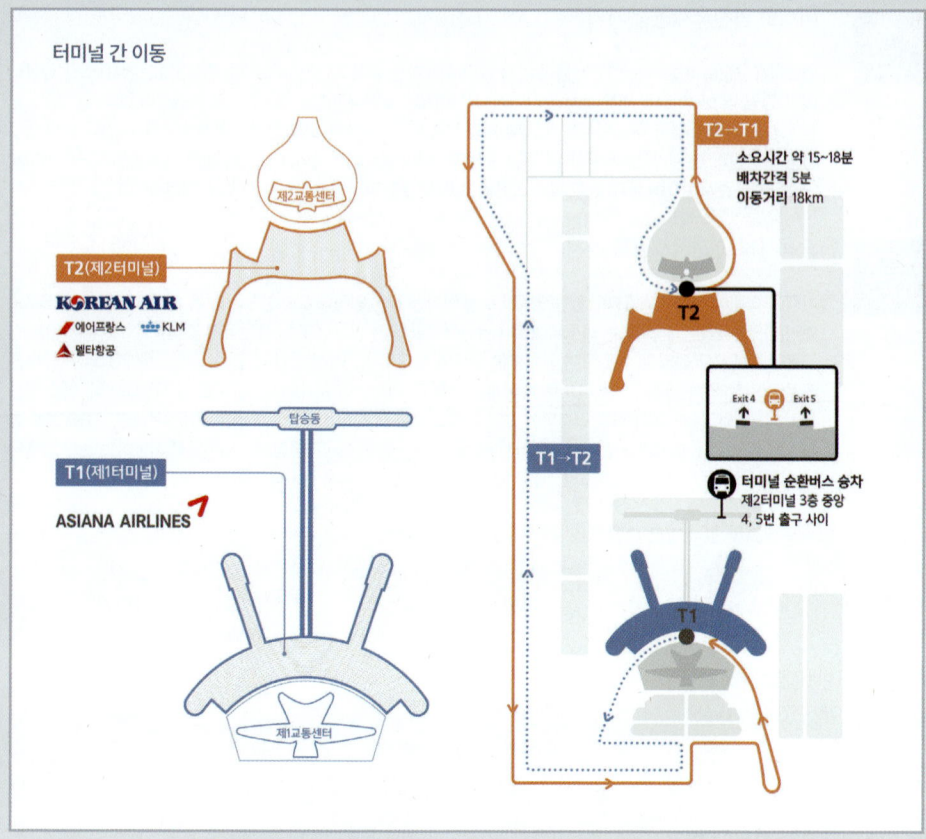

도심공항에서 출입국 수속하기

한국도심공항 www.calt.co.kr
한국도심공항은 서울 삼성동 무역센터에 있다. 도심에서 출입국 수속을 모두 처리하고 간편히 몸만 공항으로 이동해 비행에 바로 탑승할 수 있는 서비스를 제공하고 있다. 자신이 이용하려는 항공사가 입주해 있다면, 이곳의 항공사 데스크에서 체크인, 좌석 지정, 수하물 탁송까지 마칠 수 있다. 2층에는 법무부 출국심사 카운터가 있어 출국심사를 곧장 진행할 수 있다. 출국심사를 마치면 매표소에서 리무진버스의 티켓을 구입하고 인천국제공항으로 떠나면 된다. 인천국제공항에 도착하면 전용 출국 통로를 통해 곧장 출국장에서 항공기 탑승동으로 이동할 수 있다.

서울역 도심공항터미널 www.arex.or.kr
서울역에도 도심공항이 있다. 공식 명칭은 서울역 도심공항터미널이다. 공항철도 서울역 지하 2층에 있으며 탑승 수속, 수하물 탁송, 당일 출국심사를 진행한다. 단, 공항철도 직통열차 이용객에게만 한정하며, 승차권 구입 후 도심공항 터미널을 이용할 수 있다는 점도 알아두자.
또한, 수하물 탁송은 항공기 출발 3시간 전에 수속이 마감되며 출국심사 가능 시간도 미리 확인하고 이용해야 한다.

항공사 체크인

체크인 Check-In은 항공사 카운터에서 여권과 비자 여부를 확인, 좌석을 배정하고 수하물을 위탁한 후 보딩패스를 발급하는 데 그 목적이 있다. 간단하게 이해하면 E-Ticket으로 갖고 있던 항공기 티켓을 실물로 받고, 나의 여행 가방을 비행기 짐칸에 위탁하는 단계를 일컬어 체크인이라 이해하자.

간단하게 보는 체크인 절차 4단계

항공사 카운터에 여권 제출	자신이 탑승할 항공사의 카운터로 이동해 줄을 서 차례를 기다린다. 자신의 순서가 오면 데스크에 여권을 제출, 항공사 직원이 여권 유효 기간과 예약 사항을 확인한다.

좌석 배정	통로나 창문 쪽 등의 희망 좌석을 직원에게 말해도 된다. 동행이 있는 경우 함께 앉을 수 있도록 요청하자. 좌석이 없는 부득이한 경우가 아니라면 대부분 함께 앉을 수 있도록 좌석을 배정해 준다.

수하물 위탁	수하물은 항공사마다 무게와 부피 기준이 다르므로 짐을 꾸릴 때 미리 확인해 두자. 유럽 행의 경우 일반적으로 23kg 이내 1개까지의 위탁 수하물을 무료로 받아준다. 기내 반입 수하물은 보통 10~12kg이며, 일정 부피 이상은 기내 반입이 제한되어 위탁 수하물로 보내야 한다.

보딩패스와 짐택 수령	수하물을 붙이고 나면 실물 항공기 티켓인 보딩패스 Boarding Pass와 위탁 수하물을 부쳤다는 표시의 수하물꼬리표 Baggage Tag를 받는다. 이 두 개를 항상 모두 잘 챙겨야 한다.

수하물꼬리표 Baggage Tag이란

흔히 영문 표기를 그대로 발음해 '배기지택'이라고 부르거나 수하물택이라 말하기도 한다. 수하물에 스티커를 붙여 소유자를 확인하는데 목적이 있다. 이 꼬리표가 있어야 수하물 컨베이어 벨트에서 해당가방의 목적지를 자동으로 인식해 출발하는 항공기로 보내진다. 여기서 한 가지 팁. 입국 공항에 도착해 짐을 찾을 때 가방에 리본이나 스티커 등으로 자신만의 표식을 붙여 놓는다면 유사한 가방 속에서도 한결 쉽게 알아볼 수 있다. 한편 짐을 위탁 후 받은 수하물꼬리표는 수하물 분실 시 위치를 추적하는 단서가 되므로 절대 잊어버리지말자. 목적지에 도착해 짐을 다시 찾을 때까지 잘 보관하자.

웹·모바일 체크인

모든 항공사는 아니지만 다수의 항공사가 웹이나 모바일 체크인 서비스를 제공하고 있다. 물론 실물 보딩패스를 수령하거나 수하물 위탁은 해당 항공사의 카운터에서 진행해야 한다. 하지만 항공기 출발 전 특정 시간부터 직접 웹체크인을 통해 미리 원하는 좌석을 지정할 수도 있어 편리하다.

보안 검색

보딩패스를 들고 출국 게이트를 통과해 가장 먼저 마주치는 광경은 보안 검색대이다. 너무 걱정할 필요는 없다. 명시하고 있는 금지 품목을 소지하지 않으면 그만이며, 항공기를 이용하는 모든 사람을 동등하게 검사해 항공기 안전 운행을 도모하려는 데 그 목적이 있다.

출국 시 신고 물품과 여행자 휴대품 면세 범위

입국 시 재반입할 귀중품 및 고가의 물품, US 1만 불을 초과하는 외화 또는 원화, 내국세 환급대상 Tax Refund 물품은 출국심사 전 세관에 신고를 해야 한다. 한편 입국 시 여행자 휴대품 면세 범위는 1인 US $600이내, 주류 1병(1ℓ US $600 이하), 담배 1보루, 향수 60㎖ 이하로 엄격하게 제한되고 있다. 참고로 DSLR 카메라처럼 고가의 장비는 출국 전 미리 세관에 신고해야 재입국 시 문제가 없다. 공항 세관에서 '휴대물품 반출신고 증명서'를 발급받고 출국하는 것이 번거로운 분쟁을 막는 방법이다.

종류	객실	위탁수하물	내용
인화성 물질	X	X	성냥, 라이터, 부탄가스, 인화성 액체, 알코올성 음료 등 (단, 휴대용 라이터는 각 1개에 한해 반입 가능)
창·도검류	X	O	과도, 커터칼, 맥가이버칼, 면도칼 등
호신용품·공구	X	O	전자충격기, 쌍절곤, 격투무기, 도끼, 망치, 드릴 등
스포츠용품	X	O	라켓류, 인라인스케이트, 등산용스틱, 스노우보드 등

액체 및 젤류 휴대 반입 제한

항공 보안 규정에 따라 모든 국제선 항공편에 대하여 1인 총량 1ℓ를 초과하는 액체, 젤류의 휴대 반입을 전면 금지하고 있어 탑승 수속 시 반드시 위탁 처리를 하도록 한다. 단 '용기 1개당 100㎖ 이하'의 액체, 젤류를 1ℓ까지 규격(약 20cm x 20cm)의 투명 지퍼락(Zipper-lock)에 보관하는 경우 기내 휴대가 가능하다. 하지만 비행 중 이용할 영유아의 음식류, 의사 처방전이 있는 의약품은 예외로 하고 있다. 액체류를 면세점에서 구입한 경우 당시 받은 영수증을 동봉 또는 부착하고 국제 표준 방식으로 제조된 훼손탐지기능봉투(STEB)에 포장된 경우 기내 반입이 가능하다.

출국 심사와 항공기 탑승

보안 검색대를 지나면 곧바로 출입국 심사대가 있으며 여권과 탑승권 Boarding Pass을 제시하면 간단한 확인 후 출국 도장을 찍어 준다. 그러나 이제는 자동출입국 심사로도 곧장 출국할 수 있게 되어 훨씬 편리해졌다. 또한, 출국 심사를 마치고 나면 면세 구역. 입국 시에는 인천국제공항 면세점을 이용할 수 없으므로 필요한 것들이 있으면 출국 시에 구입하자.

자동 출입국 심사 서비스

대한민국 국민의 경우 자동 출입국 심사 등록을 하면 여권 유효기간까지 자동 출입국 심사 서비스를 이용해 빠른 출국 심사를 받을 수 있다. 그러나 2017년 3월부터 사전 등록 절차가 폐지되면서 더욱 편리하게 서비스의 혜택을 누리게 되었다. 단, 만 7~18세, 이름 등의 인적사항이 바뀐 사람, 주민등록 발급 후 30년이 지난 사람은 여전히 사전 등록을 해야 이용할 수 있다.

Smart Entry Service 자동 게이트 이용 법

STEP 1.	여권 인적사항면을 여권 판독기 위에 올려 놓는다
STEP 2.	자동 게이트가 열리면 안쪽으로 들어간다
STEP 3.	손가락을 지문 인식기에 올려 놓는다
STEP 4.	안면 인식 카메라를 바라본다
STEP 5.	출구 게이트가 열리면 밖으로 나간다

항공기 탑승

인천국제공항 제1 터미널의 탑승구 GATE는 아시아나항공 등 국적기가 이용하는 1~50번 탑승구(여객 터미널 3층)와 외국계 항공사가 주로 이용하는 101~132번 탑승구(탑승동 3층)로 이루어져 있다. 여객 터미널은 출국 심사대와 곧바로 연결된 구역을 말하며, 탑승동 3층은 여객 터미널에서 셔틀 트레인(5분 간격 운행, 5분 소요)을 이용해 이동해야 한다. 제2 터미널은 230~270번 탑승구이며 끝부터 끝까지는 약 20분이 소요될 정도로 넓다. 항공기 출발 최소 40분 전까지는 본인의 탑승구로 이동해 대기하도록 하자. 모든 탑승동에 면세점, 라운지 등 편의시설이 있다.

면세점에서 쇼핑하기

인천국제공항의 면세점은 가죽제품, 화장품 등 제품별 전문 매장으로 꾸며져 있다. 면세점에서 쇼핑하면 그 물건을 여행 내내 들고 다니는 수고를 해야 한다. 꼭 필요한 물건만 구입하고 무게가 많이 나가는 물건은 사지 않는 것이 좋다. 최근에는 입국장에도 면세점이 오픈했다. 짐 찾는 곳과 같은 라인에 있으니 짐이 나오기 전까지 이용해 보는 것도 좋다. 담배를 제외한 술, 화장품, 패션잡화 중 일부 품목을 구입할 수 있다.

내 여권에 출국 도장을 받고 싶어요

굳이 여권에 도장을 남기고 싶다면 일반 심사대에서 출국 심사를 받으면 된다. Smart Entry Service를 이용하면 출입국 심사인 도장은 생략이 원칙이다. 다만 심사인이 필요한 경우 출입국관리공무원에게 요청하여 날인을 받을 수 있다.

Entry

🔍 입국 수속

이제 입국 수속만 남았다. 지금부터가 진짜 여행의 시작이다. 그 첫 관문은 입국 심사. 심사라는 이름이 붙어 괜히 긴장할 수 있지만, 어찌 보면 외국인의 출입 허가를 확인하는 것은 당연한 것이므로 차분히 진행하면 된다. 산뜻한 여행 출발을 위해 입국 수속 절차와 관련해서 알아두어야 할 것을 살펴보자.

입국 수속 절차

최종 목적지에 도착하기 전 기내에서 방송을 통해 현지 시간과 날씨 등에 대한 간략한 안내를 받는다.

STEP 1.	이정표의 Arrival 또는 Exit 표시를 따라간다.
STEP 2.	Immigration 또는 Passport Control이라 쓰인 입국 심사대를 만난다.
STEP 3.	All other passports 쪽에서 대기한다.
STEP 4.	노란선 밖에서 대기하고 있다가 자신의 차례가 다가오면 입국 심사관이 앉아 있는 데스크로 이동한다.
STEP 5.	몇 마디 간단한 질문에 당황하지 말고 영어로 차분히 사실대로 대답한다.
STEP 6.	입국 심사대를 통과하면 수하물 수취대 Baggage Claim으로 이동한다.
STEP 7.	자신이 타고 온 항공기 편명을 모니터로 확인하고 벨트 위에서 짐을 찾는다.
STEP 8.	세관 심사대에서 신고할 것이 없다면 Noting to Declare 쪽으로 통과한다.
STEP 9.	모든 입국 절차가 완료되었다면, 환전, 심카드 구입 후 시내로 이동한다.

입국 심사대에서

트빌리시 공항으로 입국 시 입국 심사대에서 질문을 하는 경우는 거의 없다. 하지만 만약을 대비해서 준비해 두는 것이 좋다. 만약 입국 심사관이 묻는다면 며칠 머무를 것인가? 이곳에 온 목적이 무엇이냐? 숙소는 어디냐? 다음 목적지는 어디냐? 정도 이다. 본인의 전체적인 여행 일정 등에 대한 내용들을 미리 메모해 두거나 숙지해 두는 것이 좋다.

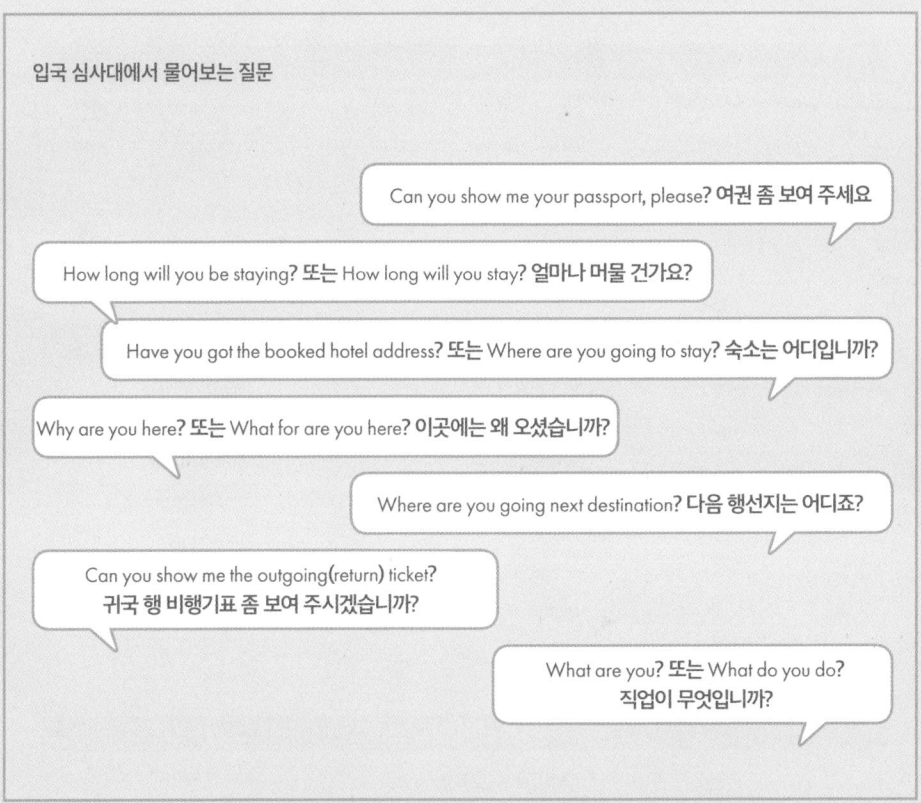

수하물이 도착하지 않았을 때 대처법

위탁 수하물이 도착하지 않았을 경우, 당황하지 말고 Baggage Claim Office 혹은 Lost Baggage 카운터로 찾아간다. 여권과 항공권, 그리고 짐표 Baggage Tag을 제시한 뒤 카운터에 비치된 신고서 양식에 영문으로 가방의 색과 크기, 짐표 번호, 묵게 될 숙소의 주소와 전화번호를 자세히 기입한다. 대부분 1~2일이면 찾을 수 있지만 더 오래 걸릴 수도 있으니 본인 일정표와 묵게 될 숙소의 연락처를 정확히 남기도록 하자. 짐을 찾았을 경우 내가 묵고 있는 숙소로 직접 배달해 준다. 간혹 첫 도착지에서 짐 배달이 늦어지는 경우에는 접수증에 적힌 공항 항공사에 전화를 걸어 다음 목적지에서 짐을 받을 수 있도록 조치를 취해야 한다. 한편 짐 도착이 늦어질 경우 항공사에서 정한 보상 기준에 따라 기본적인 생필품은 구입하여 사용한 뒤 보상을 받을 수 있다.

GEORGIAN 조지아어 여행 회화

사실 여행 중 조지아어를 배워서 사용하기는 어려운 실정이다. 간단한 인사말 정도와 꼭 필요한 단어들을 숙지하고 가는 것만으로도 여행 중 많은 도움이 될 것이다.

숫자

1	erti	ერთი	5	khuti	ხუთი	9	tskhra	ცხრა
2	ori	ორი	6	ekvsi	ექვსი	10	ati	ათი
3	sami	სამი	7	shvidi	შვიდი			
4	otkhi	ოთხი	8	rva	რვა			

요일

월요일	orshabati	ორშაბათი
화요일	samshabati	სამშაბათი
수요일	okhshabati	ოთხშაბათი
목요일	khutshabati	ხუთშაბათი
금요일	paraskevi	პარასკევი
토요일	shabati	შაბათი
일요일	kvira	კვირა

기본 단어 및 회화

네	diakh (formal) / ki (informal)	დიახ / კი
아니오	ara	არა
안녕하세요	Gamarjoba	გამარჯობა
감사합니다	Madloba	მადლობა
실례합니다	Ukacravad	უკაცრავად
미안합니다	Bodishi	ბოდიში
얼마예요?	Ra girs?	რა ღირს?
여기 어떻게 가나요?	Ak rogor cavide?	აქ როგორ წავიდე?

기본 단어 및 회화

부탁합니다	Diakh	გთხოვთ
나는 한국사람 입니다	Me koreeli var	მე კორეელი ვარ
맛있어요	Gemrielia	გემრიელია
고수(낀지) 빼주세요	Kindzis gareshe	ქინძის გარეშე მომამზადეთ
메뉴 추천해 주세요	moamzadet meniudan ras mirchevdit?	მენიუდან რას მირჩევდით?
식당	restorani	რესტორანი
화장실	sapirparesho / tualeti	საპირფარეშო / ტუალეტი
공항	aeroporti	აეროპორტი
기차역	sadguri	სადგური
버스터미널 Bus Station	avtosadguri	ავტოსადგური
(버스)정류장	avtobusis gachereba	ავტობუსის გაჩერება
시간표	ganrigi	განრიგი
매표소	salaro	სალარო
환전	valutis gavcla	ვალუტის გაცვლა
영수증	kvitari	ქვითარი
호텔	sastumro	სასტუმრო
호스텔	hosteli	ჰოსტელი
게스트하우스	saojakho sastumro / gesthausi	საოჯახო სასტუმრო / „გესთჰაუსი"
욕실	abazana	აბაზანა
냉장고	matsivari	მაცივარი
에어컨	kondentsioneri	კონდენციონერი
난방(Heater)	gamatbobeli	გამათბობელი
세탁기	saretskhi mankana	სარეცხი მანქანა
열쇠	gasaghebi	გასაღები
아침식사(Breakfast)	sauzme	საუზმე
저녁식사(Dinner)	vakhshami	ვახშამი
Open	giaa (뜻 open)	ღიაა
Close	daketilia (뜻 closed)	დაკეტილია
슈퍼마켓	supermarket	სუპერმარკეტი
시장	bazari	ბაზარი

ARMENIA 아르메니아어 여행 회화

사실 여행 중 아르메니아어를 배워서 사용하기는 어려운 실정이다. 간단한 인사말 정도와 꼭 필요한 단어들만이라도 숙지를 하고 가는 것만으로도 여행 중 많은 도움이 될 것이다.

숫자

1	Mek	Մեկ	5	Hing	Հինգ	9	Iny	Ինը
2	Erku	Երկու	6	Vec	Վեց	10	Tas	տաս
3	Ereq	Երեք	7	Yot	յոթ			
4	Chors	չորս	8	Ut	ութ			

요일

월요일	Erkushabti	Երկուշաբթի
화요일	Ereqshabti	Երեքշաբթի
수요일	Choreqshabti	չորեքշաբթի
목요일	Hingshabti	Հինգշաբթի
금요일	Ursbat	Ուրբաթ
토요일	Shabat	Շաբաթ
일요일	Kiraki	Կիրակի

기본 단어 및 회화

네	Ayo	Այո
아니오	Voch	Ոչ
안녕하세요	Barev dzez	Բարև Ձեզ
감사합니다	Shnorhakalutyun	շնորհակալություն
실례합니다	Nereceq	Ներեցեք
미안합니다	Knereq	Կներեք
부탁합니다	Xndrum em	Խնդրում եմ
얼마예요?	Inch arje?	Ինչ արժե ?

기본 단어 및 회화

여기 어떻게 가나요?	Inchpes gnal aystex ?	ինչպես գնալ այստեղ ?
나는 한국사람 입니다	Es koreaci em	Ես կորեացի եմ
맛있어요	Hamex e	Համեղ է
고수 빼주세요	Xndrum em hanel hameme	Խնդրում եմ հանել համեմը
메뉴 추천해 주세요	Xndrum em xhorurd tal menyu	Խնդրում ենք խորհուրդ տալ մենյու
식당	Restoran	Ռեստորան
화장실	Zugaran	զուգարան
공항	Odanavakayan	օդանավակայան
기차역	Kayaran	կայարան
버스터미널	Avtobusi terminal	Ավտոբուսի տերմինալ
버스 정류장	Kangar	Կանգառ
시간표	Zhamanakacuyc	Ժամանակացույցը
매표소	Tomsarkx	տոմսարկղ
환전	Gumari Poxanakum	Գումարի փոխանակում
영수증	Chek	չեկ
호텔	hyuarnoc	հյուրանոց
호스텔	Hostel	Հոսթել
게스트하우스	Gesthaus	գեսթհաուս
욕실	sanhanguyc	սանհանգույց
냉장고	sarnaran	սառնարան
에어컨	odorakich	օդորակիչ
난방(Heater)	Jerucich	Ջեռուցիչ
세탁기	Lvacqi meqena	լվացքի մեքենա
열쇠	banali	բանալի
아침식사(Breakfast)	naxachash	Նախաճաշ
저녁식사(Diner)	entriq	Ընթրիք
Open	bacel	Բացել
Close	pakel	փակել
슈퍼마켓	supermarket	սուպերմարկետ
시장	shuka	շուկա

조지아 & 아르메니아

초판 1쇄 발행 2025년 3월 24일

지은이 | 서병용
펴낸이 | 서병용
디자인 | 그곳에(@gugossee)

펴낸곳 | 트래블북스
출판등록 | 2022년 1월 3일 제2023-000038호
주소 | 서울시 마포구 와우산로24길 23
전화 | 02-591-8595
팩스 | 050-4254-8595
이메일 | dongeurope@naver.com

ISBN 979-11-978378-5-2

정가 | 20,000원

※ 이 책의 저작권은 트래블북스와 저자에게 있으며 <조지아 + 아르메니아>의 사진 및 지도, 내용의 일부를 무단 복제하거나 인용해서 발췌하는 것을 금합니다.
※ 파본은 구입한 곳에서 교환해 드립니다.

RusKo

Wine & Spirits

와인의 발생지 조지아
Georgia, the motherland of wine

조지아 남부의 고대 땅에서 가장 오래된 야생 포도나무의 잔재(10~1500만년), 'Qvevri(크베브리:점토 항아리)'등 다양한 유물이 발견되었으며 고고학적, 역사적 자료를 종합함으로써, 과학자들은 조지아인들이 약 8,000년 전에 처음으로 포도나무 재배 및 포도주 양조가 행해진 것과 함께 야생 포도나무 및 길들여진 포도나무의 생산이 이 땅에서 시작되었다고 주장합니다. 조지아 포도의 종류는 현재 525종 이상이고 이중에서 425종이 보존 되어있습니다. 또한 조지아에는 710개의 토양 유형이 있고 거의 모든 기후 유형이 있습니다.

Qvevri

조지아 포도주는 압착후 "Qvevri"에서 발효, 숙성 및 보존되었습니다.
이것이 유네스코가 2013년에 Qvevri와인 양조 기술을 무형 문화 유산 목록에 포함시킨 이유입니다.

Wine regions, Grape varieties 와인 생산지와 포도 품종

조지아에는 지역 품종, 방법, 양조학 전통으로 구별되는 10개의 주요 포도 재배지 및 양조 지역이 있습니다.
조지아에는 최대 525개의 와인 품종이 있습니다.

 ※ 화이트 품종 : Rkatsiteli(르카치텔리), Mtsvane(므츠바네), Kisi(키시), Khikhvi(키흐비), Kakhuri(카후리), Tsolikouri(촐리코울리), Chinuri(치누리)
 ※※ 레드 품종 : Saperavi(사페라비), Otskhanuri Sapere(오츠카누리 사페레), Alexandrouli(알렉산드로울리), Mujuretuli(무주레툴리)